何宗武————著

財經時間序列預測
——使用R的計量與機器學習方法

ARMA
Random Forest
Bootstrapping
autoML
SVM
LSTAR
GAMs
LASSO
JMA GBM
SETAR
RIDGE
MMA ENET
AveW

五南圖書出版公司 印行

自序

　　這幾年的數位革命風潮，造成機器／深度學習的資料演算法普及，也對既有的統計預測有了相當的影響，因應這個趨勢，中研院蔡瑞胸院士 2021 年也出版了一本書 (Pena and Tsay, 2021, *Statistical Learning for Big Dependent Data*)，蔡院士的重點就在於時間序列預測在機器學習的資料驅動架構下，可以如何使用以及預測表現如何。這幾年，我也接了兩個政府機構的機器學習委託案，分別處理經濟成長和景氣循環的預測。趁著執行委託案的機會，我也將應用機器學習於時間序列預測的相關技術問題，做了整理與克服，例如：多步（動態）預測的產生在一般程式中沒有，既定程式 (Python or R) 多是橫斷面資料預測的延伸使用，所以，到了時間序列，就只是單步（靜態）預測。因應這些問題，結案後，就順勢產生了 R 套件 iForecast，迄今已經多次改版。除了可以學習程式細節，同時也可以簡單透過套件使用這些方法。套件會與時俱進，因此，讀者追蹤 iForecast 套件，或許是最好的方法。

　　面對機器學習，統計顯得更重要；面對財經時間序列，計量經濟學也更重要。因此，將整體學習所需要的一些內容做了整理與觀念釐清後，就出版了這本書。這本書有些主題會比較進階，例如：第 3 章第 3 節討論到 Rabinowicz and Rosset (2022) 刊登在 JASA 的論文，也用模擬說明了這篇研究對時間序列的意義；在深度學習很紅的循環神經網路 (RNN, Recurrent Neural Network) 之 LSTM 方法，是屬於比較典型的資訊演算，我們也納入介紹。因此，內容若干主題，可依照背景自行斟酌學習。

　　時間序列預測對產業有很多意義，例如：股市波動、失業與通膨等等，時間序列不似橫斷面資料，所需預測的未來往往不長，但是動態的挑戰相當嚴峻。基於模型選擇的困境，就務實的角度，將多個模型的預測加權平均組合起來，如 Models Average 應該是最有效的，這也是本書建議預測實務時的作法。

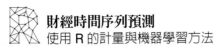
　　最後，這本書的出版，我還是不免於俗地要感謝臺師大良好的研究環境，讓我教學之餘，可以完成這本研究型的專題著作。

何宗武

國立臺灣師範大學管理學院

全球經營與策略研究所

2022/7/4

目錄

自序

Part II
經濟計量方法 Econometric Methods

Part III
機器學習 Machine Learning

Part IV
深度學習方法

Part I
時間序列預測基礎

　　本書為進階的教材，需要經濟計量方法和矩陣代數的基礎，雖然章節附錄提供簡易複習，但是不能取代完整學習。

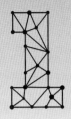

統計與時間序列基礎

難易指數：☺☺☺☺☺（非常簡單）

學習金鑰

1. 統計原理和基本概念
2. 預測的問題
3. 時間序列預測有何不同？

　　本章對本書需要的理論觀念做一個整理，主要以經驗式的修辭文字理解理論式的數學語言。對於時間序列的依賴特徵和資料結構，也將做一個複習型的整理，建議參考書籍為 Tsay (2010) 的前兩章。

第 1 節　隨機變數和預測

　　隨機變數 (random variable) 是一個測量的觀念，機率理論必須定義這個觀念。在數學定義之前，我們先用經驗文字來說明我們的生活經驗。

　　隨機變數四個字有兩個概念：隨機和變數。我們先由變數開始，我們可以想像 Excel 的 A 欄是一個變數，所以，變數這個概念的內容，是很多具體的數字記錄。就好比人是一個概念，具體的人可以是很多用身分證字號標注的人。其次，隨機代表了無人爲因素介入，也就是公平。在很多機率入門的範例，都會強調一個公平骰子，所指就是類似的意義。

當我們要預測 (predict) 一個現象時，必須先隨機記錄這個現象的數據。假設這樣一種狀況：如果你要**預測**巷口的全家便利超商，排隊結帳的人數。

排隊結帳人數就是隨機變數，令它爲 X。

超商結帳人數有一定的範圍，稱爲樣本空間 (sample space)，用 S 表示。假設 S={0, 1, 2, 3, 4, 5, 6, 7}。

因此，每次記錄的 X 就是 S 的任何一個數字。我們將之讀成：X 爲一個具有空間 S 的隨機變數。因爲這個性質，除了空間，S 也稱爲 X 的支撐 (support)。

接下來，你必須記錄具體數字，我們稱爲 X 的結果空間 (outcome space)。舉例，你記錄每次路過巷口時，全家便利超商的結帳人數，舉例如下：

$$X=\{0, 1, 4, 3, 3, 5, 5, 4, 4, 2, 3, 3, 1, 7\}$$

X 這個隨機變數的內容就形成了，回到我們的基本問題「預測」。X 的數字從 0 到 7 都有，到底要用哪一個值作爲預測下一次路過時的結帳人數？最簡單的方法就是用平均數，也就是我們所熟悉的樣本期望值 EX，大約 3.21。如果要善用更多資訊，就可以假設一個背後的機率，再計算加權平均數。

要更精確預測該怎麼做？我們記錄時，可以增加數字的其他資訊（維度），例如：時間。也就是上述 X 集合內的數字，都對應一個當時的時間，這樣或許因爲資訊增加，提高了預測正確性。例如：排隊人數是 7 人，多半出現在上下班時段，用時間分類，可以增加精確性。這也是爲什麼大數據是高維度資料，因爲資料科技的進步，讓我們可以記錄更多資料，這樣或許就可以提供預測能力。

我們解釋了隨機變數的意義，有了隨機變數，就可以計算具體數值的相對頻次 (relative frequency)，就成爲機率理論的基礎。

接下來，我們用數學定義隨機變數這個函數：

定義：隨機變數

　　已知一個隨機實驗具有樣本空間 S，對於 S 中的元素 s，恰好指派一個實數 X(s) 之一個函數 X 稱為隨機變數。X 的空間為實數集合 {x|X(s)=x, s∈S}。s∈S 意指 s 為集合 S 內的元素。

X(s) 是一個函數，也就是說它定義樣本空間出象 (outcomes) 的運算；例如：擲三顆骰子，每丟一次的結果空間 s 會有 3 個數字，X(s) 可以是這 3 個數字的相加總 (sum)，而不是 3 個數字。

　　我們知道隨機變數有兩種：離散型和連續型。這兩型隨機變數的活動，衍生出各種機率分布，例如：負二項、布阿松和常態等等。對於機率的理論與應用，推薦 Sheldon Ross 的經典教材 *A First Course in Probability*，本書為世界各大學經典教材，版本持續新增，2021 年本書撰寫時應為第 10 版。另外，Wackerly *et al.* (2008) 的 *Mathematical Statistics with Applications*，此書寫作風格相當優美，平易近人又不失專業，可參閱本書第 3 章關於隨機變數的說明。

　　由以上說明，根據我們記錄所蒐集的數據，要預測下一次的出象，最簡單的辦法就是用平均數。統計描述一堆數字集合的核心就是期望值，平均數是期望值最簡易的測量。第 3 節我們解釋中央趨勢，接下來我們解釋樣本母體和變異數的觀念。

第 2 節　樣本和母體

　　瞌立睡小姐因為久坐辦公室而身材變成馬鈴薯，關心她的醫生囑咐要她每天走路 5,000 步，一週後回報狀況。一週後她將用手機記錄的平均數給醫生看，說明上週平均一天走 5,000 步。學過統計的醫生當然不會要這種平均數，為什麼呢？

　　我們看圖 1-2-1，圖 1-2-1 是三種平均 5,000 步的可能型態。圖 1-2-1(A) 是醫生希望你規律每天走 5,000 步，如果圖 1-2-1(B) 還勉強，圖 1-2-1(C) 就

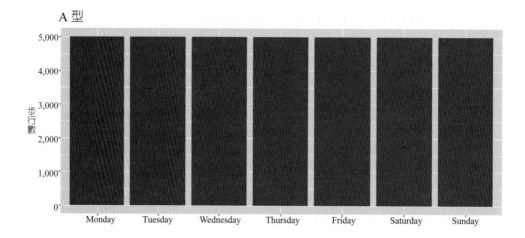

(A)

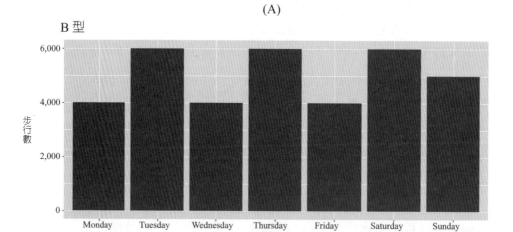

(B)

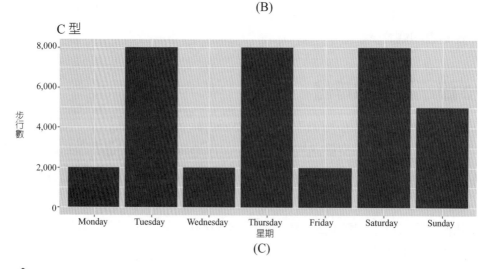

(C)

圖 1-2-1　三種資料分布型態

不理想了。我們可以計算這 7 天和醫生囑咐的差異程度：把每一天的行走步數，減掉 5,000 步，就可以得到每天多走和少走的數量。

　　A 型的變異是 7 個 0，B 型走法是 -1,000, +1,000, -1,000, +1,000, -1,000, +1,000, 0，C 型走法是 -3,000, +3,000, -3,000, +3,000, -3,000, +3,000, 0。直接把 7 天的差異相加結果會是 0，所以，常用避免直接相加導致正負消除的狀況，標準差是常用的計算方式。

　　統計學最常用的為標準差 (standard deviation, σ)。把 7 天的差異平方之後，加總，再除以 6 計算的平均值（注意！不是除以 7），稱為此樣本分布的變異數 (variance of the sample)。此值開根號後，稱為此樣本標準（偏）差 (standard deviation of the sample)，描寫了這筆資料的分布性質。若是母體標準差，用 σ 表示；若是樣本標準差，用 s 表示。一般我們無法估計母體，所以 $s \approx \sigma$。

$$s_A = 0$$
$$s_B = \sqrt{((-1,000)^2 + (1,000)^2 + (-1,000)^2 + (1,000)^2 + (-1,000)^2 + (1,000)^2 + 0^2)/6}$$
$$= \sqrt{6,000,000/6} = \sqrt{1,000,000} = 1,000$$
$$s_C = \sqrt{((-3,000)^2 + (3,000)^2 + (-3,000)^2 + (3,000)^2 + (-3,000)^2 + (3,000)^2 + 0^2)/6}$$
$$= \sqrt{54,000,000/6} = \sqrt{9,000,000} = 3,000$$

　　再將以上樣本標準差除根號 7 可得到此樣本平均值的標準誤差，就可以算出相對於 5,000 步這個「樣本平均值」的標準誤差 (standard errors of the mean)[1] 是多少：

$$A_{se,mean} = 0/\sqrt{7} = 0$$
$$B_{se,mean} = 1,000/\sqrt{7} \approx 378$$
$$C_{se,mean} = 3,000/\sqrt{7} \approx 1,134$$

　　標準誤差就是衡量每一種樣本數據偏離平均數的起落（高低）幅度，樣本平均值的標準誤測量了樣本平均值對母體值的代表性如何，標準誤越大，

---

[1] 樣本平均值的標準誤差，公式 $= \dfrac{s}{\sqrt{n}}$。

代表性越差；越小，代表性越好。標準誤多大算大沒有絕對標準，這是用來比較兩組樣本的分布狀況，例如：

A 型標準誤是 0，也就是說這 7 天，每天都完全沒有偏離醫生囑咐的 5,000 步。

B 型標準誤是 378，也就是說這 7 天當中，平均每天偏離醫生囑咐的 5,000 步起落幅度是 ±378 步。

C 型標準誤是 1,134，也就是說這 7 天當中，平均每天偏離醫生囑咐的 5,000 步起落幅度是 ±1,134 步。

因此，C 型走路是每週大起大落，且起落幅度高於 B 型走路：C 型樣本平均雖也是 5,000，但是離醫生囑咐的 5,000 步，比 B 型的大了 3 倍，差太多了。

由上例，醫生囑咐 5,000 步就是母體參數，瞌立睡就是根據此母體所運動出來的樣本，所以也稱為動差 (moment)。由統計學的角度，所分析的資料不論多龐大，都是抽樣的樣本，經驗世界的分析就是用平均去推論母體參數。平均數也稱為期望值，衡量資料的中央核心 (location)，標準誤差衡量資料的散度規模 (scale)，因此，期望值和標準誤差是一組描述資料中央趨勢的測量。事實上，我們有兩組測量可以描述資料的中央趨勢，第 3 節繼續談。

第 3 節　兩組中央趨勢

統計學用中央趨勢 (central tendency) 來描述整體資料的散布狀態，有兩組中央趨勢：一組參數，平均數和變異數一組，中位數和四分間距一組。顧名思義，中央趨勢就是要看看是不是多數的觀察值向它靠攏，也就是代表性問題。以平均數和標準差為例，如果有代表性，則檢定兩組數據是否是一樣的，就可以使用兩個平均數相減的標準化，執行獨立樣本 t 檢定。

1.樣本平均數與其標準誤

假設我們分析某餐廳日營收資料（單位，千），變數代號為 Y，期望值符號是 E[Y]。圖 1-3-1 的圖是把原始資料放在 X 軸排序，然後劃出中間的平均值，範圍展開依照標準差的倍數，一般取 2 倍（精準地說，可以是 1.96

倍）。

平均數 ±2× 標準誤

圖 1-3-1 水平線包含的 X 軸觀察值個數，理論上應該有 95%；實務上，如果這樣的展開能涵蓋 5,000 個觀察值數字的 9 成以上，那麼這一組中央趨勢就有代表性。

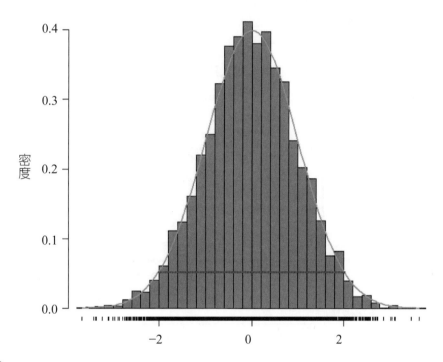

▣ 1-3-1　樣本平均數 =0，標準誤 =1

以前一節走路的例子套進「平均數 ±2× 標準誤」的式子，以 B 型為例，標準誤是 378，故：

5,000 ± 2×378 = (4,244, 5,756) 涵蓋了 95% 的數字範圍

真實行步的區間是 (4,000, 6,000)，其 95% 的範圍是 (4,750, 5,700)。所以，基於只要樣本越多，精確度就會越好的性質，這樣的統計推論，十分有用。

2. 中位數和 IQR

　　FB 的創辦人兼執行長 Mark Elliot Zuckerberg 出生於 1984 年，目前 30 歲出頭，在臺灣應該算是年輕人。我們不知道他的收入到底有多高，但是，如果他移民臺灣，那年輕人的平均薪資就不會再倒退了，月薪說不定會破數十萬，因為 FB 執行長的加入，讓年輕人的整體薪資平均向上激增。但是臺灣的年輕人是否真的月薪有變高嗎？答案當然是否定的，這指出平均數會受到極端值影響的特性。

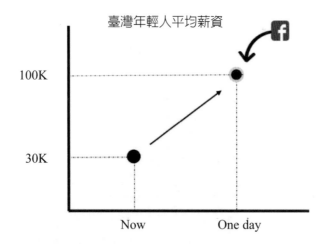

圖 1-3-2　平均薪資被極端值的影響

3. 中位數的概念 (median)

　　與平均數相比，中位數則是可降低極端值影響的資料判讀資訊。**中位數**，顧名思義，就是在一筆資料中，在中間位置的觀察值，它就是分隔點，將資料切成兩等分，中位數的左右兩側各有 50% 的觀察值。設想，普通的薪資階級還是占每個社會中絕大部分人口，即便 FB 的 CEO 移民來到臺灣，雖然因為多了一個人，使中位數有所位移，但對於年輕人就業中間所得水準的判斷也不致影響太大。

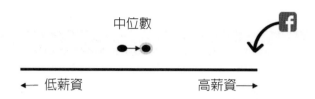

中位數

← 低薪資　　　　　高薪資→

圖 1-3-3　中位數被極端值的影響

　　我們從上述的例子就可發現，要能找出中間位置的觀察值，首先要做的資料整理，就是將資料排序，在排序後我們才可做中位數的判斷。若是樣本內的觀察值爲單數，譬如說有 5 個觀察值，中位數就是排序第 3 的觀察值；若樣本爲複數，譬如說有 6 個觀察值，則中位數則是以排序第 3 及第 4 位置的觀察值平均而得。

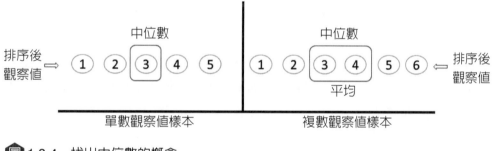

圖 1-3-4　找出中位數的概念

　　舉例來說，兩次的抽樣，個別抽出五位及六位年輕人，將資料排序後，則可找出兩次樣本的中位數。

【範例一】因爲觀察資料爲單數，選取中間位置的觀察值爲中位數，故爲
　　　　　27,650。

【範例二】因爲觀察資料爲複數，選取中間兩個觀察值的平均數，故中位數
　　　　　爲 (27,650 + 29,350)/2 = 28,500。

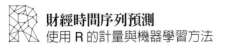

範例一	範例二
五位年輕人的薪資	**六位年輕人的薪資**
23,500	23,500
24,750	24,750
27,650	中位數 27,650
29,350	29,350
33,200	33,200
	34,000

4. 四分位距 (interquartile range, IQR)

　　四分位距 IQR，是將我們樣本觀察值，分爲四等分所作的後續分析。以前述的例子來說明，當我們知道臺灣年輕人薪資的中位數爲 3 萬元後，如何去了解有多少年輕人的薪資與 3 萬元的水準差不多，則可透過四分位距的判讀來協助。四分位距 IQR 是由第一分位數 (Q1)、中位數、第三分位數 (Q3) 所組成，中位數在前述已說明過，而 Q1 及 Q3 則是在資料中占第 25% 及 75% 位置的觀察值。

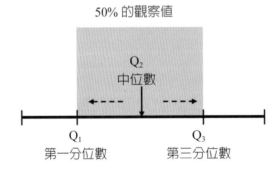

圖 1-3-5 　中位數的分布狀況

$$四分位距\ IQR = Q3 - Q1$$

　　四分位距所代表的內涵是在觀察資料中間 50% 的觀察值分布情況，也可表現出資料離散程度，若以兩樣本觀察，IQR 數值差異越大則相對離散程度則較大，譬如：

【情境一】Q1 薪資是 1.2 萬元、Q3 薪資為 7.5 萬，代表有 50% 的人薪資在 1.2 萬至 7.5 萬之間。

【情境二】Q1 薪資是 2.2 萬元、Q3 薪資為 3.5 萬，代表有 50% 的人薪資在 2.2 萬至 3.5 萬之間。

相比之下可以知道情境二的薪資水準較為集中。而我們也可利用 IQR 作為把資料中極端值 (outlier) 排除的依據。當判斷 FB 的 CEO 薪資為極端值後，將他從我們的資料中排除，無論在平均數或中位數的計算，對於資料的分析皆相當重要。排除極端值後，在後續年輕人薪資水準的計算及後續預測上都會增加準確度。而利用四分位距的離群值運算則可提供資料的合理水準範圍（籬笆），在籬笆外的觀察值，我們就可判斷它為極端值。

$$(籬笆上限, 籬笆下限)=(Q1-1.5 \times IQR, Q3+1.5 \times IQR)$$

一般常用來表現中位數與 IQR 資訊的圖形為盒鬚圖，盒鬚圖也呈現了最大值與最小值，並排除極端值資訊，對於掌握手邊資料狀況是個相當好的圖形工具。

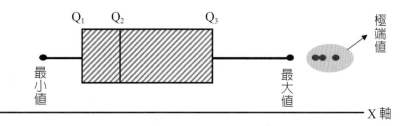

 1-3-6　盒鬚圖呈現的資訊

第 4 節　時間序列特徵

時間序列資料的特徵有二：時間戳記 (time stamp) 和數據內容。先解釋時間戳記。任何一筆資料表的框架至少兩維：上下縱與左右橫。利用 Excel 資料表來解釋就是：左右橫的標籤 A、B……等英文字母；上下縱的標籤 1、2、3……等正整數的數列。左右橫的欄就是變數行 (column)，上下縱的列 (row) 標籤就是數字的 ID，時間戳記就是以日期作為數字的 ID。如圖 1-4-1(A) 美國 GDP 資料表，列 ID 是一個正整數的數列，第 1 欄 DATE 是日期，由日期看是季頻率的資料；第 2 欄 GDP 是數據內容。圖 1-4-1(A) 呈現出來的還不是電腦意義上的時間序列，因為 DATE 在此還不是列 ID，就資料表而言，DATE 是日期資料。

圖 1-4-1(B) 就是將列 ID 置換為日期 DATE，再賦予時間序列特徵，例如：時區 GMT。這樣資料就是標準的時間序列。如果列 ID 是電腦內建的正整數，我們稱之為橫斷面 (cross-section) 資料，橫斷面可以賦予特定標籤，例如：國家代碼、產業編號或上市公司代號。

	DATE	GDP
284	2017-10-01	19882.97
285	2018-01-01	20143.72
286	2018-04-01	20492.49
287	2018-07-01	20659.10
288	2018-10-01	20813.33
289	2019-01-01	21001.59
290	2019-04-01	21289.27
291	2019-07-01	21505.01
292	2019-10-01	21694.46
293	2020-01-01	21481.37
294	2020-04-01	19477.44
295	2020-07-01	21138.57
296	2020-10-01	21477.60
297	2021-01-01	22038.23
298	2021-04-01	22722.58

(A) 資料表

GMT	GDP
2017-10-01	19882.97
2018-01-01	20143.72
2018-04-01	20492.49
2018-07-01	20659.10
2018-10-01	20813.33
2019-01-01	21001.59
2019-04-01	21289.27
2019-07-01	21505.01
2019-10-01	21694.46
2020-01-01	21481.37
2020-04-01	19477.44
2020-07-01	21138.57
2020-10-01	21477.60
2021-01-01	22038.23
2021-04-01	22722.58

(B) 時間序列資料表

 1-4-1　美國 GDP 資料

標準的時間序列資料如下圖 1-4-2 所示，是臺灣每人實質 GDP 的數據。

一般而言，從時間特性來檢視，低頻率的時間序列有三種成分：

(1) 趨勢成分 (trend)：長期趨勢。

(2) 循環成分 (cycle)：循環效果為時間數列的週期變化，包含季節性。

(3) 隨機波動 (random variation)：移除上述兩種成分後，剩下的隨機干擾項。

　　日週以上的高頻率資料，一般沒有明顯的循環，日內資料更不是做趨勢分析。以上這些特性是透過時間戳記呈現出來的，圖 1-4-2 為 2000Q1-2021Q2 美國 GDP 時間序列的三個組成。

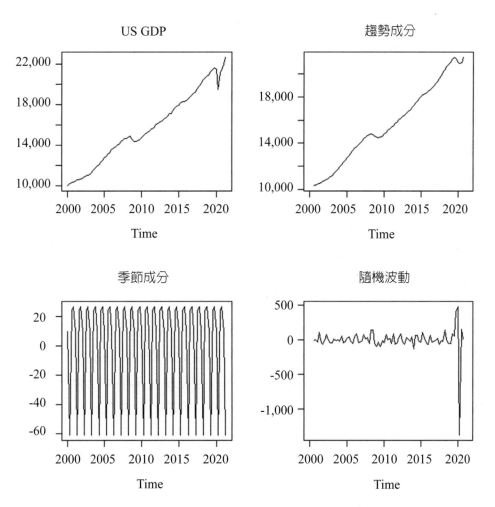

 圖1-4-2　時間序列圖

第 5 節　時間序列預測的不同之處

如我們所知，資料有基礎兩型：橫斷面 (cross-section data) 和時間序列 (time series data)。另外就是多變量混和資料 (multivariate mixed data)。橫斷面屬性特徵可以包含空間、廠商、個人、交易等等資料結構，時間序列屬性則有高頻、低頻和混頻。在預測中，一個訓練好的參數集合稱為預測機 (prediction machine)，預測就是把新資料 (X) 放進預測機器讓參數配置，產生對應的 y。在實務上，橫斷面預測機往往會套用非常多的新資料。例如：一個用 30 萬筆資料訓練出來的電子商務交易資料，可能每天處理（預測、判斷、推薦）的客戶超過 20 萬；還有門禁管制的識別，雖然是資料庫比對，但是，每天也會處理（預測）大量新資訊。因此，在下一次更新預測機之前，就累積了大量資料。如果企業有財力，可以將更新模型這件事，分散到別的主機同步做重訓練 (updating re-training)；不然，就是等到特定時間，再予以處理。一般而言，假設分析 y 和 X 對應關係的型態後，預測機的參數有 10 組，新資料 (X) 進來就可以看是屬於哪一組，就採用那一組的參數產生預測。在大量新資料累積之下，資料的異質性也就越高，重訓後，可能會出現第 11 組乃至更多，資料複雜度不言可喻。

時間序列預測不同：

第一，時間序列往往需要依賴動態預測，因為，未來往往沒有解釋變數 (X)，如果利用過去解釋變數落後結構，則多半配不出太好的結果，而且，落後結構的組合也是一大問題，往往產生大量的徒勞計算。

第二，時間序列的動態預測一次都不會預測太多期未來，例如：以總體經濟的季資料而言，一般動態預測 6 筆即可，也就是一年半；以股價日資料而言，一般預測就是 5 筆，也就是 5 天（一週）；好比，本週五上午 12 點，用以前的歷史資料，預測下週五天的股價表現，決定收盤前的資產配置。未來預測期太長，沒有意義，因為，到了下週五（下半年）就有新資料可以重新估計修正預測機的參數。金融業的高頻交易是一種例外，因為日內高頻程式，對於即時數據的處理，類似橫斷面，更新問題也是要在收盤後，看看今天的數據有沒有新資訊可以納入系統。

所以，時間序列往往涉及到的是，如何訓練出較好的預測結果。實務上而言，將多個模型（方法）產生的預測平均起來的組合預測，是一個較爲務實的作法，本書第 5 章第 6 節會介紹這種方法。

除此，財經時間序列意義探勘 (meaning mining) 是資料素養中很重要的一塊，任何資料科學方法都是在使用演算法從資料中提取資訊。所謂的數據或大數據解析，事實上就是測量資料。上市公司的財務報表會計、損益表、現金流量與資產負債裡面提供的比率，就是對於公司財務健全的測量。醫院健康檢查的結果，就是對人體健康狀況的測量，血壓高過多少是偏高？肝指數惡化，是因爲高於標準值。統計學用平均數測量資料的中央趨勢，用四階動差測量資料分布的特徵。金融市場有種種的指數，好比臺灣加權指數、美國道瓊工業指數、大陸上證指數等等，都是對整體股市狀況給予一個測量指標。

坊間很多書或演講，都在強調數據分析的資料驅動 (data driven) 性質，也就是企業資料流程的演算自動化。企業資料流程就是本書所謂的：

$$排序 \rightarrow 分類 \rightarrow 預測 \rightarrow 決策$$

有些東西資料驅動很方便，也行之有年。例如：生物辨識應用的 App 登入和身分識別。但是，商業資料的資料驅動往往沒這麼簡單，因爲資料本身蘊含商業組織和管理的複雜性。以一個經濟成長的數據爲例，下式是著名的 Harrod-Domar 成長模型，它指出了一個投資和經濟成長的簡單關係：

$$\frac{\Delta GDP}{GDP}_{i,t} = a + b\frac{I}{GDP}_{i,t-1}$$
$$0.27 \ (0.01, 24.62)$$
$$R^2 = 6\%$$

這個關係式指出了經濟成長率 (Y) 和投資率占 GDP(X) 的關係 (b)，參數正下方爲固定效果的係數 (0.27) 和標準誤與 t 統計量 (0.01, 24.62)。根據 1% 的統計顯著性，投資率有非常顯著的關係，日後經濟學家依此提出了融資缺口原理 (financing gap approach)，也就是要提升落後國家的經濟成長，就要提高投資占 GDP 的比率，如果這個國家投資不足，就採用對外援助 (foreign aid) 或信用的方案爲其注入資金。很不幸的，Harrod-Domar 成長模型衍生的融資缺口原理，實證上幾乎全軍覆沒，鮮有成功。

我們由 PWT(Penn World Table) 的官方資料，製作出圖 1-5-1 的迴歸和圖 1-5-2 的效率前緣。我們可以討論一番：是迴歸分析適合？還是效率前緣？

迴歸的結果適用於直線周遭的國家，若想順這條線增加經濟成長，或許可以使用比例原則。但是，對於外圍的國家，如烏拉圭 (Uruguay) 乃至更下方的，問題可能在於檢討其投資效率問題。投資效率低下，是因為制度不良？還是誘因失靈？迴歸只是數據間的對應關係，參數則只是對靠近線上的國家有意義，將之視為因果關係制訂政策，強行提高投資率，如同揠苗助長，中間是空的。

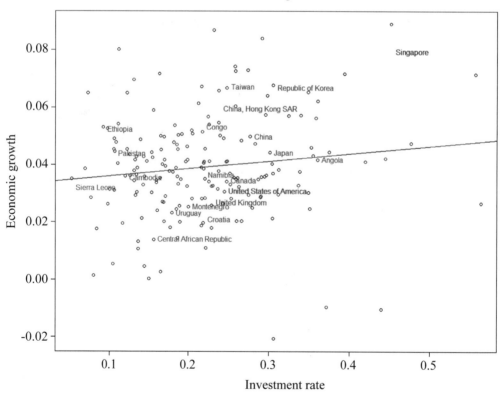

圖 1-5-1　Harrod-Domar 經濟成長模型的資料散布圖

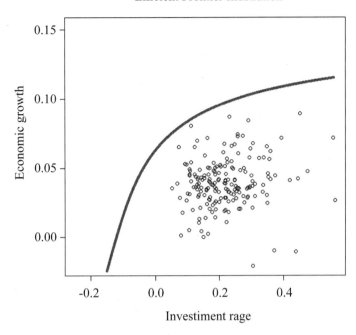

圖 1-5-2　效率前緣

　　這個案例說明了經濟數據的背景相當複雜。這個經濟成長的問題涉及後來的 Solow 成長模型的提出，否認了固定資本存量的角色，強調了技術進步的關鍵角色。這個問題可討論的部分很多，但需要一些進階經濟學的訓練，我們就此擱下。我們要強調的是，涉及國家、廠商、產業的經濟數據，有其複雜背景，預測無法像多數商業應用，可以直接套新資料，因為，一個新的廠商、新的產業，乃至新興國家，都無法由現成的資料，給予直接線性類比，甚至預測很好的模型也是。這是我們利用強大資料演算法來預測之時，必須對自己所面對的問題，抱持謙卑，不可因為資料驅動就脫離現實，對著螢幕紙上談兵。

財經時間序列開放資料之取得

難易指數：☺☺☺☺☺（非常簡單）

學習金鑰

1. 財經開放資料的取得
2. R 程式使用

第 1 節　Fed 美國聯準會

R 語言內建一個函數 read.csv()，除了讀取 .csv 格式的資料表，若給予 .csv 的網路連結 (url)，它也可以直接下載。也就是說，只要知道路徑，就可以直接讀取，而不用「先下載→儲存→讀取」。我們以下載聯邦銀行的美國總經數據為範例，圖 2-1-1(A)-(E) 顯示這個流程。

首先，如圖 2-1-1(A) 連上 Fed St. Louis 分行網站 (https://fred.stlouisfed.org/) 的首頁。首頁上會隨機顯示幾筆熱門數據（每次連上會有些許差異），我們點選通貨膨脹 (inflation)。

其次，如圖 2-1-1(B) 會顯示出很多相關物價資訊，如圖所框選，我們選擇 Consumer Price Index for All Urban Consumers。

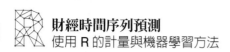
第 3 步如圖 2-1-1(C)，呈現出資料的時間序列圖，且用陰影標示出 NBER 的景氣循環階段，在右邊有一個 Download 按鈕，點下去就會出現可下載格式的下拉選單。

第 4 步如圖 2-1-1(D)，我們選擇 CSV，但是不直接下載，而是用滑鼠右鍵，選擇複製這筆數據的連結網址。

這個 url 很長，此網頁路徑的語法，其實可以刪除圖形的添加宣告，簡化如下："https://fred.stlouisfed.org/graph/fredgraph.csv?&id=CPILFESL&fq=Monthly&revision_date=2021-08-02&nd=1947-01-01"。

(A)

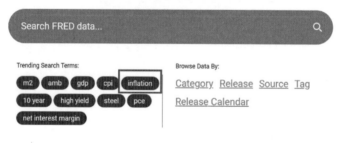

(B)

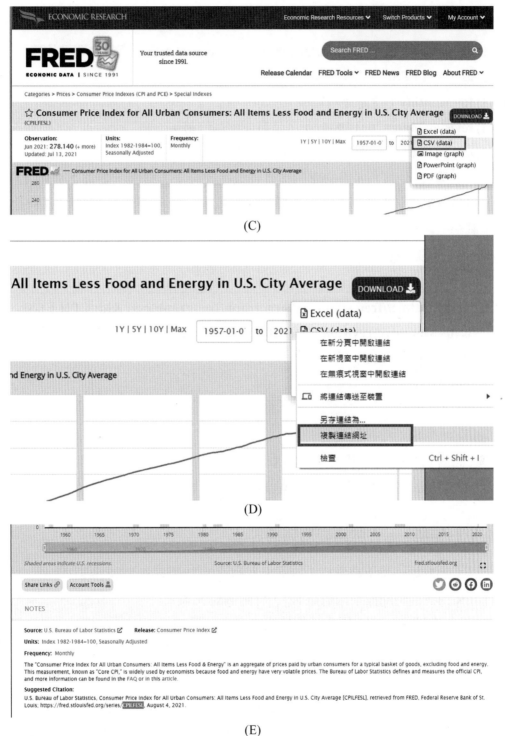

All Items Less Food and Energy in U.S. City Average

圖 2-1-1　下載 Fed 網路資料檔

1. 關鍵只有五段資訊

(1) **https://fred.stlouisfed.org/graph/fredgraph.csv?**：這是資料的關鍵位置

(2) **id=CPILFESL**：這是變數代號

(3) **fq=Monthly**：這是變數頻率

(4) **revision_date=2021-08-02**：這是時間序列的最後一日

(5) **nd=1947-01-0**：這是時間序列的起始日

　　上述 (2) 中，Fed 用的變數代號可以在此頁下方檢索，如圖 2-1-1(E)，爾後只要需要任何美國上萬筆數據，只要 Fed 有的，都可以用這個方法修改下載。

RLab：下載範例

---

1. **url1="https://fred.stlouisfed.org/graph/fredgraph.csv?&id=CPILFESL &fq=Monthly&revision_date=2021-08-02&nd=1947-01-01"**
2. **dat=read.csv(url1)**
3. **tail(dat)**
4. **head(dat)**

　　讀者可以練習下載美國失業率、GDP 和實質 GDP 等等，只要透過圖 2-1-1(E) 方法取得變數代號，置換 **"id="**，或需更改頻率 **"fq="** 即可。

2. 資料結構──R 的時間序列格式

　　上例的語法是下載資料，接下來我們解說如何將之變成時間序列。

　　R 內建的時間框架函數是 ts()，有兩個缺失：

(1) 不會隨著資料被儲存為 R 的格式被保存，例如：.RData。所以，當我們用 **load**() 重新載入 .RData 的資料時，時間刻度就沒了。

(2) **ts**() 無法處理賦予高頻率時間框架，例如：日（內）或週。**ts**() 只能處理月、季、年頻率的時間。

　　R 的模組群，有三個處理時間序列的套件：timeSeries、xts、zoo，本書主要使用 timeSeries 模組。但是，這三個模組都可以透過 as.timeSeries()、 as.xts() 和 as.zoo() 互相轉換。接下來我們介紹時間序列資料的建立，以下四個 url 為 4 筆數據的路徑。

✧ url1="https://fred.stlouisfed.org/graph/fredgraph.csv?&id=**CPILFESL**&fq=Monthly&revision_date=2021-08-02&nd=1947-01-01"

url2="https://fred.stlouisfed.org/graph/fredgraph.csv?id=**UNRATE**&fq=Monthly&revision_date=2021-08-02&nd=1948-01-01"

url3="https://fred.stlouisfed.org/graph/fredgraph.csv?id=**GDP**&fq=Quarterly&&revision_date=2021-08-02&nd=1947-01-01"

url4="https://fred.stlouisfed.org/graph/fredgraph.csv?&id=**GDPC1**&fq=Quarterly&revision_date=2021-08-02&nd=1947-01-01"

除了第 1 筆，以上後 3 筆數據，由 "id=" 的符號，依序解釋如下：

✧ UNRATE 是失業率

✧ GDP 是名目 GDP

✧ GDPC1 是實質 GDP

RLab：建立時間序列

```
1. library(timeSeries)
2. dat=read.csv(url1)
3. tail(dat)
4. dateID=as.Date(dat[,1])
5. y0=dat[,2, drop=FALSE]
6. GDP=timeSeries(y0, dateID)
7. tail(GDP)
```

以上就是圖 1-4-1 的程式。讀者可以自行取得 Fed 資料代號，練習載入其他數據，並建立時間序列。

練習問題 進入 https://www.tpefx.com.tw/，此為財團法人台北外匯市場發展基金會網站。點選「服務項目」，下載新臺幣有效匯率指數。

第 2 節　證交所 5 秒鐘的高頻資料

上述方法可以通用於建立日、週到年頻率的時間序列，如果遇到日內 (intraday)，也就是「時、分、秒」的資料，就需要將之處理成物件再轉換。

日內高頻率的資料比較罕見於開放數據，主要是過於龐大，諸如 Yahoo-Finance 等平臺也只限於日頻率的金融市場資料。我們利用臺灣證交所 5 秒鐘的數據，循 Fed 的例子，解說如下：

第 1 步：進入證交所 5 秒鐘的資料頁面：

https://www.twse.com.tw/exchangeReport/MI_5MINS_INDEX

接著，如圖 2-2-1 複製當日資料連結，將之定義成 twse_5sec，如下：

twse_5sec="https://www.twse.com.tw/exchangeReport/MI_5MINS_INDEX?response=csv&date=20210806"。

檢視這個路徑，我們知道最後 8 碼就是當日日期。

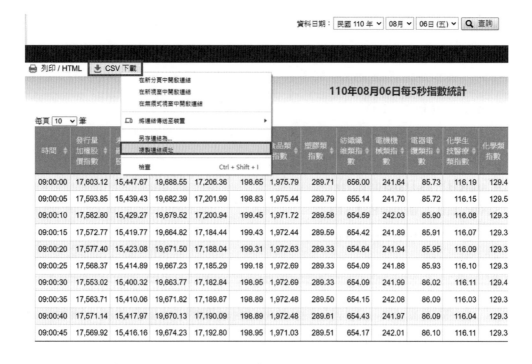

圖 2-2-1

接下來，同 Fed 方法我們讀取這筆資料：

dat0=read.csv(twse_5sec, skip=1)

在 read.csv() 內有一個 skip，為什麼要跳過第 1 列？我們可以看原始資料的狀況，如圖 2-2-2。

透過 tail(dat0,15) 檢視下載的數據，發現底部有一些官方文字，數據列只有前 3,241 筆觀察值，然後最後一欄出現 NA，也是資料庫的問題，我們都將之去除：

dat=dat0[1:3241, -ncol(dat0)]

	A	B	C	D	E	F	G	H	I	J	K	L	M	N	O
1	110年08月06日每5秒指數統計														
2	時間	發行量加	未含金融	未含電子	未含金融	水泥類指	食品類指	塑膠類指	紡織纖維	電機機械	電器電纜	化學生技	化學類指	生技醫療	玻璃陶瓷造
3	09:00:00	17,603.12	15,447.67	19,688.55	17,206.36	198.65	1,975.79	289.71	656	241.64	85.73	116.19	129.42	71.55	91.26
4	09:00:05	17,593.85	15,439.43	19,682.39	17,201.99	198.83	1,975.44	289.79	655.14	241.7	85.72	116.15	129.51	71.44	91.25
5	09:00:10	17,582.80	15,429.27	19,679.52	17,200.94	199.45	1,971.72	289.58	654.59	242.03	85.9	116.08	129.33	71.46	91.26
6	09:00:15	17,572.77	15,419.77	19,664.82	17,184.44	199.43	1,972.44	289.59	654.42	241.89	85.91	116.07	129.32	71.45	90.93
7	09:00:20	17,577.40	15,423.08	19,671.50	17,188.04	199.31	1,972.63	289.33	654.64	241.94	85.95	116.09	129.32	71.48	90.82
8	09:00:25	17,568.37	15,414.89	19,667.25	17,185.29	199.18	1,972.69	289.33	654.09	241.88	85.93	116.1	129.39	71.45	91.03
9	09:00:30	17,553.02	15,400.32	19,663.77	17,182.84	198.95	1,972.69	289.33	654.09	241.99	86.02	116.11	129.41	71.45	90.61
10	09:00:35	17,563.71	15,410.06	19,671.82	17,189.87	198.89	1,972.48	289.5	654.15	242.08	86.09	116.03	129.31	71.41	90.72
11	09:00:40	17,571.14	15,417.97	19,670.13	17,190.09	198.89	1,972.48	289.61	654.43	241.97	86.09	116.04	129.33	71.41	90.93
3241	13:29:50	17,543.89	15,390.63	19,762.58	17,299.27	198.27	1,971.82	292.67	654.09	242.22	85.04	115.73	129.08	71.16	91.93
3242	13:29:55	17,543.89	15,390.63	19,762.58	17,299.27	198.27	1,971.82	292.67	654.09	242.22	85.04	115.73	129.08	71.16	91.93
3243	13:30:00	17,526.28	15,376.55	19,735.27	17,277.83	198.63	1,972.19	292.39	652.95	241.61	85.04	115.7	129.16	71.08	92.04
3244	說明:														
3245	民國100年1月16日以前，資料為每一分鐘方式提供。														
3246	民國103年2月23日以前，資料為每15秒方式提供。														
3247	民國103年2月24日以後，資料為每10秒方式提供。														
3248	民國103年12月29日以後，資料為每5秒方式提供。														
3249															
3250															
3251															
3252															

圖 2-2-2 民國 110 年 8 月 6 日星期五的 5 秒鐘產業指數

```
> dat[1:3241,-ncol(dat)]
     時間  發行量加權股價指數 未含金融保險股指數 未含電子股指數 未含金融電子股指數 水泥類指數
1  =09:00:00          17,603.12           15,447.67       19,688.55           17,206.36    198.65
2  =09:00:05          17,593.85           15,439.43       19,682.39           17,201.99    198.83
3  =09:00:10          17,582.80           15,429.27       19,679.52           17,200.94    199.45
4  =09:00:15          17,572.77           15,419.77       19,664.82           17,184.44    199.43
5  =09:00:20          17,577.40           15,423.08       19,671.50           17,188.04    199.31
6  =09:00:25          17,568.37           15,414.89       19,667.23           17,185.29    199.18
7  =09:00:30          17,553.02           15,400.32       19,663.77           17,182.84    198.95
8  =09:00:35          17,563.71           15,410.06       19,671.82           17,189.87    198.89
9  =09:00:40          17,571.14           15,417.97       19,670.13           17,190.09    198.89
10 =09:00:45          17,569.92           15,416.16       19,674.23           17,192.80    198.95
11 =09:00:50          17,571.59           15,418.32       19,674.56           17,195.09    198.95
12 =09:00:55          17,564.47           15,411.53       19,679.00           17,201.15    199.12
13 =09:01:00          17,565.17           15,411.48       19,677.51           17,196.68    199.12
14 =09:01:05          17,569.06           15,417.03       19,667.35           17,190.73    198.81
15 =09:01:10          17,564.23           15,412.77       19,661.91           17,185.90    198.79
16 =09:01:15          17,553.91           15,402.86       19,662.34           17,187.15    198.57
17 =09:01:20          17,554.58           15,403.28       19,660.79           17,184.38    198.44
18 =09:01:25          17,563.75           15,412.65       19,659.08           17,183.70    198.68
19 =09:01:30          17,554.18           15,402.44       19,664.49           17,187.24    198.74
20 =09:01:35          17,555.37           15,403.89       19,659.75           17,182.57    198.68
21 =09:01:40          17,555.93           15,404.62       19,660.88           17,184.59    198.68
22 =09:01:45          17,552.25           15,401.49       19,658.28           17,183.19    198.45
23 =09:01:50          17,551.64           15,401.28       19,658.29           17,184.61    198.45
24 =09:01:55          17,551.83           15,401.30       19,657.77           17,183.38    198.51
25 =09:02:00          17,552.20           15,401.53       19,660.13           17,185.72    198.51
26 =09:02:05          17,551.77           15,401.09       19,654.21           17,178.53    198.51
27 =09:02:10          17,550.17           15,399.00       19,659.31           17,182.76    198.74
28 =09:02:15          17,549.49           15,398.49       19,655.93           17,179.29    198.74
   食品類指數  塑膠類指數  紡織纖維類指數  電機機械類指數  電器電纜類指數  化學生技醫療類指數
1   1,975.79     289.71        656.00          241.64         85.73             116.19
2   1,975.44     289.79        655.14          241.70         85.72             116.15
3   1,971.72     289.58        654.59          242.03         85.90             116.08
4   1,972.44     289.59        654.42          241.89         85.91             116.07
```

圖 2-2-3

此時的 dat 算是清理完畢，但是，時間格式還沒有，因為第 1 欄的時間欄多了 "="，而且這個 "=" 符號，10 點以後就沒有了。因本書的讀者定位是對 R 語言有基礎，所以讀者可以自行練習如何將第 1 欄改成類似如下的 3,241 筆時間字串 "2021-08-06 09:00:05"：

先移除 "="，如下：

dateTime0=sub("=", "", dat[,1])

然後用 paste 貼上年月日：

dateTime =paste("2021-08-06", dateTime0)

再循 Fed 例子，用如下 as.POSIXlt() 函數，將之宣告成時間，再建立成時間序列資料：

timeID=as.POSIXlt(dateTime, format = c("%Y-%m-%d %H:%M:%OS"))

把 timeID 當成列 ID，再併成一個資料框架就完備了。

時分秒是固定的，故當需要大量處理多日時，「日期時分秒」可以自動化。要注意的是證交所避免機器人程式大量下載負荷，所以有一個鎖 IP 連續下載量的限制；如果需要自動化下載，建議每下載 5 天（一週），系統暫歇 10 秒，語法：Sys.sleep(10)。

第3節　國際清算銀行的有效匯率指數 BIS

國際清算銀行蒐集了很多國際金融市場的數據，項目涵蓋會員國的有效匯率指數、貿易權重，國際清算銀行 (Bank for International Settlements) 的網站是 https://www.bis.org/，它的資料豐富，如圖 2-3-1 所示：

Consolidated banking statistics	Debt service ratios
Debt securities statistics	Property prices
Derivatives statistics	Consumer prices
Global liquidity indicators	Exchange rates
Credit to the non-financial sector	Central bank policy rates
Credit-to-GDP gaps	Payments and financial market infrastructures

圖 2-3-1　國際清算銀行的國際金融資料庫

點選匯率 (Exchange rates) 就可以選擇進入它的有效匯率指數資料頁：https://www.bis.org/statistics/eer.htm，進入後如圖 2-3-2：

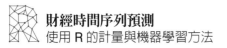
Effective exchange rate indices

Our data

Last update	Type of data	Format#
11 August 2021	Daily data: Broad and narrow indices, nominal	📄 CSV horizontal, 📄 CSV vertical
22 July 2021	Monthly data: Broad indices	📊 XLSX, 📈nominal, 📈real
17 July 2021	Monthly data: Narrow indices	📊 XLSX, 📈nominal, 📈real
April 2019	Trade weights	📄 Broad, 📄 narrow

Daily data are provided in two formats, ie, horizontal and vertical time axis.

圖 2-3-2　國際清算銀行的有效匯率頁面

　　由圖 2-3-2 可知 BIS 提供的格式是 xlsx，我們先下載廣義有效匯率指數 (Broad) 便於預先檢視格式。如圖 2-3-3，資料和臺灣「證交所 5 秒盤後指數」很類似，就是前幾列有一些標準文字，第 4 列開始是國家的全名，第 5 列開始是國家的簡寫。

　　這個 xlsx 檔案有兩頁：第 1 頁標注 Nominal 是名目有效匯率指數，第 2 頁標注 Real 是實質有效匯率指數。

	A	B	C	D	E	F	G	H	I	J	K	L
1	BIS effective exchange rate											
2	Nominal, Broad Indices											
3	Monthly averages; 2010=100											
4	EER for:	Algeria	Argentina	Australia	Austria	Belgium	Brazil	Bulgaria	Canada	Chile	China	Chinese Taipei
5		NBDZ	NBAR	NBAU	NBAT	NBBE	NBBR	NBBG	NBCA	NBCL	NBCN	NBTW
6	01-1994	269.47	214.11	79.3	89.58	88.96	1101.87	2824.28	76.47	88.11	73.85	120.74
7	02-1994	271.03	231.87	80.9	89.7	89.93	778.82	2775.96	74.96	90.93	73.21	120
8	03-1994	267.08	250.2	79.98	90.62	91.1	551.24	2174.76	73.7	93.08	72.98	119.81
9	04-1994	198.4	272.96	80.49	90.66	91.27	385.3	1917.85	72.86	97.68	73.02	120.06
10	05-1994	176.14	295.53	81.07	91.33	92.11	267.88	1887.07	72.93	100.4	73.23	118.03
11	06-1994	169.72	321.14	81.69	91.85	92.72	184.15	1912.36	72.76	104.44	72.97	116.64
12	07-1994	164.03	325.79	80.44	92.66	93.7	163.07	1899.85	72.4	104.18	71.91	116.37
13	08-1994	163.39	322.87	81.16	93.05	94.02	168.84	1859.96	72.67	104.17	72.57	117.67
14	09-1994	157.84	318.56	80.73	93.14	94.16	174.52	1676.24	73.8	104.46	72.65	117.94
15	10-1994	150.25	315.05	79.73	93.71	94.7	177.24	1613.61	73.87	104.3	72.62	117.82
16	11-1994	148.89	315.89	81.6	93.7	94.6	178.95	1611.09	73.18	104.27	72.92	117.7
17	12-1994	148.08	319.88	84.54	93.72	94.57	179.34	1638.39	72.38	108.59	74.18	118.16
18	01-1995	146.72	319.59	83.11	94.64	95.51	180.48	1605.88	71.51	108.02	74.48	118.43
19	02-1995	142.81	317.97	80.43	95.44	96.5	180.77	1616.35	72.02	105.84	74.21	117.66
20	03-1995	138.42	317.71	77.19	97.96	99.19	167.83	1591.41	71.27	105.09	72.14	115.54
21	04-1995	133.35	315.17	75.48	98.34	99.79	161.99	1587.06	72.16	107.75	70.31	115.36
22	05-1995	131.12	315.16	75.05	97.57	98.89	164.36	1606.68	73.13	112.96	71.64	115.7
23	06-1995	123.7	315.82	74.03	97.55	98.99	161.12	1580.75	72.22	114.07	71.56	114.28
24	07-1995	118.79	316.64	75.03	97.69	99.02	158.49	1570.16	73.14	112.96	71.97	112.77
25	08-1995	119.8	322.44	78.73	96.7	97.78	159.42	1570.28	74.2	112.59	74.15	111.87
26	09-1995	120.58	325.77	81.39	96.66	97.75	159.3	1582.1	74.91	111.85	75.5	113.17
27	10-1995	119.79	324.44	80.12	97.68	99.11	157.13	1556.21	75.07	107.99	75.08	114.88
28	11-1995	118.42	325.86	80.17	97.62	99	157.3	1543.76	74.96	107.12	75.47	113.99
29	12-1995	118.44	327.8	80.09	97.27	98.57	157.38	1542.1	74.22	108.56	75.81	114.19
30	01-1996	117.22	329.98	80.86	97.01	98.15	157.25	1514.76	74.55	109.41	76.76	115.16
31	02-1996	117.14	331.09	82.37	97.1	98.12	156.49	1482.99	74.1	108.98	76.85	114.89
32	03-1996	117.51	332.12	84.17	96.81	97.71	155.96	1432.09	74.72	109.06	76.82	115.42

圖 2-3-3　名目有效匯率，廣義

接下來解說一下下載這筆資料的程式技巧：因爲我們的資料格式是 .xlsx，所以呼叫套件 openxlsx，接著用一樣的技巧複製檔案路徑：

```
library(openxlsx)
eer_broad="https://www.bis.org/statistics/eer/broad.xlsx"
temp1 = read.xlsx(eer_broad, sheet=1,
                  detectDates = TRUE,
                  startRow = 4,
                  colNames= TRUE)
```

我們以 read.xlsx() 這個函數爲主：

sheet=1：擷取第 1 頁，如果要實質 Real，就選 2。

detectDates = TRUE：將第 1 欄以時間處理，而不是轉成序列碼。

startRow = 4：如圖 2-3-3，從原始資料第 4 列開始讀入爲第 1 列。

colNames= TRUE：讀入的第 1 列爲欄名稱。

此例由第 4 列讀取的原因在於要取出原國家名稱，如果不需要，可以直接採 startRow = 5。這樣的資料如下圖 2-3-4(A)：

```
head(temp1)
   EER.for:        Algeria        Argentina   Australia Austria Belgium            Brazil
1     <NA>            NBDZ             NBAR        NBAU    NBAT    NBBE              NBBR
2 1994-01-31 269.47000000000003      214.11        79.3   89.58   88.96 1101.8699999999999
3 1994-02-28 271.02999999999997      231.87 80.900000000000006   89.7   89.93            778.82
4 1994-03-31           267.08        250.2        79.98   90.62    91.1            551.24
5 1994-04-30            198.4 272.95999999999998 80.489999999999995   90.66   91.27            385.3
6 1994-05-31           176.14 295.52999999999997 81.069999999999993   91.33   92.11           267.88
     Bulgaria       Canada Chile               China Chinese.Taipei Colombia Croatia Cyprus
1        NBBG     NBCA  NBCL                 NBCN          NBTW     NBCO    NBHR   NBCY
2     2824.28    76.47 88.11 73.849999999999994               120.74   198.22   87.51  68.87
3     2775.96 74.959999999999994 90.93 73.209999999999994                  120   199.95    89.5  69.39
```

(A)

```
> tail(temp2)
          X1   NBDZ  NBAR  NBAU   NBAT   NBBE   NBBR    NBBG   NBCA   NBCL     NE
325 2021-01-31 65.59  6.73 89.35 102.47 103.98 47.72 115.38  85.48  85.26  120.
326 2021-02-28 65.53  6.56 89.88 102.23 103.60 47.37 114.68  85.89  85.66  120.
327 2021-03-31 66.23  6.52 90.49 102.30 103.39 45.92 115.20  87.23  86.38  121.
328 2021-04-30 66.66  6.36 90.43 102.42 103.67 46.58 115.92  87.57  88.47  121.
329 2021-05-31 65.63  6.15 90.31 102.49 103.91 48.56 116.21  89.87  87.04  122.
330 2021-06-30 65.74  6.00 89.22 102.24 103.59 51.36 116.01  89.34  85.32  122.
       NBDK   NBEE   NBXM   NBFI   NBFR   NBDE   NBGR   NBHK   NBHU   NBIS     N
325 104.99 108.92 108.73 107.16 103.41 104.78 106.79 104.97  79.83 107.33  68
326 104.61 108.56 107.94 106.80 103.06 104.33 106.37 105.17  79.81 107.69  68
327 104.60 108.60 107.86 106.71 102.97 104.34 106.51 106.29  78.24 110.20  69
328 104.80 108.89 108.35 107.01 103.23 104.59 106.91 106.26  79.50 111.13  67
329 104.97 108.88 108.72 107.14 103.46 104.78 107.24 105.32  81.17 112.04  68
330 104.63 108.46 108.04 106.73 103.15 104.37 107.01 105.63  81.80 113.85  68
       NBKR   NBLV   NBLT   NBLU   NBMY   NBMT   NBMX   NBNL   NBNZ   NBNO   NBF
325 115.49 109.88 110.22 101.70  85.32 102.43  67.20 103.47 108.09  78.98  97.1
326 114.39 109.52 109.82 101.52  85.36 102.04  66.05 103.08 109.00  79.39  96.9
327 113.88 109.68 109.91 101.46  85.11 101.66  64.86 102.92 108.59  80.41  96.5
```

(B)

圖 2-3-4

我們從 temp1 中取出對應的國家名稱，再用 startRow = 5 重新讀取資料，
countryNames=colnames(temp1)[-1]。

temp2 = read.xlsx(eer_broad, sheet=1, colNames=T, detectDates = T,
startRow = 5)。tail(temp2) 顯示的就是圖 2-3-4(B)，第 1 欄就是日期。接下來
轉成時間序列的流程同前述；這個月數據，也可以用 ts() 完成建立時間序列。

第 4 節　R 內建套件 quantmod 國際股市資料

R 套件 quantmod 內建一個國際金融數據擷取函數 getSymbols()，只要
知道掛牌代碼，就可以直接下載數據，內容除了股市、匯市、債市價格，還
有 ETF。簡易程式如下：

```
library(quantmod)
indexnames=c("^DJI","^GSPC","^IXIC","^RUT","^VIX","^SOX")
filenames=c("DJI","GSPC","IXIC","RUT","VIX","SOX")
getSymbols(indexnames, from="1990-01-01", adjust=TRUE)
```

indexnames 是市場指數，資料擷取後，電腦內儲存的物件就沒有符號 "^"，所以就另建一個 filenames，方便存取。在 getSymbols() 函數內的宣告，都很直覺；adjust=TRUE 是詢問是否需要擷取調整後的收盤價。

如果需要存取，可以執行以下兩行，先存，再讀取：

```
save("DJI","GSPC","IXIC","RUT","VIX","SOX", file="./data/index.RData")
print(load("./data/index.RData"))
```

接下來是 ETF 範例，一種是 SPDR，另一種是 iShares：

```
SPDR=c("XLB","XLE","XLF","XLP","XLI","XLU","XLV","XLK","XLY","RWR","SPY")
getSymbols(SPDR, from="1990-01-01", to=as.Date(Sys.time()), adjust=TRUE)
save("XLB", "XLE", "XLF", "XLP", "XLI", "XLU", "XLV", "XLK", "XLY", "RWR", "SPY", file="./data/SPDR.RData")
library(xts)
print(load("./data/SPDR.RData"))
tail(RWR)
```

```
iShares=c("EWJ", "EWG", "EWU", "EWC", "EWY", "EWA", "EWH", "EWS", "IYZ", "EZU", "IYR", "EWT", "EWZ", "EFA", "IGE", "EPP", "LQD", "SHY", "IEF", "TLT")
getSymbols(iShares,from="1990-01-01", to=as.Date(Sys.time()),adjust=TRUE)
save("EWJ", "EWG", "EWU", "EWC", "EWY", "EWA", "EWH", "EWS", "IYZ", "EZU", "IYR", "EWT", "EWZ", "EFA", "IGE", "EPP", "LQD", "SHY", "IEF", "TLT", file = "./data/iShares.RData" )
print(load("./data/iShares.RData"))
```

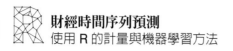

tail(EWS)

ETF 代碼說明如下：

"XLE": SPDR Energy sector

"XLF": SPDR Financial sector

"XLP": SPDR Consumer staples sector

"XLI": SPDR Industrial sector

"XLU": SPDR Utilities sector

"XLV": SPDR Healthcare sector

"XLK": SPDR Tech sector

"XLY": SPDR Consumer discretionary sector

"RWR": SPDR Dow Jones REIT ETF

"EWJ": iShares Japan

"EWG": iShares Germany

"EWU": iShares UK

"EWC": iShares Canada

"EWY": iShares South Korea

"EWA": iShares Australia

"EWH": iShares Hong Kong

"EWS": iShares Singapore

"IYZ": iShares U.S. Telecom

"EZU": iShares MSCI EMU ETF

"IYR": iShares U.S. Real Estate

"EWT": iShares Taiwan

"EWZ": iShares Brazil

"EFA": iShares EAFE

"IGE": iShares North American Natural Resources

"EPP": iShares Pacific Ex Japan

"LQD": iShares Investment Grade Corporate Bonds

"SHY": iShares 1-3 year TBonds

"IEF": iShares 3-7 year TBonds

"TLT": iShares 20+ year Bonds

第 5 節　Fama-French Factor Data

在財務金融領域，由 Fama-French 為名的一系列資產定價研究中，著名的因子模型資料都在 Kenneth French 的資料網：https://mba.tuck.dartmouth.edu/pages/faculty/ken.french/data_library.html。

本節將說明如何擷取上述網站的因子和投資組合的數據。French 資料網的資料，下載不是問題，問題在於每個檔案都不是乾淨的資料表，不但有

4、5 個資料表疊起來，而且還有文字阻隔。我們還是必須事先知道資料格式，才方便下載後的清理。我們點進去網站，往下拉，會看到如圖 2-5-1 的頁面：

U.S. Research Returns Data (Downloadable Files)

Changes in CRSP Data

Fama/French 3 Factors TXT CSV Details
Fama/French 3 Factors [Weekly] TXT CSV Details
Fama/French 3 Factors [Daily] TXT CSV Details

Fama/French 5 Factors (2x3) TXT CSV Details
Fama/French 5 Factors (2x3) [Daily] TXT CSV Details

Univariate sorts on Size, B/M, OP, and Inv

Portfolios Formed on Size TXT CSV Details
Portfolios Formed on Size [ex.Dividends] TXT CSV Details
Portfolios Formed on Size [Daily] TXT CSV Details

Portfolios Formed on Book-to-Market TXT CSV Details
Portfolios Formed on Book-to-Market [ex. Dividends] TXT CSV Details
Portfolios Formed on Book-to-Market [Daily] TXT CSV Details

Portfolios Formed on Operating Profitability TXT CSV Details
Portfolios Formed on Operating Profitability [ex. Dividends] TXT CSV Details
Portfolios Formed on Operating Profitability [Daily] TXT CSV Details

Portfolios Formed on Investment TXT CSV Details
Portfolios Formed on Investment [ex. Dividends] TXT CSV Details
Portfolios Formed on Investment [Daily] TXT CSV Details

Bivariate sorts on Size, B/M, OP and Inv

 2-5-1

　　用之前的方法，以滑鼠右鍵可以看到資料儲存的主要路徑是 "http://mba.tuck.dartmouth.edu/pages/faculty/ken.french/ftp/"。

　　下載的資料檔不是格式化的資料表，而是 .zip，因此，我們要先解壓縮，再讀取，然後清理多張資料表。如果讀者長期使用 Fama-French 資料，建議仔細閱讀以下程式碼，嵌入 RMarkdown 後，一切都可以自動更新，不管是寫書或是寫論文，都非常方便。

我們先定義一個資料路徑的 url 如下：url="http://mba.tuck.dartmouth.edu/pages/faculty/ken.french/ftp/"。

其次，將常用的資料名稱建立起來，這可以用滑鼠右鍵去複製圖 2-5-1 資料的連結，此處為練習方便，我們預先準備 10 種資料、6 種風險因子、4 種投資組合，去除其共同的最後名稱 "_CSV.zip" 以簡化記錄，如下：

```
filename=c(
    "F-F_Research_Data_Factors",
    "F-F_Research_Data_Factors_weekly",
    "F-F_Research_Data_Factors_daily",
    "F-F_Research_Data_5_Factors_2x3",
    "F-F_Research_Data_5_Factors_daily_2x3",
    "F-F_Momentum_Factor",
    "Portfolios_Formed_on_ME",
    "100_Portfolios_ME_INV_10x10",
    "49_Industry_Portfolios",
    "30_Industry_Portfolios")
```

k=10，我們選第 10 種資料 "30_Industry_Portfolios"，它的網路全名應該是 "30_Industry_Portfolios_CSV.zip"，所以我們下一行建立它的全名：

fileZIP=paste0(filename[k], "_CSV.zip")

然後把資料路徑和上述 fileZIP 檔名貼起來，如下：

Link=paste0(url, fileZIP)

接下來就是用 tempfile() 指定暫存環境，**tmp=getwd()**，是將下載存取區設定為目前工作目錄 getwd()，如果需要指定別的地方，例如：D 硬碟的工作區，只要這樣改即可：**tmp="d:/myfiles/"**。

temp = tempfile(tmp=getwd(), fileext = ".zip")

最後就是使用 download.file() 將壓縮檔 "30_Industry_Portfolios_CSV.zip" 下載到指定位置，如下：

download.file(Link,temp)

下載完畢後，我們建立解開的檔名："30_Industry_Portfolios.CSV"，如下：

fileCSV=paste0(filename[k],".CSV")

因為我們選擇的檔案是 .CSV，所以，我們解壓縮後的讀取，就用 read.csv()，如下：

ff.factor0 = read.csv(unz(temp, fileCSV),
**　　　　　　　skip=0,**
**　　　　　　　header=FALSE,**
**　　　　　　　blank.lines.skip = FALSE)**

上述讀取的資料給的物件名稱是 ff.factor0，內有 4 個宣告，我們這樣設是為了清理資料，解釋如下：

(1) **unz(temp, fileCSV)**：解壓縮的檔案名稱。

(2) **skip=0**：就是檢視所有資料，如前述範例，不少網路資料前幾列會是官方說明的文字，我們可以看看這些文字是什麼，然後決定要 skip 幾行直接讀取資料。Fama-French 這網站的資料分成兩類：風險因子和投資組合。風險因子 skip=4 就可以跳過，其餘的就要看內容。

(3) **header=FALSE**：這個如果給 TRUE，就會無法讀取，因為第一列是說明文字，無法作為欄位名稱。

(4) **blank.lines.skip = FALSE**：空白列不省略，這樣會比較能精確地知道資料的狀況。

我們檢視一下前 15 筆，藉此判斷要 skip 多少列，如下：

head(ff.factor0, 15)

```
> head(ff.factor0,15)
                                                                          V1
1      This file was created by CMPT_IND_RETS using the 202106 CRSP database.
2  It contains value- and equal-weighted returns for 30 industry portfolios.
3
4                        The portfolios are constructed at the end of June.
5
6                        The annual returns are from January to December.
7
8                        Missing data are indicated by -99.99 or -999.
9
10
11                       Average Value Weighted Returns -- Monthly
12
13                                                                        Food
14                                                                        Beer
15                                                                       Smoke
```

⬡ 圖 2-5-2

由圖 2-5-2 看起來，第 11 列是資料名稱，skip=10 似乎就可以，我們再讀取一次，如圖 2-5-3，這張資料表就比較正確。

接下來就是擷取 "Average Value Weighted Returns -- Monthly" 這張資料表。事實上，這個檔案內含 7 張資料表，名稱如下：

table.names=c(" Average Value Weighted Returns -- Monthly",

       " Average Equal Weighted Returns -- Monthly",

       " Average Value Weighted Returns -- Annual",

       " Average Equal Weighted Returns -- Annual",

       " Average Firm Size",

       " Sum of BE / Sum of ME",

       " Value-Weighted Average of BE/ME")

```
> ff.factor0 = read.csv(unz(temp, fileCSV),skip=10,header=FALSE, blank.lines.skip = FALSE)
> head(ff.factor0)
                                         V1     V2     V3     V4     V5     V6     V7
1   Average Value Weighted Returns -- Monthly
2                                            Food   Beer  Smoke  Games  Books  Hshld
3                                192607   0.56  -5.19   1.29   2.93  10.97  -0.48
4                                192608   2.59  27.03   6.50   0.55  10.01  -3.58
5                                192609   1.16   4.02   1.26   6.58  -0.99   0.73
6                                192610  -3.06  -3.31   1.06  -4.76   9.47  -4.68
     V11    V12    V13    V14    V15    V16    V17    V18    V19    V20    V21
1
2   Txtls  Cnstr  Steel  FabPr  ElcEq  Autos  Carry  Mines   Coal    Oil   Util   Te
3    2.07   4.07   5.43   3.18  16.39   1.02   5.64   1.54  -1.40   7.04    0
4    7.97   4.72   2.17   2.06   2.10   4.23   1.66   0.55   0.85   3.69  -1.69    2
5    2.30  -0.50   0.15   0.36  -0.56   4.83   2.73   1.74   0.30  -3.69   2.04    2
6    1.00  -4.55  -3.85   1.11  -5.73  -7.93  -5.56  -3.20   2.23  -1.04  -2.63   -0
     V25    V26    V27    V28    V29    V30    V31
1
2   Paper  Trans  Whlsl  Rtail  Meals    Fin  Other
3    7.70   1.92  22.70   0.07   1.87   0.37   5.20
```

圖 2-5-3

___

第 2 列是資料的欄名稱 (header)，我們單獨取出第 2 列，如下：

colNAMES=as.character(ff.factor0[2,][-1])

[-1] 是因為第 1 個物件是空格，我們將之跳過。
然後，我們用下數指令判斷：

table.names.where=which(ff.factor0[,1] %in% table.names)

```
> table.names.where
[1]     1 1145 2289 2387 3629 4773 4872
```

圖 2-5-4

___

　　圖 2-5-4 指出了 table.names 中 7 張資料表的名稱位置，我們繼續檢視第 2 張資料表 "Average Equal Weighted Returns -- Monthly" 的上下附近，如圖 2-5-5，我們知道第 1 張資料表的位置，是由第 2 列開始，然後 **table.names. where** 第 2 個位置的前 3 個 (1142)，也就是 1145-3。

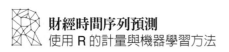
```
> ff.factor0[1140:1150,]
                                    V1      V2     V3     V4     V5     V6     V7     V8     V9
1140                              202104   2.95   3.55   1.43   0.55   0.64   1.61   4.77   3.21
1141                              202105   2.81   1.99   2.04   0.10   2.99   0.41  -0.57  -0.13
1142                              202106  -2.49  -0.98   1.99   4.21  -0.45  -0.45   8.82   4.03
1143
1144
1145   Average Equal Weighted Returns -- Monthly
1146                                      Food   Beer  Smoke  Games  Books  Hshld  Clths   Hlth
1147                              192607   0.86  -5.36   1.67   2.31  26.28   2.45  -0.68   2.45
1148                              192608   3.70  19.25   5.01   2.53  21.18  -2.86   4.79   6.11
1149                              192609   1.38   5.63   3.10   4.13  -2.04   1.76  -6.16   0.80
1150                              192610  -4.70  -6.08  -1.63  -5.76   8.33  -2.98  -1.12   0.13
```

 2-5-5

_____

　　所以，我們用下數指令取出第 1 張資料表 "Average Value Weighted Returns -- Monthly"：

VWP.mon=ff.factor0[(table.names.where[1]+2):(table.names.where[2]-3),]
head(VWP.mon)
tail(VWP.mon)
colnames(VWP.mon)=c("dates",colNAMES)
head(VWP.mon)
tail(VWP.mon)

　　上述我們還置換了 header 為 **c("dates",colNAMES)**，然後檢視置換前後的差異。請參考圖 2-5-6 上下兩塊顯示。

　　擷取這 7 張表單時，要注意「上 +2, 下 –3」的規律，且擷取完後要確認檢視沒有錯誤。第 7 張表單最後一筆略有不同，請看下面的程式碼：

VW_avgBE_ME=ff.factor0[(table.names.where[7]+2):(length(ff.factor0[,1])-1),]

　　起始一樣是 table.names.where[7]+2，但是結尾則是：

length(ff.factor0[,1])-1

　　為什麼如此？和資料的最後有關，請讀者自行檢視原始資料，即可一目

```
> head(VWP.mon,3)
      V1     V2     V3    V4    V5     V6     V7     V8    V9    V10    V11    V12    V13    V14
3 192607   0.56  -5.19  1.29  2.93  10.97  -0.48   8.08  1.77   8.14   0.39   2.07   4.07   5.43
4 192608   2.59  27.03  6.50  5.01  10.01  -3.58  -2.51  4.25   5.50   7.97   4.72   2.17   2.06
5 192609   1.16   4.02  1.26  6.58  -0.99   0.73  -0.51  0.69   5.33   2.30  -0.50   0.15   0.36
     V15    V16    V17   V18   V19    V20    V21    V22   V23    V24    V25    V26    V27    V28
3   3.18  16.39   1.02  5.64  1.54  -1.40   7.04   0.83  9.22   2.06   7.70   1.93 -23.79   0.07
4   2.10   4.23   1.66  0.55  0.85   3.69  -1.69   2.17  2.02   4.39  -2.38   4.88   5.39  -0.75
5  -0.56   4.83   2.73  1.74  0.30  -3.69   2.04   2.41  2.25   0.19  -5.54   0.05  -7.87   0.25
     V29    V30    V31
3   1.87   0.37   5.20
4  -0.13   4.46   6.76
5  -0.56  -1.23  -3.86
> colnames(VWP.mon)=c("dates",colNAMES)
> tail(VWP.mon,3)
       dates  Food  Beer  Smoke  Games  Books  Hshld  Clths  Hlth  Chems  Txtls  Cnstr  Steel  FabPr
1140  202104  2.95  3.55   1.43   0.55   0.64   1.61   4.77  3.21   4.51   6.31   6.10   3.13   2.48
1141  202105  2.81  1.99   2.04   0.10   2.99   0.41  -0.57 -0.13   4.86   3.15  -0.40  14.49   2.23
1142  202106 -2.49 -0.98   1.99   4.21  -0.45  -0.45   8.82  4.03  -5.11  -7.29  -3.47  -6.09  -1.31
      ElcEq  Autos  Carry  Mines   Coal    Oil   Util   Telcm Servs  BusEq  Paper  Trans  Whlsl  Rtail
1140  -0.58   4.11   1.51   5.55  -0.90   0.52   3.98   3.18   8.12   3.96   4.17   4.44   5.63   7.45
1141  -0.03  -6.38   4.87   9.89  36.30   6.15  -1.17  -0.80  -0.77  -0.79   1.59   2.14   1.52  -2.82
1142   5.57   5.37  -2.71  -9.45   6.54   5.62  -1.40  -0.11   6.42   7.29  -2.21  -4.27  -1.25   3.73
      Meals    Fin  Other
1140   5.33   6.32   5.68
1141  -1.29   3.05   4.48
1142  -0.76  -2.22  -2.90
```

圖 2-5-6

了然。

　　French 網站上的數據是財經專家常常使用的，研究人員只要索引這資料庫，有一定公信力。而且這些資料是電腦產生，一旦格式判定，不太會出錯。所以，有需要的可以自建立自己的技能，提高做研究效率。

　　接下來有 3 件工作要完成，讀者請自行當作業練習。

(1) 把上述擷取的資料轉成時序列。

(2) 處理風險因子資料。因子檔案比較單純，沒有多張表單，但還是需要小心謹慎。

(3) 擷取 "100_Portfolios_ME_INV_10x10" 投資組合資料。雖然都是投資組合，但是說明文字不一樣，所以還是請仔細檢視。

第 6 節　套件 JFE 內建函數

　　為協助基於 open data 的可重製文件 (reproducible document) 能夠自動化更新，筆者開發的套件 JFE，最新版內有 5 個下載數據的程式，未來會逐一擴大涵蓋面。目前有 5 個數據串接的功能，如下：

getFed() # 美國聯準會總經與國際金融

getBIS() # 國際清算銀行

getTWSE.fiveSecond() # 臺灣證交所 5 秒 34 個產業指數
getFrench.Factors() #Fama-French Pricing Factor data
getFrench.Portfolios() #Fama-French Portfolio data

其中最不好處理的就是最後兩個 Dr. French 網站上 Fama-French asset pricing 數據。

(1) getFed()：下載美國聯準會上的總經和金融市場數據，主要是 Fed at St. Louis 的總經資料庫 (https://fred.stlouisfed.org/)，只要依照網站上資料的代碼，例如：UNRATE 是美國失業率代碼，如下：

```
getFed(var.name="UNRATE")$data
```

其餘，如 "CPIAUCSL" 是 monthly CPI，"GDP" 是 Gross Domestic Product，以及 "ICSA" 是失業補助申請 (Initial Claim Seasonally Adjusted) 等等；另外，匯率方面要小心網站上定義誰是 1 元（英鎊和歐元除外，都是定義爲 1 美元可購買的外幣）。這個函數，內建 do.plot=TRUE，下載完畢會畫一個時間序列圖；如不需要，改成 do.plot=FALSE 即可。

(2) getBIS()：擷取國際清算銀行[1] 上的實質與名目有效匯率 (REER/NEER)，可以擇定廣義 (broad) 與狹義 (narrow)。如下：

```
output=getBIS(sheet=c("Nominal","Real")[1],
type=c("broad","narrow")[1])
output$data
output$data.info
output$country.info
```

(3) getTWSE.fiveSecond()：擷取臺灣證交所 35 個產業指數盤後 5 秒鐘資料。只需要給定日期即可。如下：

---

[1] https://www.bis.org/index.htm, Bank of International Settlement.

dat=getTWSE.fiveSecond(ymd="2022-05-03", index.names=NULL)$data

因為網站上的欄名稱是中文，為避免顯示問題，都改成 V1-V35。如果要置換，可以利用 index.names；但是，若是中文，建議擷取完再置換（英文則可以用函數內的 index.names=），如下：

namesC= c(" 發行量加權 "," 未含金融保險股 "," 未含電子股 "," 未含金融電子 "," 水泥 "," 食品 "," 塑膠 "," 紡織纖維 "," 電機機械 "," 電器電纜 "," 化學生技醫療 "," 化學 "," 生技醫療 "," 玻璃陶瓷 "," 造紙 "," 鋼鐵 "," 橡膠 "," 汽車 "," 電子 "," 半導體 "," 電腦及周邊設備 "," 光電 "," 通信網路 "," 電子零組件 "," 電子通路 "," 資訊服務數 "," 其他電子 "," 建材營造 "," 航運 "," 觀光 "," 金融保險 "," 貿易百貨 "," 油電燃氣 "," 其他 ")
colnames(dat)= namesC
head(dat)

最後，因為證交所要避免伺服器大量被下載的流量，對於異常 request 的 IP 會給予暫停回應。利用迴圈大量下載時，建議使用系統暫歇，例如：每 10 筆（或更少，網站管制會變化），用 Sys.sleep(5) 休 5 秒。
最後兩個就是 Fama-French 資產定價常用的資料，存放在 Professor Ken. French 在 Dartmouth 的 Data Library 網頁 [2]。因為網站的資料有兩個問題，我們必須例外處理，所以使用兩個函數。

getFrench.Factors：擷取市場的定價因子 Factors 資料。
getFrench.Portfolios：擷取依據因子產生的投資組合 Portfolios 資料。

第 1 個問題是壓縮檔解開後的 .csv 檔稱和壓縮的格式稱偶有不同，關鍵在大小寫。
第 2 個問題是解開的 .csv 內，往往有多張資料表（月資料、年資料等

2　http://mba.tuck.dartmouth.edu/pages/faculty/ken.french/data_library.html.

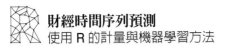

等）；讓下載容易，取表使用困難。我們使用了一連串文字分析的方法，成功處理多數檔案。

(4) getFrench.Factors()：只要給 French 網站上的 Factor 檔檔名，就可以下載。我們已經測過所有 7 個定價因子檔案無誤。

先建立 7 個定價因子的檔名如下：

```
Factors_fnames =c(
  "F-F_Research_Data_Factors_weekly",
  "F-F_Research_Data_Factors_daily",
  "F-F_Research_Data_5_Factors_2x3_daily",
  "F-F_Momentum_Factor_daily",
  "F-F_Research_Data_Factors",
  "F-F_Research_Data_5_Factors_2x3",
  "F-F_Momentum_Factor"
)
```

再使用 getFrench.Factors() 下載、解碼和擷取如下：

```
output=getFrench.Factors(filename= Factors_fnames[7])
```

```
output$table.names # 表單名稱
head(output$data[[1]]) # 因為有的 Factor 是多表單，所以回傳都是 list()
tail(output$data[[1]])
head(output$data[[2]])
tail(output$data[[2]])
output$file.name
```

(5) getFrench.Portfolios()：只要給 French 網站上的 Portfolios 檔檔名，就可以下載，因為檔案眾多，且例外難以預期，無法一一測試。我已經測過 32 個投資組合檔案無誤，如下：

先建立檔名物件如下：

```
Port_fnames=c(
  "Portfolios_Formed_on_ME",        #Portfolios Formed on Size
  "Portfolios_Formed_on_BE-ME",     #Portfolios Formed on Book-to-Market
  "Portfolios_Formed_on_OP",        #Portfolios Formed on Operating
                                     Profitability
  "Portfolios_Formed_on_INV",       #Portfolios Formed on Investment
  "6_Portfolios_2x3",               #6 Portfolios Formed on Size and Book-
                                     to-Market
  "25_Portfolios_5x5",              #25 Portfolios Formed on Size and Book-
                                     to-Market
  "100_Portfolios_10x10",           #100 Portfolios Formed on Size and Book-
                                     to-Market
  "6_Portfolios_ME_INV_2x3",        #6 Portfolios Formed on Size and
                                     Investment
  "25_Portfolios_ME_INV_5x5",       #25 Portfolios Formed on Size and
                                     Investment
  "100_Portfolios_ME_INV_10x10",    #100 Portfolios Formed on Size and
                                     Investment
  "25_Portfolios_BEME_OP_5x5",      #25 Portfolios Formed on Book-to-Market
                                     and Operating Profitability
  "25_Portfolios_BEME_INV_5x5",     #25 Portfolios Formed on Book-to-Market
                                     and Investment
  "25_Portfolios_OP_INV_5x5",       #25 Portfolios Formed on Operating
                                     Profitability and Investment
  "32_Portfolios_ME_BEME_OP_2x4x4", #32 Portfolios Formed on Size, Book-to-
                                     Market, and Operating Profitability
  "32_Portfolios_ME_BEME_INV_2x4x4",#32 Portfolios Formed on Size, Book-to-
                                     Market, and Investment
```

"32_Portfolios_ME_OP_INV_2x4x4",	#32 Portfolios Formed on Size, Operating Profitability, and Investment
paste0(c(5,10,12,17,30,38,48,49),	"_Industry_Portfolios"), # 8 個 Industry Portfolios
paste0(c(5,10,12,17,30,38,48,49),	_Industry_Portfolios_daily") # 8 個 Industry Portfolios 日資料

)

只要給檔名就可以完整擷取，如下：

```
output=getFrench.Portfolios(filename= Port_fnames[1])
```

```
output$table.names
head(output$data[[1]])
tail(output$data[[1]])
head(output$data[[5]])
tail(output$data[[5]])
output$file.name
```

因為 Portfolio 多是多表單（6-10 張不等），所以回傳都是 list()。output$table.name 是我們擷取的資料表，有的檔案內有很多瑣細的投資組合，說明為 "Portfolios Formed by ......" 都跳過。

使用者可以輸入上面 32 個以外的 Portfolio 檔案，但是不保證 OK；如果發現例外無法處理，歡迎回報給筆者 (tsungwu@gapps.ntnu.edu.tw)。下次改版時，將予以處理。

時間序列的訓練架構
——Recursive Validation

難易指數：☺☺☺（還好）

學習金鑰

1. 認識訓練和模型選擇的關係
2. 認識 re-sampling 方法的概念

　　本章要說明兩個重要的機器學習觀念：其一是機器學習的學習，指的是訓練，訓練指的是針對資料結構特性，對（超）參數進行的 tuning。而所謂的 tuning 類似統計計算中的 grid search，也就是說在一個參數範圍中，取最好的。如果將 tuning length 設為 10，就會在 10 組超參數中，取得最好的。所謂的最好，是指給定一個標準，例如：RMSE。我們應用機器學習演算法訓練歷史資料，執行特徵萃取 (features extraction)，再測試預測表現。依此建立一個可預測未來的模型，作為決策之用。

　　機器學習不是指特定估計方法，學習指的是如何在資料結構中運算，以追蹤最小預測誤差的方法獲得最佳預測 (tuning)。所以，直接把資料套公式計算參數的就不是機器學習，如最小平方法的 $\hat{\beta} = (X'X)^{-1}X'y$。因此，如果要預測，機器學習是最適合的資料分析方式；如果只需要參數顯著性來驗證理論，統計迴歸與檢定是最適合的資料分析方式。

其次，是稱為 K- 段交叉驗證方法 (K-fold Cross Validation, K-fold CV)。K-fold CV 只是透過預測用於「比較演算法」，是模型選取 (model selection) 的方法。舉一個線性模型的例子，配適以下 3 個模型：

$$M_1: \ y = a + b_1 X_1 + b_3 X_3 + b_5 X_5 + b_7 X_7 + b_9 X_9$$
$$M_2: \ y = a + b_2 X_2 + b_4 X_4 + b_6 X_6 + b_8 X_8 + b_{10} X_{10}$$
$$M_3: \ y = a + b_1 X_1 + b_2 X_2 + b_3 X_3 + b_4 X_1 X_2 + b_5 X_1 X_3 + b_6 X_2 X_3 + b_7 X_1 X_2 X_3$$

每個模型透過 K-fold CV 產生累積 K 個驗證資料集的預測，再依照特定的指標比較預測誤差，選出最好的模型用於預測樣本外（新）資料。在機器學習中，除了 K-fold CV，更為通用的是拔靴法 (bootstrapping)，一般重複抽樣 25 次就可以了。

模型除了上例由變數組合，還有線性、非線性等等。機器學習的特色在於有大量的資料演算方法 (methods)，因此，比較這一大群方法的途徑就是 K-fold CV 或 bootstrapping。

也就是說，不是產生 K- 段預測，然後用最好的一段的參數去預測新資料。最後使用的預測參數，是用所有的資料計算的一組超參數，不是由 K 個 model estimates 取 1 個。如果你只有一個模型，就不需要使用 K-fold CV；如果你有 100 個演算資料的方法，就可以用 K-fold CV 來比較誰最好。當你找到最好的那個方法後，就用所有的資料所產生的參數去預測新資料。

K-fold CV 原本是應用在典型機器學習，也就是有外生變數對應內生變數的資料架構。這個架構對需處理序列相關的時間序列模型，例如：ARMA，並不適用。同時，對於機器學習方法也有些許瑕疵，如支援向量機或隨機森林等等。就預測實務，本書將介紹 Peseran and Pick(2014) 的平均視窗預測法 (AveW: Average Windows Forecasts)，後面會綜合介紹這個架構。

第 1 節　K- 段交叉驗證方法 (K-fold CV)

K-fold CV 架構大致如下：

第一，交叉驗證的作法如圖 3-1-1(A)。假設我們使用資料為 11 年 (2000-2010) 的日資料，通常測試組資料約為總樣本的 20%，並將資料分成訓練組與測試組兩部分，基本時間序列架構是兩段：前段主訓練集 (training data) 涵蓋 10 年 (2000/1/1-2009/12/31)，是用來訓練模型的估計起始資料（內含具有測試 (testing) 性質的驗證 (validation)）；最後段 test data 一般是指新資料（或目標資料集 (target test data)），此例涵蓋 2001/1/1-2010/12/31。在時間序列稱為 baseline forecast，為固定被預測的時段，後面會再談。

第二，其次，再把圖 3-1-1(A) 的主訓練集分出 9：1 的兩子區段：90% 的估計 (training/estimation) 和 10% 的驗證 (validation)，或前端測試。10% 的驗證 (validation) 是由 90% 的估計的 9 段 (folds) 資料輪流擔任，這也就是所謂的 K-fold 交叉驗證 (K-fold Cross Validation)，如圖 3-1-1(B)。據此我們設定 K=10 來取出表現最好的模式，再套入後端測試 (2009-2010) 取出預測績效。

假設預測表現 E_k 為 Mean Absolute Errors (MAE)，因此特定模型 K 次迭代計算 (iteration) 下的訓練表現，就是 K 個 MAE 的平均值。K-fold CV 的設計讓我們可以檢視特定模型在整體資料的表現，避免一次好，就成為代表。

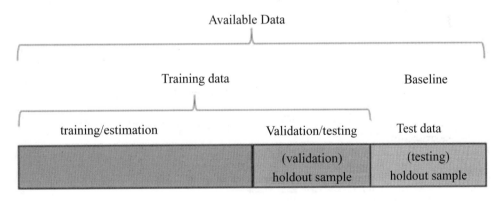

(A) 簡易訓練架構

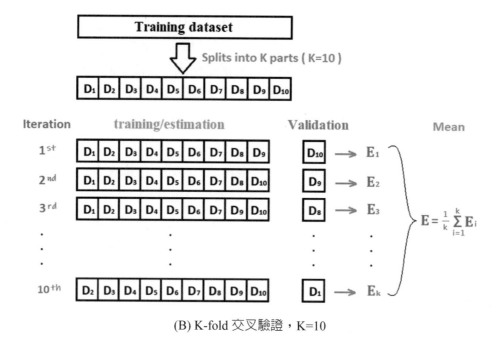

(B) K-fold 交叉驗證，K=10

圖 3-1-1　K-fold CV 的訓練架構

由上述解釋可以知道，傳統的預測誤差 (E_i) 是使用所有樣本 (D_1, ..., D_{10}) 估計參數，然後計算樣本內配適值和真實值之間的差距，基於樣本內配適的預測誤差，可以計算標準的統計量，如：R^2、F 統計量等等。K-fold CV 的預測誤差則是由 (D_1, ..., D_{10}) 取出 9 個估計，預測另外第 10 個產生樣本外的預測誤差，做 10 次之後，整筆訓練資料的預測誤差就有了。熟悉離群值檢測的讀者，對 K-fold CV 應該感到似曾相識。

接下來我們用程式說明，程式內有 RMSE 等預測正確度評估指標，預測錯誤指標越小越好，詳見第 4 章第 4 節。下面程式用 AlbumSales.csv 數據和線性模式，這筆資料的說明請見第 4 章第 1 節，程式分三部分：

第 1 部分是傳統樣本內的誤差。

第 2 部分是 K-fold CV 的原理和原始碼。

第 3 部分是利用套件 caret 內的函數 train()，可以更有效地處理多個模型。

RLab：K-fold CV，以線性模型為例

```
1. dat=read.csv("./data/AlbumSales.csv")
2. head(dat)
3. eq1=as.formula(Sales~Adv)
```

第 1 部分：線性模型的樣本內誤差

```
4. output1=lm(eq1,data=dat)
5. summary(output1)
6. errors=output1$residuals
7. sqrt(mean(errors^2))        #計算 RMSE
8. mean(abs(errors))     #計算 MAE
9. mean(abs(errors/dat$Sales))        #計算 MAPE
```

第 2 部分：CV 的原理

```
10. ID = seq(nrow(dat))          # 建立資料列 ID
11. k = 10       # 定義 K-fold 的 fold 數
12. fold =sample(rep(1:k, length.out = nrow(dat))) # 將 fold 和 ID 結合
13. cv.errors=NULL
14. for (i in 1:k) { #i=1
       validSet = ID[fold == i]
       trainSet = ID[fold != i]
       trainmodel = lm(eq1, data=dat[trainSet,])
       test.fit= predict(trainmodel,newdata=dat[validSet,])
       test.errors=dat[validSet,1]-test.fit
15. cv.errors=c(cv.errors, test.errors)
16. }
17. cv.errors1=cv.errors[order(as.integer(names(cv.errors)))]
18. sqrt(mean(cv.errors1^2))
19. mean(abs(cv.errors1))
```

20. mean(abs(cv.errors1/dat$Sales))

第 3 部分：使用套件 caret::train()

21. library(caret)
22. object = **train**(eq1,

　　　　　　 data=dat,

　　　　　　 method = "lm",

　　　　　　 tuneLength = 15,

　　　　　　 trControl = trainControl(method = "cv", savePredictions

　　　　　　 =TRUE))

23. pred1=object$pred[order(object$pred$rowIndex),]
24. cv.errors2=pred1[,2]-pred1[,1]
25. sqrt(mean(cv.errors2^2))
26. mean(abs(cv.errors2))
27. mean(abs(cv.errors2/dat$Sales))

　　第 12 行內的 rep(1:k, length.out = nrow(dat)) 產生一個規律向量，如下圖 3-1-2：

```
> rep(1:k, length.out = nrow(dat))
  [1]  1  2  3  4  5  6  7  8  9 10  1  2  3  4  5  6  7  8  9 10  1  2  3  4  5  6  7  8  9 10
 [31]  1  2  3  4  5  6  7  8  9 10  1  2  3  4  5  6  7  8  9 10  1  2  3  4  5  6  7  8  9 10
 [61]  1  2  3  4  5  6  7  8  9 10  1  2  3  4  5  6  7  8  9 10  1  2  3  4  5  6  7  8  9 10
 [91]  1  2  3  4  5  6  7  8  9 10  1  2  3  4  5  6  7  8  9 10  1  2  3  4  5  6  7  8  9 10
[121]  1  2  3  4  5  6  7  8  9 10  1  2  3  4  5  6  7  8  9 10  1  2  3  4  5  6  7  8  9 10
[151]  1  2  3  4  5  6  7  8  9 10  1  2  3  4  5  6  7  8  9 10  1  2  3  4  5  6  7  8  9 10
[181]  1  2  3  4  5  6  7  8  9 10  1  2  3  4  5  6  7  8  9 10
```

圖 3-1-2

　　然後用 sample() 將之隨機排序，作為列 ID。

　　第 13-16 行 loop 就是依照 fold 數字循環抽兩筆數據：驗證集 (validSet) 和訓練集 (trainSet)。整個估計過程，資料的列 ID 會隨機排列，不再是等差數列。第 16 行就是交叉驗證過程下得到的預測誤差 (cv.errors)，這個向量的列，排序是被 ID 取代的隨機數字，如下圖 3-1-3 以 data.frame 顯示：

```
> as.data.frame(cv.errors)
       cv.errors
1      196.6185054
5       31.4484700
13      -6.9389297
15      67.8451824
40     -42.2396879
77      73.6074303
94     -18.6407954
103    -92.1981299
108     12.6999894
109     14.1026656
121     22.6755419
122      1.2017855
128     18.4324074
131     37.8119380
141      2.8310966
161    -63.8551199
186    -11.1837216
189    106.1878003
191   -101.7399626
200    -99.1996802
9       16.8605500
10     151.6370694
17     -15.9155961
26      87.3910481
44       1.6273868
```

圖 3-1-3

　　第 17 行的 cv.errors1 就是將隨機排序的預測誤差，依照原資料次序重新排序。如果我們只是需要計算誤差，這個動作不重要，但是，因為計算 MAPE 要除原資料，所以，還原對應就變得必要了。除非我們在迴圈內直接計算 MAPE 再予以加總平均。

　　接下來就可以計算三個預測正確度指標。

R 練習問題

1. 承上第 2 部分，讀者可以在迴圈內計算 MAPE，看看和迴圈外的數字有沒有一樣。

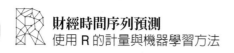

第 3 部分則是使用套件 caret 內的函數 train()。train() 是一個簡化的函數，將個個演算法或模型的估計和預測予以統一。函數內有兩個重點：

第一是 **tuneLength**。這就是模型最適化的搜尋範圍，所謂的訓練就是指這個參數，因為線性模式的最小平方法，沒有什麼超參數可以 tune 的，所以，這個就沒有用。後面我們介紹到 SVM，再回來看這個訓練的結果。

第二是 **trControl** = trainControl(method = "cv", savePredictions =TRUE) 這個設定。train() 提供兩個方法：

method="cv" 是 K-fold CV，內建 K=10，要改的話，添加 number =method="boot" 是拔靴抽樣，內建重複抽樣 25 次，要改的話，添加 number= 即可。

如果忽略 **trControl**，內建是 boot。

另外還有一個 savePredictions =TRUE，內建是 FALSE。如果需要取出預測值計算自己定義的相關正確度指標，必須產生這個。這裡宣告 TRUE，object$pred 才會有內容，如下圖 3-1-4。

圖 3-1-4 的 rowIndex 是原始列排序，因此使用 order(object$pred$row Index) 將之還原，如下：

pred1=object$pred[order(object$pred$rowIndex),]

接下來三行同前，就是計算誤差和指標。

R 練習問題

1. 承上第 3 部分，讀者請減少 K 次數為 6，看看結果如何。
2. 承上第 3 部分，讀者請比較 boot 和 cv 的差異。

根據比較，後兩部分的誤差會比較大，第 1 部分會比較小。一般在機器學習的模型選擇時，可以用這個方法選取較適宜的模型，作為預測新資料。因為我們的數據比較小，訓不訓練都不會有太大差異。實務上的資料觀察值往往很大，因此，分成 10 段，每一段驗證的預測資料都頗大，所

```
> object$pred
        pred obs rowIndex intercept Resample
1   180.2319  70        7      TRUE   Fold01
2   159.8718 100       16      TRUE   Fold01
3   153.0907 210       18      TRUE   Fold01
4   198.4129 210       24      TRUE   Fold01
5   330.9669 340       43      TRUE   Fold01
6   171.6733 180       45      TRUE   Fold01
7   282.4350 220       46      TRUE   Fold01
8   173.7317 190       52      TRUE   Fold01
9   136.2277 100       64      TRUE   Fold01
10  158.4090 290       72      TRUE   Fold01
11  138.2004 190       84      TRUE   Fold01
12  314.9401 300       88      TRUE   Fold01
13  185.5907 120      117      TRUE   Fold01
14  223.6848 230      119      TRUE   Fold01
15  224.7722 170      134      TRUE   Fold01
16  224.1452 140      144      TRUE   Fold01
17  178.7606 120      146      TRUE   Fold01
18  237.3774 200      173      TRUE   Fold01
19  245.6044 300      185      TRUE   Fold01
20  221.3392 240      197      TRUE   Fold01
21  188.7925 220        5      TRUE   Fold02
22  300.5570 290       11      TRUE   Fold02
23  226.1016 230       22      TRUE   Fold02
24  198.0841 190       39      TRUE   Fold02
25  222.6746 230       41      TRUE   Fold02
```

圖 3-1-4

以，誤差都會很大。基於兩個理由，本書後面不採用 CV，而是用 boot 進行 resampling 估計，再套用計算預測。

第一：在時間序列，樣本外預測都不會太遠，例如：股價日資料，樣本外一般是1週，也就是5天（筆）。季經濟成長資料或月通膨，一般是6筆，也就1年半或半年。

第二：時間序列的列 ID 是時間，和橫斷面資料的列 ID 不同，不能隨機排序。

因此，我們使用遞迴視窗 (recursively expanding windows)。

第 2 節　N 步遞迴驗證 (N-step Recursive Validation)

　　如前，在時間序列的時間 ID 不能隨機排，所以就不用 K-fold CV，我們可以採用 N 步遞迴驗證 (N-step Recursive Validation, N-step RV) 的架構，我們可以執行多個模型，例如：線性迴歸、隨機森林、SVM、神經網路等等。每個模型的預測表現都是 N-step RV 驗證出來的平均結果。最後要採用哪一個模型執行最後的測試(testing)資料，就看N-step RV綜合表現最好的。

　　N-step RV 和 Pesaran and Pick (2011) 的視窗預測平均法雷同 (AveW: Average Windows Forecasts)，第 5 章第 6 節會再說明。N-step RV 作法也類似投資組合檢驗策略有效性的回測法 (portfolio back-testing)，不同在於 RV 過程，樣本會逐次拉長，而不是固定視窗移動 (moving window)。這樣做是因為機器學習中資料越多越好，故不用移動視窗法。概念如圖 3-2-1 之遞迴式擴張視窗 (recursively expanding windows) 的設計。在此例 2000/1/1-2002/12/31 的 3 年做一個估計訓練期，向前滾動一個月為驗證期 (validation) (2003/1/1-2003/1/31)，也就是有 8 年 96 次的測試 (testing)。最後的評估就是看 96 個月預測疊起來的績效指標（例如：RMSE、MAE 等等）。N-step RV 也就是如下圖 3-2-1 所示。訓練是從資料中找出最好的預測模式，依照機器學習的作法，如果 N-step RV 的結果無法產生出一個穩定的預測模型，最好的作法就是平均法。N-step RV 的架構如下圖 3-2-1：

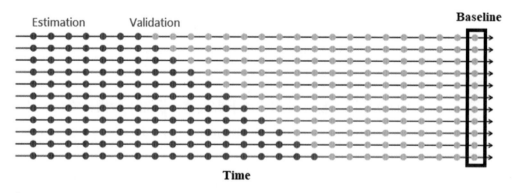

圖 3-2-1　N-step Recursive Validation

假設我們要對未來（最右的 Baseline）做預測，一個作法就是用它之前所有的時間序列，估一個最好的模型。如果時間序列夠長，另一個作法就是 N-step RV。

N-step RV 理論式說明如下：令 $\{x_i\}_{i=1}^t, x \in R^p$ 是一個來自機率密度函數 P_x 的獨立同分布 (independently and identically distributed, i.i.d.)，$\{y_i\}_{i=1}^t, y \in R^p$ 是一個來自機率密度函數 $P_{y|x=x_i, s=s_0}$ 的分布，$s_0 \in R^q$ 是導致 $y_i's$ 間序列相關發生的潛在變數 (latent variable)。

定義符號 $E = \{y_i, x_i\}_{i=1}^t$ 為估計（訓練）樣本，此處的估計結果欲來配適預測模型。RV 是預測誤差估計式，E 為依照時間排序並分割為兩段，如下：

$$E_1 = \{y_i, x_i\}_{i=1}^{t_1}, V_1 = \{y_i, x_i\}_{i=1+t_1}^{t_2}$$
$$E_2 = \{y_i, x_i\}_{i=1}^{t_2}, V_2 = \{y_i, x_i\}_{i=1+t_2}^{t_3}$$
$$\vdots$$
$$E_N = \{y_i, x_i\}_{i=1}^{t_K}, V_N = \{y_i, x_i\}_{i=1+t_K}^{t_{K+1}}$$

對每個 $n \in \{1, ..., N\}$，模型估計樣本內資料 E_n，然後預測樣本外驗證資料 V_n。RV 的預測誤差則表示如下式：

$$RV = \frac{1}{N} \sum_{n=1}^N \sum_{i \in n^{th} \, roll} L(y_i, \hat{y}(x_i(V_n); E_n))$$

上式中，$\hat{y}(x_i(V_n); E_n)$ 是 y_i 的 predictor，$L(\cdot, \cdot): \square \times \square \rightarrow \square$ 為損失函數（如 RMSE、MAE 等等）。對圖 3-2-1 的估計段 Estimation E_n，ARMA-based 的計量時間序列，$\hat{y}(x_i(V_n); E_n)$ 使用標準統計演算法（如 MLE 等）估計資料 E_n，再預測驗證資料 V_n 的 x_i；機器學習演算法 $\hat{y}(x_i(V_n); E_n)$ 則是對樣本內資料 E_n 使用 bootstrapping 進行最佳化估計，再套入樣本外驗證資料 V_n 的 x_i 以取得預測值。有興趣的讀者可以下載 SSRN 論文 [1]。

---

[1] Ho Tsung-wu and Ya-Chi Lin (2021), Forecasting Stock Returns via Machine Learning. https://papers.ssrn.com/sol3/papers.cfm?abstract_id=3971306.

第 3 節　K-fold 的關聯問題和 Rabinowicz-Rosset 修正 CV

Rabinowicz and Rosset (2022) 在 JASA 的文章指出，K-fold CV 雖然是一個通用的 re-sampling 方法，但是，如果資料本身就有潛在的集群 (clusters)，例如：1 百萬個觀察值中，有 5 個潛在（無標籤）的資料群，若群與群之間有關聯時，我們隨機拆分成 10 個 data folds (K=10)，彼此之間潛在群關聯，可能就會造成所謂的 correlated K-fold 的問題：因為 clusters 內的資料有關聯，folds 和 folds 之間而有關聯。因此，導致訓練階段的交叉驗證，低估訓練資料的預測誤差而呈現出貌似「較好」的預測能力，以致於最後選出不好的模型。Rabinowicz and Rosset (2022) 提出一個稱為 CVc(corrected CV) 的修正函數，且透過數值模擬證明了他們提出的 CVc 有助於降低因關聯問題造成的偏誤。

然而，時間序列的相關問題似乎更嚴重。因為時間排序的關係，最大的關聯不是來自潛在集群 clusters，而是各式各樣的動態關聯，如序列相關、季節 ARMA 等等。在簡單時間序列中，往往用季節 ARMA 處理，或簡單 ARMA。異頻率的季節結構卻是常常可見，例如：月的季節 ARMA 和季的季節 ARMA 混和 [2]。除了不一定具有低頻的規律，如可能有週的，或雙月，或每年暑假，季節性的序列相關更是動態關聯，亦即不是用虛擬變數就可以一了百了。接下來用一筆真實資料和模擬資料來說明動態相關時，Bias 的問題會相當嚴重，且 CVc 基本上是沒有太大幫助。

表 3-3-1 是利用道瓊工業生產指數的結果，我們計算業界常用的波動指標 ATR(Average True Range) 測量波動 (volatility)，然後依收盤價計算 index returns，index 是收盤價，volume 是交易量。CV 是訓練資料的預測誤差之 MSE(Mean Squared Errors)，CVc 是 Rabinowicz and Rosset (2022) 的修正方法測量，Error_Gen 是一般化的真實誤差 (generalization error)，也就是樣本外多次抽樣的預測誤差。最後，我們用 Gap1 和 Gap2 來評估結果：

---

[2]　第 5 章第 3 節我們會介紹處理這類規律複雜季節結構的 BATS 模型。不過，BATES 處理的不是 complex seasonal ARMA。

$$\text{Gap1} = \frac{\text{Error\_Gen} - \text{CV}}{\text{CV}}$$

$$\text{Gap2} = \frac{\text{Error\_Gen} - \text{CVc}}{\text{CVc}}$$

Gap1 測量 CV prediction error 和 generalization error 間的差距百分比；Gap2 測量 CVc prediction error 和 generalization error 間的差距百分比。這樣比較就可以知道兩個資訊：

1. Gap1 如果很大，代表 CV 低估偏誤 (underestimation bias) 嚴重。
2. Gap1 和 Gap2 如果很接近，代表 Rabinowicz and Rosset (2022) 的修正無法有效處理動態相關導致的 Bias。

　　表 3-3-1 有兩塊，上面一塊配適 AR(5)，下面一塊配適 $y_t = a + \beta y_{t-5}$。我們發現最小的 Index Returns Gap1 都接近 20%，也就是 1/5，其餘都有 1/3，ATR 有 40% 的偏誤，然後 Gap2 和 Gap1 非常接近。

　　下面 $y_t = a + \beta y_{t-5}$ 的結果就更大了，意味著模型設定的問題相當嚴重。

表 3-3-1　真實資料：道瓊指數

測量	CV	CVc	Error_Gen	Gap1, %	Gap2, %
Model fitted $AR(5)$: $y_t = a + \rho_1 y_{t-1} + \rho_5 y_{t-5}$					
Average True Range	45.02	46.07	62.66	39.20	36.02
Index Returns	1.16	1.17	1.38	18.36	17.51
Index Price	19236.2	19479.3	29025.45	50.89	49.01
Volume	2516.95	2549.32	3252.02	29.20	27.56
Model fitted $y_t = a + \beta y_{t-5}$					
Average True Range	661.92	704.62	1458.01	120.27	106.92
Index Returns	0.967	0.962	1.22	26.00	25.60
Index Price	133789.5	141691.7	266181.95	98.96	87.86
Volume	3688.57	3769.3	4930.05	33.66	30.79

　　接下來我們看表 3-3-2 的模擬結果，我們產生 AR(2) + seasonal AR(2) 的結果，然後控制 AR(1) 係數 $\phi_1 = \{0.15, 0.35, 0.5, 0.65, 0.85\}$ 以檢視當資料變

得較爲 persistent 時的變化。如表所示，Gap1 和 Gap2 的結果相當類似，我們選擇性地用 AR(1)～AR(8)，最接近似乎 AR(2) + SAR(2) 的 AR(5) Gap1 會下降，另外 AR(p) 的 p 增加時，會稍微變好，但是，隨著 ϕ_1 遞增，Bias 也會增加。

但是 Gap1 和 Gap2 仍然相近，指出 CVc 無助於時間序列模型選擇。

表 3-3-2 模擬資料

$DGP: (1 + \phi_1 L)(1 - 0.0246L^2)(1 + 0.543L_s^1)(1 - 0.0135_s^2)y_t = \varepsilon_t$

Model Fitted	ϕ_1	CV	CVc	Error_Gen	Gap1, %	Gap2, %
AR(2)						
	0.15	12.71	13.38	21.16	66.47	58.18
	0.35	11.41	11.91	18.81	64.87	57.92
	0.5	12.86	13.43	21.8	69.54	62.38
	0.65	12.4	12.76	17.89	44.27	40.25
	0.85	11.98	12.26	18.18	51.75	48.24
AR(5)						
	0.15	9.05	9.2	10.85	19.91	17.95
	0.35	9.37	9.52	11.91	27.13	25.08
	0.5	8.96	9.11	11.48	28.14	25.94
	0.65	9.31	9.46	12.21	31.14	28.97
	0.85	10.7	10.9	15.53	45.21	42.57
AR(8)						
	0.15	9.32	9.51	11.63	24.75	22.27
	0.35	8.75	8.91	10.5	19.97	17.8
	0.5	9.06	9.23	11.41	25.85	23.57
	0.65	9.02	9.19	11.71	29.73	27.38
	0.85	10.3	10.5	15.34	48.94	46.1

Notes：L 代表落後算子 (lag operator)，L_s 代表季節性落後算子 (seasonal lag operator)，此處只混用季和月兩個頻率。

　　本節的說明主旨在強調時間序列資料中，因爲動態關聯存在，讓機器學習的模型篩選 (model selection) 的架構，沒有太大的用途，因此，務實的作法是將多個模型產生的多個預測給予平均，也就是所謂的組合預測。第 5 章第 6 節會進一步說明這個實用導向的途徑。簡單地說，就是在機器學習中，我們建議兩種務實的預測方案：

1. 使用自動化機器學習 (autoML)，這是一個機器學習版本的 6 個演算法的組合預測。

2. 使用 Peseran and Pick (2011) 的 average windows forecasts (AveW)。

　　其餘諸如 MMA 或 JMA 等方式，作用類似，也都可以採用。

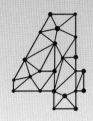

關於時間序列預測值的計算

難易指數：☺☺☺（還好）

學習金鑰

1. 預測值的計算
2. 了解單步和多步預測
3. 認識靜態和動態預測

第1節　資料配適的統計預測

　　已知一個迴歸方程式 $y = a + bX + e$，透過最小平方法估計出係數 a 和 b，把資料變數矩陣 X 乘上 b 再加一個常數 a，就成了 y 的條件期望值 $E[y|X] = a + bX$，也就是所謂的將資料與模型配適的預測 (prediction)。

　　所謂的預測誤差 e 就是真實資料 y 減去預測值 $E[y|x]$：

$$e = y - (a + bX) = y - E[y|X]$$

　　用圖 4-1-1 說明，這是一筆 200 個音樂專輯銷售量的資料：Adv 是廣告支出，airplay 是空中播放數（電臺、賣場空間音樂），attract 是專家評分的專輯魅力度（0 分為毫無魅力）。取出 150 個子樣本，再透過 LS 迴歸，估計出三個皆具備統計顯著性的係數爲參數向量 (0.08, 3.37, 11.09)；這三個參數分別和指定的變數對應且結合。方程式如下：

$$銷售量 = -26.61 + 0.08 \cdot Adv + 3.37 \cdot airplay + 11.09 \cdot attract + e$$

因此它的條件期望值就是不含預測誤差 e 的部分，也就是圖 4-1-1 右邊數來第二欄：

$$銷售量 = -26.61 + 0.08 \cdot Adv + 3.37 \cdot airplay + 11.09 \cdot attract$$

圖 4-1-1 最右欄則是預測誤差，以這樣方法的計算出來的預測值，稱爲估計資料對模型的配適 (model fit estimation data)。

銷售量	Adv	airplay	attract	銷售量預測 (條件期望值)	預測誤差
330	10.256	43	10	230.02	99.98
120	985.685	28	7	224.23	-104.23
360	1445.563	35	7	284.62	75.38
270	1188.193	33	7	257.29	12.71
220	574.513	44	5	223.08	-3.08
170	568.954	19	5	138.39	31.61
70	471.814	20	1	89.63	-19.63
210	537.352	22	9	190.33	19.67
200	514.068	21	7	162.92	37.08
300	174.093	40	7	199.75	100.25
290	1720.806	32	7	296.52	-6.52
70	611.479	20	2	111.89	-41.89
150	251.192	24	8	163.09	-13.09
190	97.972	38	6	175.93	14.17

	Estimate	Std. Error	t value	Pr(>|t|)
(Intercept)	-26.61	17.35	-1.53	0.127
Adv	0.08	0.01	12.26	10×10^{-26}
airplay	3.37	0.28	12.12	1.3×10^{-25}
attract	11.09	2.44	4.55	9.5×10^{-6}

Adj.R²=66%

$$銷售量 = -26.61 + 0.08 \cdot Adv + 3.37 \cdot airplay + 11.09 \cdot attract + e$$

圖 4-1-1　估計資料對模型的配適

要驗證預測，就不能配適訓練／估計資料 (training/estimation data)，因爲 estimation 計算出來的誤差是已知資料優化的結果。因此就要配適上另外 50 筆抽出來不估計的數據，也就是驗證數據 (validation data)。

這樣的計算，普遍適用於橫斷面迴歸或時間序列靜態迴歸。如果我們的時間序列方程式有被解釋的落後 1 期，也就是簡單 AR(1)，如下：

$$y_t = a + \phi_1 y_{t-1} + e_t$$

一個 AR(1) 的預測，第一種狀況，就是把 y_{t-1} 視爲 X_{t-1}，和上面說的一樣，採用估計資料或驗證（非估計）資料直接配適計算。還有一種作法就是利用落後結構的時間步 (time step) 的關係。下一節詳細解釋。

圖 4-1-2

第 2 節　預測未來之一：單步預測

　　所謂單步預測是指一次只能預測未來一期。如果我們的方程式是 AR(1) $y_t = a + \phi_1 y_{t-1} + e_t$，在 AR(1) 的架構之下可以執行單期（單步）預測 (one-step forecast)：

$$\hat{y}_{t+1} = a + \phi_1 y_t + \hat{e}_{t+1}$$

　　也就是代入最後一筆觀察值，計算未來 1 期的數字 ($\hat{y}_{t+1}$)。根據 $E[\hat{e}_{t+1} | y_t] = 0$ 樣本外第 1 期的預測值為 $\hat{y}_{t+1} = E[y_{t+1} | y_t]$，故：

$$\hat{y}_{t+1} = E[a + \phi y_t + \hat{e}_{t+1} | y_t] = a + \phi y_t + E[\hat{e}_{t+1} | y_t] = a + \phi y_t$$

　　預測誤差及其變異數分別為 $y_{t+1} - \hat{y}_{t+1} = \hat{e}_{t+1}$ 和 σ^2，此為單步預測。

　　要預測 $\hat{y}_{t+2}$，則更新眞實資料 y_{t+1}，重新估計一次模型，再計算預測。就像上樓梯一樣，一次一階梯（期），一步一步地做預測，故稱為單步預測。

　　這樣的問題在於：面對眞實的未來，如果沒有當期資料的話，1 期以外的預測要如何進行？例如：總經預測一般產生 2 年 8 季或 1 年 12 個月，若欲預測起點是 2021Q4，當季資料可能都不見得會有，何況 2022Q1？

　　這樣的問題，我們訴求多步預測，下一節詳述。

第 3 節　預測未來之二：多步預測

方法 1：遞迴多步 (recursive multistep)

就是用未來的第 t 期的預測來預測 t + 1 期，依此類推。就像上樓梯一樣，一次一階梯（期），一階梯頂著一階梯。例如：我們估計一個 AR(2) 模式：

$$y_t = \phi_1 y_{t-1} + \phi_2 y_{t-2} + e_t$$

我們可以一期一期計算，如同前述的上樓梯譬喻一樣，一步一步地做預測：

$$\hat{y}_{t+1} = \phi_1 y_t + \phi_2 y_{t-1} + \hat{e}_{t+1}, \qquad h = 1$$
$$\hat{y}_{t+2} = \phi_1 \hat{y}_{t+1} + \phi_2 y_t + \hat{e}_{t+2}, \qquad h = 2$$
$$\vdots$$
$$\hat{y}_{t+5} = \phi_1 \hat{y}_{t+4} + \phi_2 \hat{y}_{t+3} + \hat{e}_{t+5}, \qquad h = 5$$

這樣就可以計算出未來 5 期 $\{ \hat{y}_{t+1} , ..., \hat{y}_{t+5} \}$ 的預測值。很明顯地，這樣建立在前一期預測的預測，隨著 h 增長，預測誤差也可能會比較大。

關於遞迴多步，如果右邊變數出現不是 y 的落後期，而是外生變數 X，就無法遞迴產生未來的預測。此時，我們就要使用直接多步法，如下：

方法 2：直接多步 (direct multistep)

假設我們的模型是 $y_t = \alpha + \beta X_{t-1} + e_t$，此時，未來 1 期的預測就是：

$$\hat{y}_{t+1} = a + \beta X_t + \hat{e}_{t+1}$$

如果我們的模型是 $y_t = \alpha + \beta X_{t-3} + e_t$，此時，未來 3 期的預測就是：

$$\hat{y}_{t+1} = a + \beta X_{t-2} + \hat{e}_{t+1}$$
$$\hat{y}_{t+2} = a + \beta X_{t-1} + \hat{e}_{t+2}$$
$$\hat{y}_{t+3} = a + \beta X_t + \hat{e}_{t+3}$$

依序可以計算出各期的落後。但是，這樣的問題就是對於未來特定 y_{t+h} 的最佳預測模型，就有一個最佳 h- 階落後模式 $\hat{y}_t = a + \beta X_{t-h} + \hat{e}_t$，逐次代入 $\{X_{t-h+1}, X_{t-h+2}, ..., X_t\}$ 可以計算 h- 步的預測值 $\{\hat{y}_{t+1}, \hat{y}_{t+2}, ..., \hat{y}_{t+h}\}$。這種方法，當 X 有 k 變數時，每個變數的最佳落後不見得一樣；因此，演算上就需要大規模運算訓練出最佳的 h_k- 階落後模式。

第二種狀況是沒有 X，一個直接把 y 落後 3 期的模型，而不是 AR(3)： $y_t = \alpha + \beta y_{t-3} + e_t$，這樣也可以預測未來 3 期，而不需要遞迴。

$$\hat{y}_{t+1} = \alpha + \beta y_{t-2} + \hat{e}_{t+1}$$
$$\hat{y}_{t+2} = \alpha + \beta y_{t-1} + \hat{e}_{t+2}$$
$$\hat{y}_{t+3} = \alpha + \beta y_t + \hat{e}_{t+3}$$

未來 3 期的預測都可以用已知的資料直接配適。如果要預測 $h = 1, 2, ..., 8$，只要估計找出一個最佳 k 階直接落後 $y_t = \alpha + \beta y_{t-8-k} + e_t$，就可以產生 $h = 1, 2, ..., 8$ 的直接預測。當然，更廣義可能性是如同這樣的方程式： $y_t = \alpha + \beta_1 y_{t-8} + \beta_2 y_{t-11} + e_t$，或是和 X_t 落後結構混和起來。所以，當資料量龐大（時間長度和變數個數）時，直接多步需要演算的幅度就很大。當然，直接預測的模型，除了用樣本內數據配適後計算預測，也可以遞迴計算更遙遠的未來。關鍵之處就在於預測誤差要保持在一個範圍才可以。

最後，如果是由歷史資料將時間切割所模擬虛擬的未來，多個單步可以產生多期預測。

第 4 節　評估模型的預測績效

令 y 和 $\hat{y}$ 分別代表真實值和預測值，我們應用四個精確衡量指標，就預測誤差 $e_t = y_t - \hat{y}_t$ 評估預測準確性。衡量指標有多個，Makridakis (1993) 針對預測指標穩定性的研究，指出 Mean Absolute Prediction Error (MAPE) 相對穩定。Hyndman and Koehler (2006) 則建議 Mean Absolute Scaled Errors (MASE)。如果資料為小樣本，scaled 的處理沒有差異。因此採取多個指標綜合判斷，敘述如下：

1. 兩個尺度依存誤差 (two scale-dependent errors)

首先為 RMSE，定義如下：

$$\text{RMSE} = \sqrt{mean(e_t^2)}，mean \text{ 代表平均值，} e_t \text{ 為誤差}$$

其次是平均絕對誤差 (Mean Absolute Error, MAE)：

$$\text{MAE} = mean(|e_t|)$$

2. 百分比誤差 (percentage errors)

令 $p_t = \dfrac{\hat{y}_t - y_t}{y_t}$，平均絕對誤差率 (Mean Absolute Percentage Errors, MAPE) 定義如下：

$$\text{MPAE} = \text{mean}(|p_t|)$$

如果原始資料是變動率，用 MAPE 會容易出現一些狀況，因為比率計算時會用當期資料當分母，所以，萬一當期變動率是 0，就會出現無限大的值。甚至不是 0，但是變動率極小時，也會出現預測誤差超大的狀況。使用時要小心。

3. Theil's U

用來評估預測準確性的 Theil's U 之定義如下：

$$\text{Theil's U} = \sqrt{\frac{\sum (\hat{y}_t - y_t)^2}{\sum y_t^2}}$$

4. 殘差項的一階自我相關

殘差項的一階自我相關 (autocorrelation of errors at lag 1, ACF1) 衡量預測誤差的持久性，以下列 ACF 公式中的係數 ϕ 表示：

$$e_t = \phi e_{t-1} + \varepsilon_t$$

係數 ϕ 亦衡量殘差項隨時間衰減的速度，若 ϕ 值近於 1 則預測誤差較持久，意味著該模型預測力較差，反之則表示預測誤差將迅速衰減至 0。

另外，這些預測績效指標在一些研究會展現樣本變異性 (sampling variations)，即隨著抽樣數增加，指標的相對變化（例如：RMSE/MAPE）。此作法在機器學習的 K-fold 交叉驗證 (Cross Validation, CV) 也十分常見。

另外，令 r 代表相關係數，若預測 h 期，RMSE 可以分解成以下三部分：

$$\sum \frac{(\hat{y}_t - y_t)^2}{h} = (\frac{\sum \hat{y}_t}{h} - \overline{y})^2 + (s_{\hat{y}} - s_y)^2 + 2(1-\rho)s_y s_y$$

$$1 = \frac{(\frac{\sum \hat{y}_t}{h} - \overline{y})^2}{\sum \frac{(\hat{y}_t - y_t)^2}{h}} + \frac{(s_{\hat{y}} - s_y)^2}{\sum \frac{(\hat{y}_t - y_t)^2}{h}} + \frac{2(1-\rho)s_y s_y}{\sum \frac{(\hat{y}_t - y_t)^2}{h}}$$

$$\frac{(\frac{\sum \hat{y}_t}{h} - \overline{y})^2}{\sum \frac{(\hat{y}_t - y_t)^2}{h}} : \text{Bias proportion}$$

$$\frac{(s_{\hat{y}} - s_y)^2}{\sum \frac{(\hat{y}_t - y_t)^2}{h}} : \text{Variance proportion}$$

$$\frac{2(1-\rho)s_{\hat{y}} s_y}{\sum \frac{(\hat{y}_t - y_t)^2}{h}} : \text{Covariance proportion}$$

RMSE 三個成分相加是 1，解讀如下：

◇ Bias proportion 告訴我們，預測值和真實值的差距有多遠。

◇ Variance proportion 告訴我們，預測的變異 (variation) 有多少是來自真正資料的變異。

◇ Covariance proportion 則衡量了剩餘的非系統性預測誤差。

以 RMSE 來判斷一個好的預測，前 2 項必須很小，使得大多數的預測誤差均集中於第三項 Covariance proportion。

Part II
經濟計量方法 Econometric Methods

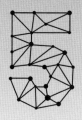

計量時間序列方法

學習金鑰

1. 認識單變數 ARMA 的時間序列模型
2. 認識多種特殊模型
3. R 實做

第 1 節　ARIMA

　　ARIMA 模型依據自我相關，當前預期價格與該前期價格是線性相關的，ARIMA 模型的限制在於選擇 AR 項數和 MA 項數的適當值時，需要仔細觀察 ACF 和 PACF 圖，也需要更深入理解 ARIMA 模型在統計學實做的概念。只要滿足了選擇 AR 項數和 MA 項數適當值的條件，ARIMA 可視爲一個良好的模型，詳見 Tsay (2010) 第 2 章的說明。

　　已知時間序列 y_t，沒有解釋變數，這樣要如何預測 y_t 呢？統計上的預測是依賴期望值，所以，一個作法就是用簡單樣本平均數 (simple sample mean, $\bar{y}$)：

$$\overline{y} = \frac{\sum\limits_{t=1}^{T} y_t}{T}$$

當然，我們知道簡單樣本平均數不是一個好的期望值，時間序列的好處之一在於它可以用自己的過去來預測，稱為自我迴歸過程 (autoregresssive process)，如下：

$$y_t = \alpha + \phi_1 y_{t-1} + \phi_2 y_{t-2} + \ldots + \varepsilon_t \tag{5-1-1}$$

時間序列中的誤差一般稱為 innovation process，描述了一個干擾調節項，若 y_t 是一個個定態時間序列，則滿足以下條件：

$$E[\varepsilon_t] = 0, \quad \forall t \tag{5-1-2A}$$
$$E[\varepsilon_t^2] = \sigma^2, \quad \forall t \tag{5-1-2B}$$
$$E[\varepsilon_s \varepsilon_t] = 0, \quad \forall s \neq t \tag{5-1-2C}$$

上述三個條件和標準迴歸模型的要求是一樣的。方程式 (5-1-1) 一般寫成 p 階落後，簡稱 AR(p)，如下：

$$y_t = \alpha + \phi_1 y_{t-1} + \phi_2 y_{t-2} + \ldots + \phi_p y_{t-p} + \varepsilon_t \tag{5-1-3}$$

理想上，式 (5-1-3) 估計後的剩餘誤差 ε_t 是 White Noise（白噪音），滿足上式 (5-1-2) 三個條件。

令 L 為落後算子 (lag operator)，$L y_t = y_{t-1}$，且 $L^k y_t = y_{t-k}$；式 (5-1-3) 則可以表示成如下形式：

$$\phi(L) y_t = \alpha + \varepsilon_t \tag{5-1-4A}$$
$$\phi(L) = 1 - \phi_1 L - \phi_2 L^2 - \ldots - \phi_p L^p \tag{5-1-4B}$$

如式 (5-1-3) 的 AR(p) 時間序列，其統計性質由估計係數 $\phi_1, \phi_2, \ldots, \phi_p$ 的數值決定；例如：式 (5-1-4B) 的多項式根可以決定其是否為定態，式 (5-1-4B) 的 p 階多項式，以表示成 $f(z)$ 的多項式根，此多項式是否是一個收斂序列，可以拆解如下：

$$\phi(z) = (1-\alpha_1 z)(1-\alpha_2 z)\cdots(1-\alpha_p z) \tag{5-1-5}$$

故，一個定態的 AR(p) 收斂時間序列，式 (5-1-5) 滿足 $|\alpha_k| < 1$，對所有的 k$\in\{1, 2, ..., p\}$。我們用 AR(1) 解釋這個性質，簡化起見，我們考慮以下無截距項的 AR(1)：

$$y_t = \phi y_{t-1} + \varepsilon_t, \quad y_t \sim (\mu, \gamma_0) \tag{5-1-6}$$

式 (5-1-6) 的逐期替代，展開如下：

$$t = 1 \Rightarrow y_1 = \phi y_0 + \varepsilon_1$$
$$t = 2 \Rightarrow y_2 = \phi y_1 + \varepsilon_2 \Rightarrow y_2 = \phi(\phi y_0 + \varepsilon_1) + \varepsilon_2 = \phi^2 y_0 + \phi \varepsilon_1 + \varepsilon_2$$
$$\vdots$$
$$y_t = \phi^t y_1 + \sum_{j=0}^{t-1} \phi^j \varepsilon_{t-j}, t = 1, ..., T$$

y_0 是起始值，所以展開後的通式 $y_t = \phi^t y_1 + \sum_{j\,0}^{t-1} \phi^j \varepsilon_{t-j}, t = 1, ..., T$，隱含如果 $|\phi|<1$，則起始期的影響會收斂，然後越遠誤差值對當前 (y_t) 的影響的會越小。反之，$|\phi| \geq 1$，這些影響就會發散。故，$|\phi|<1$ 是定態條件。代數的證明如下：

已知 $y_t \sim (\mu, \gamma_0)$，故由 $y_t = \phi^{t-1} y_1 + \sum_{j=0}^{t-2} \phi^j \varepsilon_{t-j}$，我們可以得到：

$$Ey_t = \phi^t Ey_1 + \sum_{j=0}^{t-2} \phi^j E\varepsilon_{t-j} = \phi^t Ey_1 + 0$$
$$\Rightarrow \mu = \phi^t \mu \tag{5-1-7}$$

其次，依變異數定義：

$$\gamma_0 = E(y_t - \mu)^2 = Ey_t^2 - \mu^2 = \gamma_0 + \mu^2 = Ey_t^2 = E(\phi y_{t-1} + \varepsilon_t)^2 = \phi^2 E(y_{t-1}^2) + \sigma^2$$

$$\Rightarrow \gamma_0 + \mu^2 = \phi^2(\gamma_0 + \mu^2) + \sigma^2 \tag{5-1-8}$$

式 (5-1-7) 成立只有兩個狀況：$\mu = 0$ 或 $\phi = 1$。因為，$\phi = 1$ 不合 γ_0 有有限解 (finite solution) 的條件，故我們得到：$\mu = 0$ 或 $\phi \neq 1$。

$$\text{式 (5-1-8) } \gamma_0 = \gamma_0 \phi^2 + \sigma^2 \Rightarrow 1 - \phi^2 = \frac{\sigma^2}{\gamma_0}$$

$$\Rightarrow \phi^2 = \frac{\gamma_0 - \sigma^2}{\gamma_0} \text{，故得證定態條件 } |\phi| < 1$$

接著，我們看 y_t 的移動平均 (moving average) 過程，簡稱 MA(q)，一邊寫成如下：

$$y_t = \alpha + \varepsilon_t + \theta_1 \varepsilon_{t-1} + \theta_2 \varepsilon_{t-2} + ... + \theta_q \varepsilon_{t-q} \qquad (5\text{-}1\text{-}9)$$

這個 MA(q) 過程依然有一個白噪音誤差項：$\varepsilon_t \sim IID(0, \sigma^2)$，且滿足以下：

$$\mu = E[y_t] = \alpha$$

$$\text{variance: } \gamma_0 = \sigma^2 (1 + \sum_{j=1}^{q} \theta_j^2)$$

$$\text{co-variance: } \gamma_k = \sigma^2 (\theta_k + \sum_{j=k+1}^{q} \theta_j \theta_{j-k}) \text{ for } k \leq q \text{ and } \gamma_k = 0 \text{ for } k < q$$

一個 MA 過程是把 y_t 表示成當期和過去的誤差項 (white noise)，一個 AR 過程是把 y_t 寫成過去的自己，故這剛好是一個一體兩面的反向 (inverse) 運算。所以，AR(p) 和 MA(q) 有一個可逆 (invertibility) 的性質，就是：一個 MA(q) 可以寫成一個 AR(p), $p \to \infty$，如下：

$$y_t - \varepsilon_t = \alpha + \theta_1 \varepsilon_{t-1} + \theta_2 \varepsilon_{t-2} + ... + \theta_q \varepsilon_{t-q}$$

$$\text{故} \Rightarrow E[y_t | Y_{t-1}] = \alpha + \varepsilon_t + \theta_1 \varepsilon_{t-1} + \theta_2 \varepsilon_{t-2} + ... + \theta_q \varepsilon_{t-q}$$

AR(p) 和 MA(q) 之間有許多有趣的理論問題，我們暫時停在這裡，接下來介紹一個著名也常見的性質：

AR(p) 可以寫成 MA(1)，或 MA(1) 可以展開成 AR(p)

這個性質常常見於時間序列文獻，推廣乃至 VAR(p) 和 VMA(1) 的向量關係，數學說明如下：

將時間序列 y_t 寫成一個無截距的 MA(1) 過程：

$$y_t = \varepsilon_t + \theta_1 \varepsilon_{t-1} \qquad (5\text{-}1\text{-}10)$$

可逆性條件允許將殘差以 y_t 與其落後期表示：

$$\varepsilon_t = y_t - \theta_1 \varepsilon_{t-1} \tag{5-1-11}$$

利用如式 (5-1-6) 的逐期替代，

$$\varepsilon_2 = y_2 - \theta \varepsilon_1$$
$$\varepsilon_3 = y_3 - \theta \varepsilon_2 = y_3 - \theta(y_2 - \theta \varepsilon_1) \Rightarrow \varepsilon_3 = y_3 - \theta y_2 + \theta^2 \varepsilon_1$$
$$\varepsilon_4 = y_4 - \theta \varepsilon_3 = y_4 - \theta(y_3 - \theta y_2 + \theta^2 \varepsilon_1) \Rightarrow \varepsilon_4 = y_4 + (-\theta)y_3 + (-\theta)^2 y_2 + (-\theta)^3 \varepsilon_1$$
$$\vdots$$
$$\varepsilon_t = y_t - \theta y_{t-1} + \theta^2 y_{t-2} - \cdots + (-\theta)^{t-2} y_2 + (-\theta)^{t-1} \varepsilon_1 \tag{5-1-12}$$

可逆性 (invertibility) 要求式 (5-1-12) 右邊最後一項誤差會隨著時間而消失，這樣右中就沒有殘差項；此意味 $-1 < \theta < 1$ 或 $|\theta| < 1$。因此，從式 (5-1-10) 到式 (5-1-12) 說明了一個 MA(1) 可以展開成 AR(p)，而且 $p \to \infty$ 依然成立。

在一個 AR(p) 或 MA(q) 的架構中，階次 p 或 q 的值往往很大，導致必須估計大量的參數，同時意味大量落後期變數。因此，統計學家就採用一個方便的作法以獲得較為少的階次：

$$y_t = \frac{\theta(L)}{\phi(L)} \varepsilon_t$$

故得到一個模式：

$$\phi(L)y_t = \alpha + \theta(L)\varepsilon_t \tag{5-1-13}$$

式 (5-1-13) 就是 ARMA(p, q) 結構。在非時間序列資料，要估計條件期望值，必須要有外生的解釋變數，也就是 X，方使得 $E[y|X] = a + bX$ 的線性迴歸成為可能。這意味著在橫斷面資料中，估計條件期望值會變困難的，因之樣本期望值（平均數）就成了關鍵。這也是為何大數據的資料科技興起與其應用，對此具有重大意義。

然而來到時間序列，如果沒有解釋變數時，可以透過自己的落後期來估計條件期望值，進而來產生預測，這就是 ARMA 的重要性。現在我們透過套裝軟體使用這個模型覺得蠻自然的，然而，在 Box-Jenkins 的 1970 年代，可是重大貢獻。

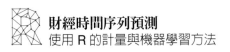

理論練習問題　若式 (5-1-6) 改成 $\phi = 1$：$y_t = y_{t-1} + \varepsilon_t$, $\varepsilon_t \sim IID(0, \sigma^2)$，請推導 y_t 的變異數，並具以說明其非定態性質。

接下來我們看 RLab 的程式實做，先從抽樣開始模擬一個如下 AR(1) 時間序列：

RLab：時間序列模擬 AR(1)：$y_t = 0.5y_{t-1} + \varepsilon_t$

```
1. # Simulate an AR process
2. ar1.sim0=arima.sim(n = 200, list(ar = c(0.5)))
3. ar1.sim1=ts(ar1.sim0, end=c(2021,8), freq=12)
4. ar1.sim2=timeSeries::as.timeSeries(ar1.sim1)
5.
6. par(mfrow=c(2,1))
7. plot(ar1.sim1, col="steelblue", ylab="AR(1)", xlab="(A) 使用 plot() 繪製
   ts() 物件 ")
8. grid()
9.
10. plot(ar1.sim2,col="steelblue", ylab="AR(1)", xlab="(B) 使用 plot() 繪製
    timeSeries() 物件 ")
11. grid()
12. rug(as.vector(ar1.sim2), ticksize = 0.01, side = 2, quiet = TRUE)
13. (mfrow=c(1,1))
```

---

arima.sim() 是模擬 arima 過程的主要函數，且是 R 內建的。第一個宣告 n = 200 是觀察值個數，第 2 個宣告是 AR(1) 係數。如果是 AR(2)，則：

$$list(ar = c(0.5, -0.2))$$

第 3 行：ar1.sim1=ts(ar1.sim0, end=c(2021,8), freq=12) 是將抽樣出來的資料，建立 ts() 物件之時間序列，我們產生一個最後一個月為 2021/8 的月

資料，並將之命名為 ar1.sim1。

　　第 4 行：ar1.sim2=timeSeries::as.timeSeries(ar1.sim1) 是將第 3 行的 ts()
物件之時間序列，轉換成 timeSeries 物件，並將之命名為 ar1.sim2。

　　我們比較兩個格式在時間序列的差異。

　　第 7 行以下就是畫圖，如圖 5-1-1。

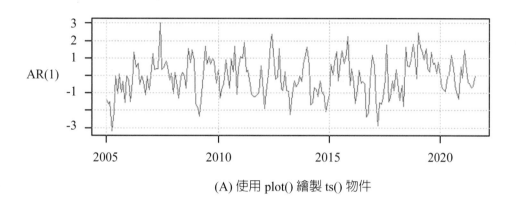

(A) 使用 plot() 繪製 ts() 物件

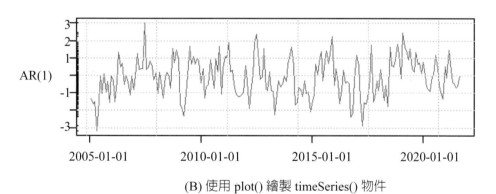

(B) 使用 plot() 繪製 timeSeries() 物件

圖 5-1-1

　　如果要產生 ARMA(1,1): $y_t = 0.5y_{t-1} + \varepsilon_t - 0.25\varepsilon_{t-1}$，則可以：

$$arima.sim(n = 200, list(ar = c(0.5), ma = c(-0.25)))$$

　　如上 ARMA，但是希望有更小的標準差，如 $\sqrt{0.16}$，則可以：

arima.sim(n = 200, list(ar = c(0.5), ma = c(-0.25)), **sd = sqrt(0.16)**)

欲產生一個非定態時間序列（單根或隨機趨勢），可以：

arima.sim(list(order = c(0,1,0)), n = 600)

ARIMA(p,d,q) 就是上面的宣告 order=c(p,d,q)，中間的 d 就是差分階次，
宣告一階差分，且 ar 和 ma 階次都是 0，代表了純 I(1) 非定態時間序列；這
裡要注意，如果 ar 或 ma 階次不是 0，則必須要有對應的係數，由前述的
list(ar=c(), ma=c()) 完成。上述非定態時間序列如圖 5-1-2：

arima.sim(list(order = c(0,1,0)), n = 600)

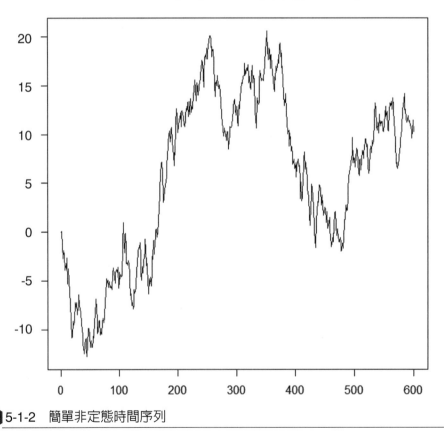

圖 5-1-2　簡單非定態時間序列

最後一種帶 ARMA 的非定態時間序列 ARIMA(1,1,1)，如下：

arima.sim(list(order = c(1,1,1), ar = c(0.125), ma=c(-0.225)), n = 600)

arima.sim(list(order = c(1,1,1), ar = c(0.125),ma=c(-0.225)), n = 600)

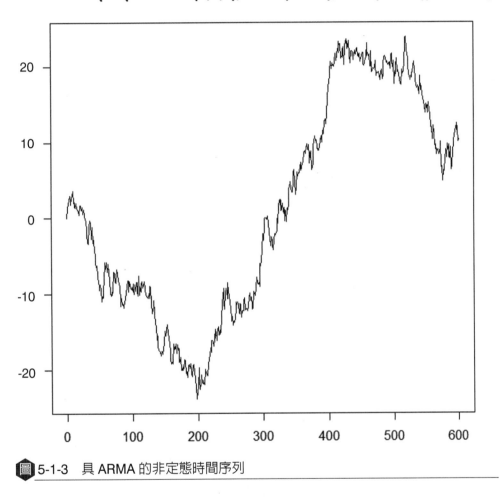

圖 5-1-3　具 ARMA 的非定態時間序列

如果要產生具有溫和長尾性質的財經時間序列，可以使用 student- t 分布來抽樣，也就是函數 **rt()**，如下：

arima.sim(n = 600, list(ar = c(0.88, -0.48), ma = c(-0.22, 0.28)),
rand.gen = function(n, ...) sqrt(0.16) * rt(n, df = 5))

因為內建標準常態分布 rand.gen=rnorm，所以只要省略，就是標準常態。此時，我們可以給予自由度 5 和變異數 0.16 的隨機變數：

$$sqrt(0.16) * rt(n, df = 5)$$

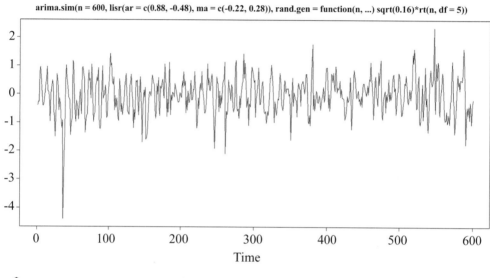

arima.sim(n = 600, lisr(ar = c(0.88, -0.48), ma = c(-0.22, 0.28)), rand.gen = function(n, ...) sqrt(0.16)*rt(n, df = 5))

圖 5-1-4

圖 5-1-4 是時間序列圖，資料的性質多半無法從時間序列型態去看出來，常用的方法是檢視密度圖 (density) 或直方圖 (histogram)。圖 5-1-5 抽樣 n=3000，比較標準常態分布和 t- 分布的密度分布型態，這樣才能顯示出長尾；圖 5-1-6 則用直方圖。透過這兩個圖型，應該很容易呈現尾部的特徵。

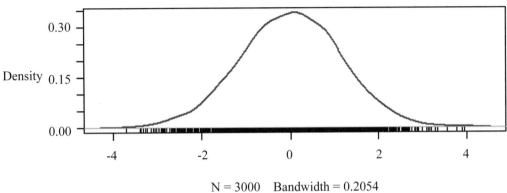

Density of normal distribution

N = 3000   Bandwidth = 0.2054

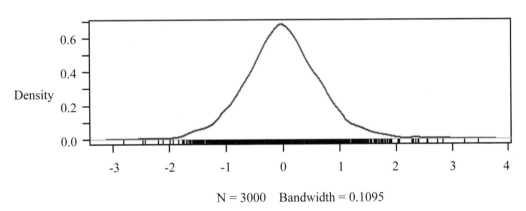

Density of t distribution

N = 3000   Bandwidth = 0.1095

圖 5-1-5   Kernel density plot

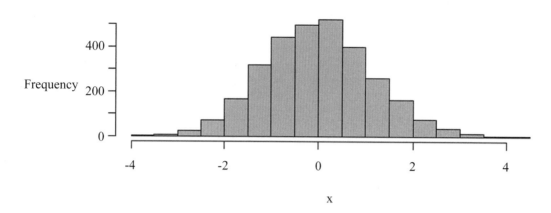

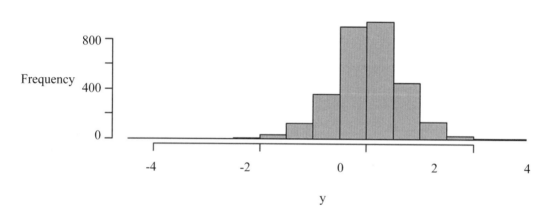

圖 5-1-6 Histogram

R 練習問題

1. 調整 student t 分布的參數（如自由度和變異數），請問哪些參數對尾部
   型態影響最大？以機率密度圖 (density plot) 或直方圖 (histogram) 呈現。

2. 查詢 R 的說明檔，用指令 ?Distributions 檢視說明檔，使用別的抽樣函
   數（如 Weibull），看看圖形有什麼特徵？

模擬解說完畢，我們接下來就是實戰眞實的時間序列資料。

利用第 2 章第 6 節的函數，下載臺灣 1978-2021 年的月失業率，令其爲 y。一個 ARIMA(p, d, q) 的階次有 3 個，如果最大爲 (5,2,5) 的話，就有 6×3×6=108 組可能。如果一組一組用人工嘗試出最佳階次，會不可思議地無效率。R 套件 forecast 有一個函數 auto.arima()，會依照所設定的最大階次，進行全方位計算，然後依照特定指標（內建 AIC）取出最佳配適，標示符號爲 auto.arima。

如下：

RLab：圖 5-1-8(tw_urate.csv)

```
1. library(forecast)
2. library(timeSeries)
3. auto.arima(y)
4. E_y=as.timeSeries(fitted(auto.arima(y)))
5. plot(y, col="steelblue", xlab="Unemployment rate of Taiwan, %",
   main="auto.arima(): ARIMA(0,1,4)(2,0,0)[12]", ylab="")
6. grid()
7. lines(E_y,col="red",lty=2)
8. rug(as.vector(y), ticksize = 0.01, side = 2, quiet = TRUE)
```

---

auto.arima(y) 的結果如下圖 5-1-7：

```
> auto.arima(y)
Series: y
ARIMA(0,1,4)(2,0,0)[12]

Coefficients:
         ma1      ma2     ma3     ma4    sar1    sar2
      0.0372  -0.0222  0.0758  0.1923  0.3778  0.3073
s.e.  0.0446   0.0456  0.0412  0.0465  0.0436  0.0436

sigma^2 estimated as 0.02302:  log likelihood=243.25
AIC=-472.5   AICc=-472.28   BIC=-442.69
```

圖 5-1-7　臺灣月失業率的 auto.arima() 結果

圖 5-1-7 的結果是 ARIMA(0,1,4)(2,0,0)[12]，裡面有三組數字：

(0,1,4)：是一般結構，一階差分，然後 MA(4)。

(2,0,0)：是季節結構，季節落後兩期 SAR(2)，無季節差分，也無季節 MA(SMA=0)。

[12]：是資料頻率，也就是月資料。

配適方程式如下：

$$\Delta y_t = \phi_1 \Delta y_{t-12} + \phi_2 \Delta y_{t-24} + \varepsilon_t + \theta_1 \varepsilon_{t-1} + \theta_2 \varepsilon_{t-2} + \theta_3 \varepsilon_{t-3} + \theta_4 \varepsilon_{t-4}$$

auto.arima() 的配適結構合併於圖 5-1-8，虛線是配適的條件期望值，實線是真實資料。

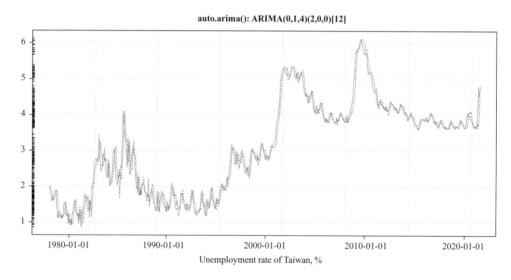

圖 5-1-8　臺灣月失業率

我們接下來使用第 3 章說明的交叉驗證方法，把失業率 y 分成 1978/1-2019/11 一段的訓練期，用來估計最佳參數，然後用這最佳參數，預測 2019/12-2021/7 這段 20 個月的測試，分段方式如下：

```
y_training=as.ts(window(y, start="1978-01-01", end="2019-11-01"))
y_testing=as.ts(window(y, start="2019-12-01", end="2021-07-01"))
```

這個分段以垂直線呈現圖 5-1-9。因為我們使用 forecast 這個套件，這個套件是標準低頻時間序列，採用的格式是 R 內建的 ts()，我們的時間序列是 timeSeries() 格式，所以做個轉換。這個轉換與估計無關，但是和計算精確指標就有差了。

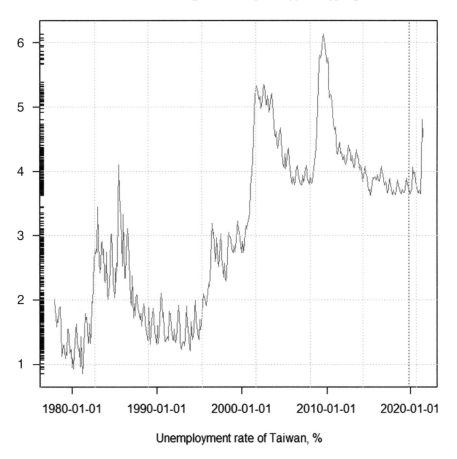

auto.arima(): ARIMA(0,1,4)(2,0,0)[12]

Unemployment rate of Taiwan, %

圖 5-1-9　臺灣月失業率之訓練期和測試期

因為是 ARIMA，所以，直接用 auto.arima() 取得最佳模式，如下 RLab：

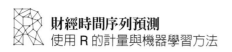

RLab：ARIMA 的樣本外靜態預測

---

1. y_training=as.ts(window(y, start="1978-01-01", end="2019-11-01"))
2. y_testing=as.ts(window(y, start="2019-12-01", end="2021-07-01"))
3. y.auto=auto.arima(y_training, ic="aic")
4. arimaOrder=arimaorder(y.auto)
5. common=arimaOrder[c("p", "d", "q")]
6. seasonal=arimaOrder[c("P", "D", "Q")]
7. y.arma = Arima(y_training, order=common, seasonal)
8. fcst1 = Arima(model=y.arma, y_testing)$fitted
9. accuracy(fcst1, x=y_testing)
10. fcst2 = forecast(y.arma, h=20)$mean
11. accuracy(fcst2, x=y_testing)

以上程式之分點解說如下：

3. 對樣本內訓練資料，配置最佳 arima，且將之存成物件 y.auto。

4. 用 arimaorder(y.auto) 對第 1 行物件取出最佳階次。

5. 取出一般階次。

6. 取出季節階次。以上兩步結果如圖 5-1-10：

```
> common
p d q
4 0 4
> seasonal
P D Q
2 1 2
```

圖 5-1-10　階次

---

7. 依照階次用 Arima() 再估計一次資料，將估計結果物件存成 y.arma。

8. 執行樣本外資料配適的靜態預測值 (fcst)，使用 Arima() 內的宣告 model=y. arma 就是直接採用前一步的模型估計值與樣本外真實資料 (y_testing) 配適期望值作為預測。這也就是靜態預測，或單步預測。雖然樣本外有 20

個月,但是,每一個月的預測,都是由所對應單期落後結構的真實資料直接代入計算而得。

9. 計算預測值的精確度。accuracy(),如圖 5-1-11:

```
> fcst = Arima(model=y.arma, y_testing)$fitted
> accuracy(fcst,x=y_testing)
                ME       RMSE       MAE       MPE      MAPE       ACF1   Theil's U
Test set 0.02411514 0.1709787 0.0745362 0.4587534 1.736772 -0.02657302  0.789618
```

圖 5-1-11　執行靜態預測的精確度計算 accuracy(fcst1, x=y_testing)

10. 第 6 步是靜態預測的產生。如果要如第 4 章第 3 節解說的產生動態預測,要怎麼做?對模型物件 y.arma 使用 forecast() 函數就可以遞迴地產生未來預測,如下:

$$fcst2 = forecast(y.arma, h=20)\$mean$$

h=20 是樣本外的預測期,也就是 y_testing 的期數。

11. 最後,如上計算預測正確度:accuracy(fcst2, x=y_testing)[1]:

```
> accuracy(fcst2,x=y_testing)
                ME      RMSE       MAE      MPE      MAPE     ACF1   Theil's U
Test set 0.09913053 0.198105 0.1161562 2.437758 2.899485 0.429994  1.331425
```

圖 5-1-12　執行動態預測的精確度計算 accuracy(fcst2, x=y_testing)

由以上比較靜態和動態預測,可以知道,動態預測的挑戰比較大,同時也比較務實:因為,實際的狀況,我們往往沒有已知的解釋變數可以套用,所以,依賴前期預測的遞迴就很重要。

兩個預測的表現除了精確指標之外,我們可以用圖來呈現,如圖 5-1-13 所示,同樣的模型,但是產生預測的方法不同,也有很大的差異。靜態預測

---

[1]　MPE、MAPE 和 Theil's U 在函數內,都乘上 100 才輸出;解讀時需稍微注意一下。

表現好，但是，失眞；動態預測比較不好，但是符合實際決策需要，尤其是我們只有失業一筆資料時，未來的解釋變數都沒有，除了遞迴法還不知道該怎麼計算條件期望值。

Unemployment rate of Taiwan, %

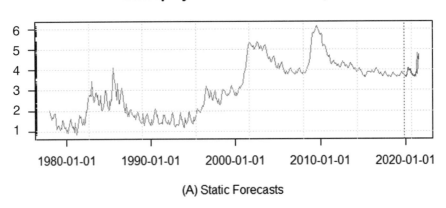

(A) Static Forecasts

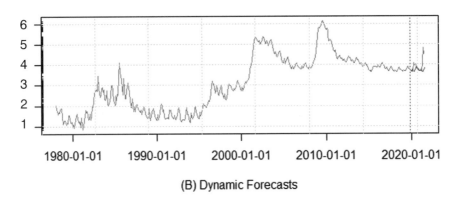

(B) Dynamic Forecasts

圖 5-1-13　預測比較

　　前面的 RLab 將臺灣失業率區分爲兩段，預測期有 20 個月，從「2019/12-2021/7」，然後前面「1978/1-2019/11」的 503 個月都作爲估計（訓練）期。事實上這樣做只是方便解說「樣本內估計」和「樣本外預測」的技巧。在機器學習上，樣本內的估計被稱爲訓練，主要就是它會微調大量的參數，透過驗證期的預測以找出最佳模式，而不是一個 auto.arima()。即便是 auto.arima()，不同的篩選準則也會選出不同最優階次：

　　用 aic 當篩選指標時的 auto.arima()：**ARIMA(4,0,4)(2,1,2)[12]**

用 bic 當篩選指標時的 auto.arima()：**ARIMA(3,0,0)(2,1,2)[12]**

除此，在時間序列上，我們應該變動樣本，如圖 3-2-1 所示的滾動法，例如：

第 1 次用 120 個月估計，預測 18 個月；

第 2 次用 120+18 個月估計，再預測未來 18 個月。

這樣估計期樣本漸次變大，可以檢視隨著樣本遞增 (sampling variations) 的預測性質，除了滾動法，還有移動視窗法 (moving window)，也就是每次都固定 120 個月估計，預測 18 個月。固定的估計視窗向前移動 18 個月，也就是驗證期的 18 個月來覆蓋資料。套件 iForecast 內有一個 rollingWindows() 函數，可以切割 timeSeries 物件的時間戳記，產生我們需要分段的時間標籤，如下：

timeframe=iForecast::rollingWindows(y, estimation ="120m", by ="18m")

```
> timeframe
$from
GMT
 [1] [1978-01-01] [1979-07-01] [1981-01-01] [1982-07-01] [1984-01-01] [1985-07-01] [1987-01-01]
 [8] [1988-07-01] [1990-01-01] [1991-07-01] [1993-01-01] [1994-07-01] [1996-01-01] [1997-07-01]
[15] [1999-01-01] [2000-07-01] [2002-01-01] [2003-07-01] [2005-01-01] [2006-07-01] [2008-01-01]
[22] [2009-07-01] [2011-01-01]

$to
GMT
 [1] [1987-12-01] [1989-06-01] [1990-12-01] [1992-06-01] [1993-12-01] [1995-06-01] [1996-12-01]
 [8] [1998-06-01] [1999-12-01] [2001-06-01] [2002-12-01] [2004-06-01] [2005-12-01] [2007-06-01]
[15] [2008-12-01] [2010-06-01] [2011-12-01] [2013-06-01] [2014-12-01] [2016-06-01] [2017-12-01]
[22] [2019-06-01] [2020-12-01]

attr(,"control")
attr(,"control")$start
GMT
[1] [1978-01-01]

attr(,"control")$end
GMT
[1] [2021-07-01]

attr(,"control")$period
[1] "120m"

attr(,"control")$by
[1] "18m"
```

圖 5-1-14

從圖 5-1-14 可以看出兩個重點：

(1) **$from** 第 1 個標籤日 "1978-01-01" 到 $to 第 1 個標籤日 "1987-12-01"，整

整 10 年 120 個月。

(2) **$to 第 1 個標籤日加一個月** "1988-01-01" 到 $to 第 2 個標籤日 "1989-06-01"，整整 1.5 年 18 個月。

因此，我們定義如下起始物件：

FROM=timeframe$from
TO=timeframe$to

接下來，可以設計一個迴圈，用 FROM 和 TO 的向量來標注上述 RLab 的第 1 行和第 2 行，藉此 loop 整個訓練期，取出最佳驗證結果，來預測最後一段。

R 練習問題

1. 承上所述，完成迴圈，把每時段的預測績效指標蒐集起來，用盒鬚圖檢視其分布。

   Hint：使用 which() 來取得日期位置。

2. 承前 RLab 的模型架構，檢視 Arima() 函數內容，練習額外添加三種外生變數：確定趨勢 (deterministic trend)、季節虛擬變數 (seasonal Dummy) 和捕捉頻率無關的週期傅立葉 (Fourier) 函數，比較看看添加外生變數後的預測表現如何。

   Hints：

   (1) 在 Arima() 內添加 xreg=fourier(y_training, K=4) 就可以產生傅立葉週期變數，詳見 Arima() 函數說明。

   (2) 若 y 是 ts() 物件，seasonaldummy(y) 可以產生季節啞變數，seq(y) 可以作為確定趨勢的等差數列。

第 2 節　非線性移轉模型：SETAR 和 LSTAR

我們使用兩個移轉模型：SETAR 和 LSTAR，前者是自我激勵門檻自我迴歸模型 (self-exciting threshold autoregression) 的簡稱，本書著重在實做與預測，這兩個方法的理論細節可以參考 Tsay（2010，第 4 章第 1 節）。SETAR(p) 模型如式 (5-2-1)：

$$y_t = \begin{cases} \mu_1 + \rho_{1,1}y_{t-1} + \ldots + \rho_{1,p1}y_{t-p1} + \varepsilon_t & \text{if} \quad x_{t-d} \leq \theta_{m-1} \\ \mu_2 + \rho_{2,1}y_{t-1} + \ldots + \rho_{2,p2}y_{t-p2} + \varepsilon_t & \text{if} \quad \theta_{m-1} < x_{t-d} \leq \theta_{m-2} \\ \vdots \\ \mu_m + \rho_{m,1}y_{t-1} + \ldots + \rho_{m,pm}y_{t-pm} + \varepsilon_t & \text{if} \quad \theta_1 < x_{t-d} \end{cases} \quad (5\text{-}2\text{-}1)$$

其中參數如次：

m：狀態的數量

$\mu_1 \ldots \mu_m$：每個狀態的截距

$p_{j,1} \ldots p_{j,m-1}$：在狀態 j 的落後期數量

$\theta_1 \ldots \theta_{m-1}$：門檻值

d：移轉變數的延遲項數

x_{t-d}：門檻（移轉）變數

該模型稱為 SETAR 在於 $x_{t-d} = y_{t-d}$，亦即 AR 項本身是門檻變數。我們將理論上無限的狀態數量限制為 2 或 3，如高、中、低等三個狀態，因此該模型可套用如式 (5-2-2) 的簡易形式：

$$y_t = \begin{cases} \mu_L + \rho_{L,1}y_{t-1} + \ldots + \rho_{L,pL}y_{t-pL} + \varepsilon_t & \text{if} \quad \theta_L \leq x_{t-d} \\ \mu_M + \rho_{M,1}y_{t-1} + \ldots + \rho_{M,pM}y_{t-pM} + \varepsilon_t & \text{if} \quad \theta_L < x_{t-d} \leq \theta_H \\ \mu_H + \rho_{H,1}y_{t-1} + \ldots + \rho_{H,pH}y_{t-pH} + \varepsilon_t & \text{if} \quad \theta_H < x_{t-d} \end{cases} \quad (5\text{-}2\text{-}2)$$

其次，LSTAR 是羅吉斯平滑門檻自我迴歸模型 (logistic smoothing threshold autoregression)，納入一個羅吉斯平滑 AR(p) 建置：

$$y_t = (\mu_L + \phi_{L,1}y_{t-1} + \ldots + \phi_{L,p}y_{t-p} + \varepsilon_t) \cdot G(z_t, m, \gamma)$$
$$+ (\mu_H + \phi_{H,1}y_{t-1} + \ldots + \phi_{H,p}y_{t-p} + \varepsilon_t) \cdot (1 - G(z_t, m, \gamma))$$

其中 $G(\cdot)$ 爲羅吉斯函數，而 z_t 爲門檻變數，以 x_t 加上延遲項數 (delay order) m，也就是 $z_t = x_{t-m}$ 的設定。

因爲 SETAR 和 LSTAR 是將樣本依照平滑移轉函數，分成數段。因此，如果資料太少，就會出現觀察値不足，無法判斷區間移轉的問題；除此之外，如果資料是非定態的，就會出現單根警訊，和預測失靈的結果。因爲這些問題，我們的範例改用道瓊指數成交量，如本書第 2 章，資料處理如下：

```
library(quantmod)
getSymbols("^DJI", from="1992-01-01", adjust=TRUE)
y=na.omit(log(DJI[,"DJI.Volume"]))


y_training=as.ts(window(y,start="2010-01-02", end="2021-06-30"))
y_testing=as.ts(window(y,start="2021-07-01", end="2021-09-03"))
```

RLab：SETAR 的靜態預測

1. m=4
2. out.setar=setar(y_training,m, mL=3, mH=2)
3. coefs=out.setar$coef
4. th=coefs["th"]
5. mL=out.setar$model.specific$mL
6. mH=out.setar$model.specific$mH
7. thVar=out.setar$model.specific$thVar
8. mTh=out.setar$model.specific$mTh
9. out.setar.fcst=setar(y_testing, m,th=th,mL=mL,mH=mH,mTh=mTh)**$fitted**
10. out.setar.fcst=ts(out.setar.fcst,end=end(y_testing),freq=frequency(y_testing))
11. accuracy(out.setar.fcst,x=y_testing)

m=4 是門檻變數的階次 (embedding dimension)，setar() 函數內有很多參數宣告，如下：

setar(x, **m**, d=1, steps=d, series, **nthresh=1**, **mL**, **mM**, **mH**, thDelay=0, mTh,
thVar, th,
    trace=FALSE, nested=FALSE, include = c("const", "trend","none", "both"),
    common=c("none", "include","lags", "both"), model=c("TAR", "MTAR"),
    ML=seq_len(mL), MM=seq_len(mM), MH=seq_len(mH), trim−0.15,
    type=c("level", "diff", "ADF"), restriction=c("none", "OuterSymAll",
    "OuterSymTh"))

d 是時間落後控制期，內建為 1。

nthresh=1 是門檻值個數，內定 1 個，所以產生兩個狀態區間 (regimes: Low & High)。如果需要更多，改這個就可以。但是，最多也是 2，也就是 3 個狀態區間。

mL、mM、mH 分別代表 Low/Middle/High Regime 的 AR 階次數量，如果不宣告，則設定為 m。如果需要每個區間有自己的 AR 階次，只要個別宣告即可。

thVar 是門檻變數，不另外宣告外生變數，內建就是自己落後 AR(m) 的線性組合，第 7 行是估計出的 AR(m) 門檻變數。

第 2 行 setar() 函數是主要估計指令，估計結果存成一個物件 out.setar。

我們看一下估計結果，如圖 5-2-1 所示，內建兩個 regimes: Low and High，一個 AR(3)，一個 AR(2)，門檻變數是落後 4 期的性組合。

圖 5-2-1 最底行指出 Low regime （也就是 Z(t)<19.58）的觀察值有 78.61%，High regime （也就是 Z(t) ≥ 19.58）的觀察值有 21.39%。門檻值的視覺呈現在圖 5-2-2，整個時間序列的狀態區間，呈現在圖 5-2-3。從圖 5-2-3 可以看出，High regime 以紅色標注，主要出現在時間序列的後段。[2]

透過時間序列圖，我們可以發現這個看起來有結構變化，如果後段較多是 High regime，那麼，我們樣本外測試可能就會產生區間觀察值不足，或無此區間的問題。所以，這種非線性模式，比較難用於靜態預測，如果是動態預測，只需要依照資料遞迴計算，不需要將資料分群再配適。

2　關於圖表顏色的部分，讀者只要跟著書裡的步驟走，即可在電腦上看到顏色的區別。

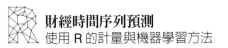
```
> y.nL1

Non linear autoregressive model

SETAR model ( 2 regimes)
Coefficients:
Low regime:
  const.L    phiL.1    phiL.2    phiL.3
1.0924295 0.5890808 0.1651102 0.1887217

High regime:
  const.H    phiH.1    phiH.2
0.7891917 0.2240838 0.7342228

Threshold:
-Variable: Z(t) = + (1) X(t)+ (0)X(t-1)+ (0)X(t-2)+ (0)X(t-3)
-Value: 19.58
Proportion of points in low regime: 78.61%        High regime: 21.39%
```

 5-2-1　setar() 的估計結果

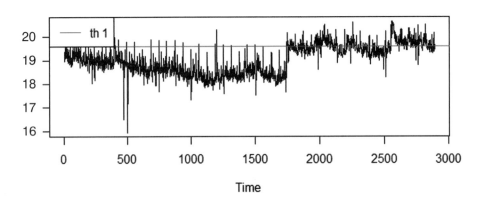

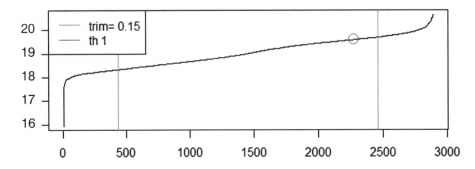

5-2-2　門檻變數的時間分段

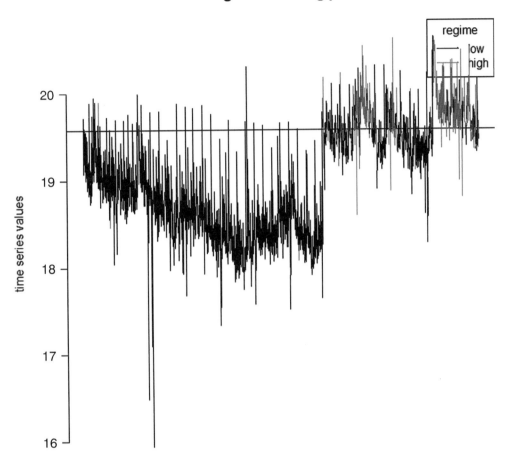

Regime switching plot

圖 5-2-3　時間序列的狀態區間

　　剩下的第 3 行～第 8 行，是取出估計結果用於靜態預測。靜態預測是將樣本內的估計參數，代入樣本外，所以，第 9 行就是將已知參數代入已知數據。

　　第 9 行尾端有一個 **$fitted**，也就是 setar()**$fitted**，這是取出期望值，也就是預測值。

　　第 10 行是將預測值宣告成和樣本外一樣的時間戳記，且必須使用 ts() 物件的格式。最後一行就是預測績效評估。在 R 內，有時候結果在螢幕上會出現科學記號，要避開可以宣告：

options(scipen = 999)

再指定小數點 6 位數：round(accuracy(out.setar.fcst, x=y_testing), 6)。

RLab：SETAR 的動態預測

---

1. m=4

2. out.setar.fcst2=predict(**out.setar**, n.ahead = length(y_testing))

3. out.setar.fcst2=ts(out.setar.fcst2,end=end(y_testing) ,freq=frequency(y_testing))

4. accuracy(out.setar.fcst2, x=y_testing)

---

out.setar 估計都一樣，動態預測，只是由 AR 結構去遞迴。除了第 2 行，其餘都一樣。圖 5-2-4 將靜態與動態預測的結果並列呈現，可以發現動態的預測誤差比較大。

```
> round(forecast::accuracy(y.nL1.fcst1,x=y_testing),6)
          ME      RMSE       MAE        MPE      MAPE       ACF1   Theil's U
Test set   0  0.130503  0.100901  -0.004485  0.518107  -0.023117   0.855821
>
> forecast::accuracy(y.nL1.fcst2,x=y_testing)
                ME       RMSE        MAE        MPE       MAPE       ACF1  Theil's U
Test set  0.148468  0.2063231  0.1629959  0.7578574  0.8334259  0.4211639    1.3737
```

■ 5-2-4 靜態與動態預測績效的比較

機器學習要降低的是動態預測的誤差，畢竟對時間序列資料，對應的解釋變數 X，在真實的未來可能都還沒有出刊；因此，動態預測才是對真正未來決策有用的重要資訊。最後的 LSTAR 的 RLab 和 SETAR 類似，我們就不分項解說。唯一要說明的是第 3 行 gamma 這個參數，這個參數 SETAR 不需要宣告，它是用於將條件期望值平滑的參數 (smoothing parameter)，這個參數 SETAR 沒有，因為 SETAR 是間斷門檻 threshold，LSTAR 是平滑移轉 smooth transition；如下：

RLab：LSTAR 的預測

1. out.lstar=**lstar**(y_training, m, mL=3, mH=2)

2. coefs=out.lstar$coef

3. gamma–coefs["gamma"]

4. th=coefs["th"]

5. mL=out.lstar$model.specific$mL

6. mH=out.lstar$model.specific$mH

7. thVar=out.lstar$model.specific$thVar

8. mTh=out.lstar$model.specific$mTh

9. out.lstar.fcst1=lstar(y_testing, m, gamma=gamma, th=th, mL=mL, mH=mH, mTh=mTh)$fitted

10. out.lstar.fcst1=ts(out.lstar.fcst1,end=end(y_testing), freq=frequency(y_testing))

11. round(forecast::accuracy(out.lstar.fcst1,x=y_testing),6)

以下為動態預測

12. out.lstar.fcst2=predict(out.lstar, n.ahead = length(y_testing))

13. out.lstar.fcst2=ts(out.lstar.fcst2,end=end(y_testing),freq=frequency(y_testing))

14. forecast::accuracy(out.lstar.fcst2,x=y_testing)

R 練習問題

1. 請調整樣本內和樣本外的時間長度為 1 年，比較 SETAR 和 LSTAR 兩個模型，對道瓊成交量的樣本外動態預測。

2. 請依公式計算道瓊收盤價的每日區間波動 $\dfrac{(\ln Max - \ln Min)^2}{4\ln 2}$，然後用本節方法預測此區間波動 (range volatility)。

3. 請依照第 2 章，載入美國 CPI，練習這一節的兩個模型，然後把函數內的 type 設定成 type="ADF" 或 type="diff" 以去除隨機趨勢（非定態），

> 然後比較在 include = c("const", "trend","none", "both")[2]，採用時間趨勢的預測會不會比較好？

第 3 節 BATS (Box-Cox transform, ARMA, Trend & Seasonality)

對於低頻時間序列，季節成分的處理會影響到模型的估計和預測。一般傳統是用虛擬變數捕捉季節的固定結構。然而，如果季節性具有複雜的時間序列結構時，無法用虛擬變數捕捉固定的時間標籤，我們稱此為複雜的季節性 (complex seasonality)。例如：原始資料是月資料，則季節性就有兩層：月和季；如果是週資料，季節性就會有三層。為處理這個問題，Taylor (2003) 延伸 Hold-Winters 的線性版本，並且包含二個季節性成分的模型，如式 (5-3-1)：

$$
\begin{aligned}
y_t &= L_{t-1} + b_{t-1} + s_t^{(1)} + s_t^{(2)} + e_t, \quad i = 1, 2 \cdots T \\
L_t &= L_{t-1} + b_{t-1} + \alpha \cdot e_t \\
b_t &= b_{t-1} + \beta \cdot e_t \\
s_t^{(1)} &= s_{t-m_1}^{(1)} + \gamma_1 \cdot e_t \\
s_t^{(2)} &= s_{t-m_2}^{(2)} + \gamma_2 \cdot e_t
\end{aligned}
\tag{5-3-1}
$$

其中 m_1 和 m_2 為季節性週期，e_t 是代表干擾項的白噪音變數。L_{t-1} 和 b_{t-1} 分別代表在時間 t 的 y_t 截距和趨勢，s_t 是季節性成分，係數 α、β，γ_1 和 γ_2 則是平滑參數，$\{s_{1-m_1}^{(1)}, \ldots, s_0^{(1)}\}$ 和 $\{s_{1-m_1}^{(2)}, \ldots, s_0^{(2)}\}$ 代表起始狀態變數。式 (5-3-1) 最後兩式就是將季節成分假設為兩種，相當類似狀態空間 (state-space) 的方法。

然而，上述模型有幾個缺點，一是不穩定的非線性，另一是尚未被認可的複雜季節性走勢。為了解決這些問題，De Livera *et al.* (2011) 主張採用 BATS 方法預測具有複雜季節性走勢的時間序列，該方法由其四個成分命名，分別為 Box-Cox 轉置、ARMA、趨勢 (Trend) 和季節性 (Seasonality)。Box-Cox 轉置是一個廣泛被接納的轉換法，因為它可以穩定時間序列的變異數。BATS 定義如式 (5-3-2)：

$$y_t^{(\lambda)} = L_{t-1} + \phi b_{t-1} + \sum_{i=1}^{T} s_{t-m_i}^{(i)} + e_t \tag{5-3-2}$$

$$y_t^{(\lambda)} = \begin{cases} \dfrac{y_t^\lambda - 1}{\lambda}, \lambda \neq 0 \\ \log(y_t), \lambda = 0 \end{cases}$$

$$L_t = L_{t-1} + \phi b_{t-1} + \alpha \cdot e_t$$

$$b_t = (1-\phi)b_{t-1} + \phi b_{t-1} + \beta \cdot e_t$$

$$s_t^{(i)} = s_{t-m_i}^{(i)} + \gamma_i \cdot e_t$$

其中 e_t 符合 ARMA(p, q) 型態。

案例實做必須採用低頻時間序列，我們用美國月通貨膨脹，資料切割如下：

```
y=na.omit(diff(log(us_cpi),12))*100
y_training=as.ts(window(y, start="1948-01-01", end="2019-12-31"))
y_testing=as.ts(window(y, start="2020-01-01", end="2021-09-03"))
```

RLab：BATS 模型的估計與預測

```
1. out.bats = bats(y_training,
            use.box.cox = TRUE,
            use.trend = TRUE,
            use.damped.trend = TRUE)
2. out.bats.fcst1 = bats(model=out.bats, y_testing)$fitted
3. accuracy(out.bats.fcst1, x=y_testing)
4. out.bats.fcst2 =forecast(out.bats, h=length(y_testing))$mean
5. accuracy(out.bats.fcst2, x=y_testing)
```

bats() 函數內的幾個宣告十分有用，讀者應檢視所有的可宣告項目，予以練習。

use.box.cox = TRUE 就是要對資料作 Box-Cox 轉換。

use.damped.trend = TRUE 是說要對趨勢添加一個減振參數 (damping parameter)，如果 = NULL，則加與不加兩種狀況都會測試，然後依照 AIC 選出最好的。

這個模型的動態和靜態預測比較，如圖 5-3-1：

```
> accuracy(out.bats.fcst1,x=y_testing)
                ME     RMSE     MAE      MPE     MAPE       ACF1  Theil's U
Test set -0.2091956 2.887873 1.326895 -18.97234 93.63373 -0.2792361  2.508969
> accuracy(out.bats.fcst2,x=y_testing)
                ME     RMSE     MAE      MPE     MAPE       ACF1  Theil's U
Test set -0.3068122 1.545974 1.334348 -123.1923 144.9501 0.8213924  3.920905
```

圖 5-3-1　BATS 模型的動態和靜態預測比較

由圖 5-3-1 可以看出，RMSE 的動態預測比靜態預測要小，其餘的都是動態預測誤差較大，動態預測的 ACF(1) 更是出現持續性極高 (0.82) 的自我相關。

最後，BATS 模式的優劣簡述如下：

1. 優點

(1) Box-Cox 轉換能夠處理非線性的資料，而且會讓轉換後的變異數接近常數 (constant)。
(2) 殘差的 ARMA 架構能解決多數的序列相關問題。
(3) 不需擔心起始值造成的敏感度問題。
(4) 可以產生點預測 (point prediction) 和區間預測 (interval prediction)。
(5) BATS 的整體表現勝過簡單的 State-Space models。

2. 缺點

(1) 殘差的 IID 假設或許不成立。
(2) 無法添增解釋變數，無法像 ARMA 可以擴增成 ARMAX。
(3) 多重季節性的時間結構必須是成巢狀，一層一層的。
(4) 對高頻率資料的季節性，會出現大量參數需要估計。

R 練習問題

1. 比較 auto.arima 和 bats 的預測表現,孰優孰劣。
2. 承本章第 1 節的 R 練習問題第 1 題。完成迴圈,把每時段的預測績效指標蒐集起來,用盒鬚圖檢視其分布 bats 預測績效的分布狀況。

第 4 節　BAGGED (Bootstrap AGGregation)

在單變量時間序列,就時間序列發展的歷史,指數平滑是指一種預測方法,而且多數的計算預測的方法是基於指數平滑的觀念。指數平滑的觀念大致是這樣:預測值採用了一個加權平均數的技術,離現在越遠的觀察值,權重越小;越近的觀察值,權重越大。指數的意義就在於時間越遠的觀察值,權重成指數遞減 (exponential decreasing)。

與 BATS 相似,Bergmeir *et al.* (2016) 爲指數平滑的拔靴強化 (bootstrap aggregation) 提出技術作法,並爲預測績效帶來顯著改進,因此取部分字母簡稱爲 bagged。BATS 依照 STL 分解使用 Box-Cox 轉換法,將時間序列分成三個部分:趨勢、季節性以及殘餘項。BAGGED 也是如此。

ETS 在文獻上有兩種通用名稱:一指 Error, Trend, Seasonal;二是 ExponenTial Smoothing。有關 ETS 細節,請參考 Hyndman and Athanasopoulos (2018) 第 7 章。

因爲 Bagged 是強化法,強化兩種模式:ETS 和 ARIMA。所以,在本節實做中,ARIMA(p,d,q) 採用自動最佳階次演算 (auto.arima)。在 RLab 內,我們用 BAGGED.ETS 指 bootstrap aggregation 強化的 ETS,BAGGED.auto.arima 指用 bootstrap aggregation 強化的 auto.arima。

案例實做循上一節的美國月通貨膨脹:

RLab:BAGGED.ETS 模型的估計與預測

---

1. bagged.ets = baggedModel(y_training, **fn = ets**)
2. M1 = bagged.ets$models[[which.min(sapply(bagged.ets$models, BIC))]]
3. ets.fcst1 = baggedETS(model=M1, y_testing)$fitted

---

4. accuracy(ets.fcst1, x=y_testing)

動態預測

5. ets.fcst2 = forecast(M1, h=length(y_testing))$mean

6. accuracy(ets.fcst2, x=y_testing)

7. ets.fcst3 = forecast(out.bagged.ets, h=length(y_testing))$mean

8. accuracy(ets.fcst3, x=y_testing)

以上前 4 行是靜態預測。

1. baggedModel(y_training, **fn = ets**) 估計 bootstrapping ets，產生 100 個序列，由 bagged.ets$models 可以看到，如下圖 5-4-1：

```
[[100]]
ETS(A,Ad,N)

Call:
 fn(y = x)

   Smoothing parameters:
     alpha = 0.9999
     beta  = 0.1944
     phi   = 0.8356

   Initial states:
     l = 10.4979
     b = -0.823

   sigma:   0.355

       AIC      AICc       BIC
   4059.478 4059.576 4088.048
```

圖 5-4-1　bagged.ets$models

這 100 個模型中，每一個都有三個配適指標：AIC、AICc、BIC。我們可以依照任一個指標，取出最小的模式，然後用它計算靜態預測。如第 2 步。

2. M1=bagged.ets$models[[which.min(sapply(bagged.ets$models, BIC))]]。

因為 bagged.ets$models 是 list，所以我們用 [[]] 來標注，which.min(sapply(bagged.ets$models, BIC)) 是指出 BIC 最小的模型是這 100 個之中的第幾個，然後令其為 M1。

3. 計算預測值。

4. 評估預測績效。

接下來動態預測有兩種計算方法：第 1 種是利用 M1，第 2 種是利用所有的 100 個予以強化運算。第 1 種就是第 5 行，第 2 種就是第 7 行。三種預測分別以 ets.fcst1、ets.fcst2、ets.fcst3 命名，其績效比較，見圖 5-4-2，當然靜態預測的表現是最好的；所以，我們看最後兩個動態預測。動態預測中，M1 和拔靴的結果十分相近。基於 BAGGED 的拔靴強化精神，第 7 行的動態預測才是我們應該使用的方式。

```
> accuracy(ets.fcst1,x=y_testing)
                ME     RMSE      MAE      MPE     MAPE      ACF1 Theil's U
Test set -0.02743981 1.794438 0.8006014 4.490067 41.82425 -0.1485003  1.186379
> accuracy(ets.fcst2, x=y_testing)
               ME     RMSE      MAE      MPE     MAPE     ACF1 Theil's U
Test set 0.1614754 1.529777 1.212882 -79.9399 111.9331 0.8210462  2.942363
> accuracy(ets.fcst3,x=y_testing)
               ME     RMSE      MAE      MPE     MAPE    ACF1 Theil's U
Test set 0.1796776 1.542908 1.206895 -79.11948 111.1838 0.822945  2.929585
```

圖 5-4-2　三種預測績效比較

靜態預測中，無法把第 1 行的物件直接放入，這個程式目前不支援靜態的拔靴預測。至於要如何做這件工作，參考本節的 R 練習問題 2。

接下來是利用 auto.arima 的 BAGGED 強化模型。整個結構和 ets 一樣，差別在於第 1 行內的 **fn=auto.arima**。

RLab：BAGGED.auto.arima **模型的估計與預測**

---

1. bagged.arima = baggedModel(y_training, **fn = auto.arima**)

2. M2 = bagged.arima$models[[which.min(sapply(bagged.arima$models, BIC))]]

3. arima.fcst1 = Arima(model=M2, y_testing)$fitted

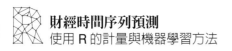

4. accuracy(arima.fcst1, x=y_testing)

動態預測

5. arima.fcst2 = forecast(M2, h=length(y_testing))$mean

6. accuracy(arima.fcst2, x=y_testing)

7. arima.fcst3 = forecast(bagged.arima, h=length(y_testing))$mean

8. accuracy(arima.fcst3, x=y_testing)

　　上述兩個 RLab 中，auto.arima 的計算比較耗時，所以，我們的 R 練習，以 ETS 為主。

R 練習問題

1. 上述 ETS RLab 的第 2 行，請取出依照 AIC 最小的模型，看看預測績效如何？
2. 承上，請計算所有 100 個模型的預測結果，然後，評估績效，看最好的模型，是否 BIC/AIC/AICc 也是最好？

   Hint：用

   lapply(bagged.ets$models,

   function(x) baggedETS(model=x, y_testing)$fitted) 可以計算 100 個 bootstrapping 模型的估計結果。

第 5 節　GAMs

　　無母數迴歸 (nonparametric regression) 不需要模型滿足線性的相關前提假設，可以靈活地探測資料間的複雜關係，但是當模型中解釋變數數目較多時，模型的估計變異數會加大；另外，基於核 (kernel) 與平滑樣條 (smooth splines) 估計的無母數迴歸中自變數與應變數間關係的解釋也有難度。Stone(1985) 提出加成模型 (additive models)，模型中每一個加成項使用單個平滑函數來估計，在每一加成項中可以解釋應變數如何隨自變數變化而變化，很好地解決了上述問題。Hastie and Tibshirani(1990) 擴展了加成模型的應用範圍，提出了廣義加成模型。

廣義加成模型 (Generalized Additive Models, GAMs) 依據線性平滑模型做修正，且是廣義線性模式 (Generalized Linear Models, GLM) 的無母數擴展，既保留了 GLM 的基本框架，又沒有像其他線性模式一樣有很多的假設前提（如 normal assumption 或 variance homogeneity），且在處理非線性模式的能力又比其他模型要來得強大，適用於處理眾多變數間過度複雜非線性的關係。例如：空間資料（如：氣象、空汙資料）通常是非線性，使得 GLM 的應用受到一定的限制，因此可以透過 GAM 來解決。

依照迴歸設定，GAMs 具有以下形式：

$$E(y_t \mid x_{1t}, x_{2t}, ... x_{pt}) = \alpha + f_1(x_{1t}) + f_2(x_{2t}) ... + f_p(x_{pt}) \tag{5-5-1}$$

其中 f_j 是未指定的無母數平滑函數。如欲展開基底函數建立模型，則結果由最小平方法算出。GAMs 則是每個函數由散布點平滑法配置，如三次樣條函數 (cubic spline) 或核平滑函數 (kernel smoothing function)；透過這種方式，GAMs 具有充分彈性包含任何線性和非線性成分的組合。在時間序列應用方面，Wood and Augustin (2002) 延伸樣條迴歸的懲罰方法 (penalty regression splines approach)，更進一步利用一般化樣條平滑法 (Generalized Spline Smoothness, GSS) 的好處。本節參照 Wood and Augustin (2002) 的方法採用一般化的廣義加成 AR(p) 模型從事估計和預測。

接下來的 R 實做，我們循前面的美國月通貨膨脹，但是，GAM 靜態預測和動態預測必須自己作自己的，必須事先把落後矩陣弄好；不似前例，可以估一個模式，然後兩個預測用同一個估計結果，如下說明：

還是採取落後期 4 項的資料結構，也就是說 AR(p), p=4。

RLab:GAM 模式的估計與預測

---

1. p=4

2. newData = embed(y, p+1)

3. dat = ts(newData, end=end(as.ts(y)), freq=frequency(y))

```
4. dat=as.timeSeries(dat)

5. data_training=as.ts(window(dat, start=start(dat), end="2019-12-31"))

6. data_testing=as.ts(window(dat, start="2020-01-01", end="2021-09-03"))

7. colnames(data_training)=colnames(data_testing)=c("dep",paste0("ar",1:(ncol(dat)-1)))

8. eq = as.formula(paste("dep ~", paste(colnames(data_training)[-1], collapse = "+")))

9. gam1 = mgcv::gam(eq, data = data_training)

10.newdata=as.data.frame(data_testing)

11.gam1.fcst=ts(predict(gam1, newdata), start=start(data_testing), freq=frequency(y))

12.accuracy(gam1.fcst, x= data_testing[,"y"])
```
動態預測
```
13.gam2=tsDyn::aar(as.ts(window(y, start=start(y), end="2019-12-31")), m=p)

14.gam2.fcst=predict(gam2, n.ahead = nrow(data_testing))

15.accuracy(gam2.fcst, x= data_testing[,"dep "])
```

　　第 2 行使用 embed() 產生自我落後矩陣，所以，如果落後項 p=4，那就要有 5 項，第 1 欄就是被解釋變數 y。

　　第 3 行～第 7 行處理資料結構。

　　第 8 行方程式。

　　第 9 行 mgcv::gam() 估計。

　　第 10 行樣本外預測，此時我們要把預測值改成時間序列，才能執行第 11 行的預測績效評估。

　　動態預測就可以使用套件 tsDyn 內的 aar() 函數，aar 是 nonparametric autoregression 的簡稱，具體估計也是呼叫 mgcv::gam() 執行估計，只是它估計完會再內部處理完時間序列的資料結構，因此可以直接進行動態預測。圖 5-5-1 比較兩種預測的績效，也發現動態預測的表現，比圖 5-4-2 的 BAGGED 不好，除了 RMSE 之外。

```
> accuracy(gam1.fcst,x=as.ts(data_testing[,"dep"]))
                ME      RMSE       MAE      MPE    MAPE      ACF1 Theil's U
Test set -3.856618e-16 0.3391229 0.2877967 4.724474 33.6691 0.03070191 0.7831226
> accuracy(gam2.fcst, x=as.ts(data_testing[,"dep"]))
              ME      RMSE       MAE       MPE     MAPE     ACF1 Theil's U
Test set -0.4945317 1.525135 1.360489 -135.6745 153.7732 0.814075  4.154766
```

圖 5-5-1　三種預測績效比較

第 6 節　時間序列的組合預測簡介：AveW and Model Average

　　當我們面對多個模型時，每個模型的預測表現都不一樣，從模型的角度，我們面臨模型不確定 (model uncertainty)。因此，一個產生預測的方法就是將多個模型的最佳預測組合起來 (combination forecast)。多模型預測平均法的構思如下：因為模型產生的預測，相對於真實值不是高估就是低估，因此取其平均或中位數，就很可能會提高精確度。在經濟計量方法中，Bates and Granger (1969) 首先提出組合預測的觀念，他們指出當有多個模型或一個模型多個設定所產生的其他預測時，將之加權平均方法組合起來會對最後的預測相當有幫助。所以，組合預測的問題在於權重的計算；近來計量經濟學有一個模型平均法 (model average)，也就是將預測模型的多個設定所產生的預測予以加權平均，如 Hansen (2007)、Hansen and Racine (2012)。Hansen (2007) 提出一個 Mallows Model Averaging (MMA) 方法，Hansen and Racine (2012) 提出一個稱為 Jackknife Model Averaging(JMA) 的交叉驗證方法，對預測平均的方式提出了更理論的基礎。最近，兩位傑出的臺灣計量經濟學者 Liao and Tsay (2020) 將之推展到 VAR 的預測。

　　Hansen (2007) 的 MMA 相當類似二次規化的解，令資料觀察值有 T 個，我們想組合模型的 M 個預測時，最佳權重在於解以下數學規劃：

$$\arg\min_{w} C_n(w) = w'\Omega w + 2\sigma^2 K'w$$

上式目標函數中，w 是權重向量，W 是 $M \times M$ 預測誤差的共變異數矩陣，K 是 $M \times 1$ 正數向量，代表每個模型的參數個數，σ^2 是整個完整模型的變異數。Hansen and Racine (2012) 的 JMA 方法則是類似穩定性檢定 (stability test) 中計算 influence statistics 的作法（ouliers 診斷也是如此，如 Cook distance）：將觀察值逐一剔除而產生逐一預測的結果，JMA 解以下目標函數：

$$\arg\min_{w} CV_n(w) = \frac{1}{n}(y - \tilde{Y}w)'(y - \tilde{Y}w)$$

$\tilde{Y}$ 是 $T \times M$ 矩陣，其每一行代表模型，故共有 M 行。每一行的列觀察值，代表了第 m 個模型移除第 t 個觀察值後的估計式，預測的第 t 筆觀察值，這和 K-fold 交叉驗證的概念完全一樣，這姑且可以稱爲 T-fold CV。

對於權重的計算，除了具有理論基礎的 MMA，學者也指出，簡單等權重平均就可以，如 Aiolfi *et al.* (2011)。事實上，等權重方法在投資組合文獻上十分常見，因爲面臨未來的不確定時，模型等權重加權就是最好的，不需要花時間由樣本內資訊計算未來最佳預測權重。例如：DeMiguel *et al.* (2009a)、Tu and Zhou (2011) 與 Pflu *et al.* (2012) 皆指出類似的結論；特別是，Pflu *et al.* (2012) 利用的模擬方法理論性地證明了這一點：當未來的模型不確定很高時，等權重投資組合是最佳樣本外的投資策略。

在機器學習文獻中，稱之爲委員會方法 (committee approach)，見 Bishop (2009, Ch. 14) 及 Hastie *et al.* (2009, Ch. 8)，本書後面會提及這些方法。在本案的實做中，MMA 或 JMA 都不適合，因爲這兩個權重計算都是一個模型，例如：線性迴歸，最多解釋變數有 K 個，然後，預測估計是由 K 個變數中取子變數，這樣的方法就很像隨機森林的作法。但是，如果我們有 10 個不同的模型，就不適合這樣的作法，因爲缺少使用全部變數模型的變異數 σ^2，且 K 的元素可能都是一樣的。

另外，本書也採用 Pesaran and Pick (2011) 的視窗預測平均法 (AveW: Average Windows Forecasts)，這也是 AveW 的原生版。我們利用圖 3-2-1 說明 Pesaran and Pick (2011) 原理，如下：

給定一個模型或方法，以特定視窗執行最適估計 (tune 最佳超參數)，然後往前執行一段驗證預測，同時也執行 testing 的預測。N-step 除了有 N 個驗證，同時也有 N 個 test 的預測。AveW 是 model-specific，它的作法就是把 N 個目標預測的預測做簡單平均，這也是本書後面的作法。Pesaran and

Pick (2011) 考量的是視窗大小對單一模型預測績效的影響，本書不以此為主，主要放在多個模型個別 AveW 的平均，也就是 AveWs 的平均。

對於有解釋變數的單步靜態預測，AveW 可以執行從過去往未來滾動視窗；如果是動態多步預測 (iterative forecasts)，就必須設計另外作法。後面會有實際說明。

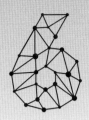

經濟計量預測實做 —— 臺灣工業
生產指數成長率預測

難易指數：☺☺☺（還好）

學習金鑰

1. 將第 5 章方法套入第 3 章的移動視窗（AveW）
2. R 實做臺灣工業生產指數成長率預測

第 1 節　資料與訓練架構

　　本章將第 5 章的方法，綜合運用預測臺灣工業生產指數成長率。資料期間：1962/1-2021/8，我們的訓練期：1962/1-2018/8，最後測試期為 2018/9-2021/8 年的 36 個月。最後的測試期包含了一個轉折，跨進 2021 年的第二次 COVID-19 再起的衰退。這樣可以檢驗訓練期的成效。

　　我們的驗證期取 36 個月雖然太長，這是因為靜態預測的問題，例如：如果估計期的結果有季節落後 (seasonal ARMA)，就會減少 12 筆的觀察值，為了避免這種問題，我們才做這樣的設計。當然，這是因為我們要訓練的是靜態預測，如果是動態預測，就沒有這些問題。

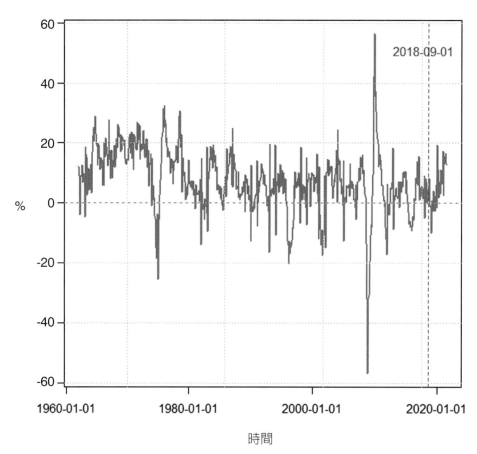

臺灣月工業生產指數

圖 6-1-1　臺灣工業生產指數成長率

　　其次，訓練期 1962/1-2018/8 有 680 個月，如圖 6-1-2，訓練期內可以分成「估計」(estimation) 與「驗證」(validation)，然後逐段延伸滾動。我們把起始估計訂為 20 年 240 個月（觀察值），驗證一次為 36 個月：共估計 13 次，驗證 13 次。第 1 次估計期為 240 個月，第 2 次估計期疊增 36 個月的驗證期為 276 個月，第 3 次估計期再疊增 36 個月的驗證期為 312 個月，依此類推。這也是稱為 recursively expanding windows 的訓練。這樣做同時也可以驗證預測表現是否隨著資料增加而改善，也就是正確性指標的 sampling variations。

　　最後一段 testData，也就是 Baseline（見第 3 章第 2 節）的預測可以這樣做：

(1) 評估 13 次的預測正確度（例如：RMSE），取出最好一段的估計參數，來產生 Baseline(2018/9-2021/8) 的預測。

(2) 將 13 段的估計參數，產生 Baseline(2018/9-2021/8) 的預測。然後將這 13 個 Baseline 的預測組合起來（簡單平均即可），也就是 Pesaran and Pick(2011) 的 AveW。

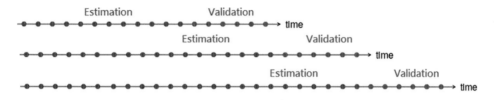

圖 6-1-2　靜態預測訓練架構：K-step RV

　　在 Pesaran and Pick(2011) 的 AveW 設計中，Validation Step 是 1 期 (one-step ahead)。下一節本書範例求減少滾動次數，取 36 期。讀者實做時，需注意此點。讀者亦可在練習時，將之改成 1 期 1 期往前滾動，看看是不是越多越好。

第 2 節　R 程式的單步靜態預測

　　訓練的 R 程式如下。前 4 行是載入套件與資料，以及計算季節成長率。第 5 行和第 6 行宣告訓練期最後一天 (train.end)，和測試期開始第一天 (test.start)。訓練期內的分段滾動估計 10 年（240 個月）由第 17 行內的 training 宣告，驗證 36 個月，由第 17 行內的 by 宣告。

　　第 7-13 行產生圖 6-1-1。

　　第 14-15 行產生訓練資料 (trainingData) 和最後的測試資料 (testData)，trainingData 的滾動，則由第 24 行到最後一行的迴圈完成。

　　第 18-19 行是分段的每段的起始(FROM)和結束(TO)時間，各有 13 個。我們利用各時間標籤擷取滾動的期間。

　　第 20-22 行是宣告蒐集每段估計結果的串列和矩陣。

　　第 20 行的串列 FCST 是蒐集每段滾動的預測。

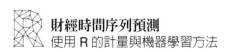

第 21 行的串列 Model1, ..., Model10 則是蒐集 10 個模型每段滾動估計的結果，這可以用來預測 testData。

第 22 行的空集合 ACC1, ..., ACC10 是用來蒐集 10 個模型每段滾動估計的預測精確度，用來評估如何預測 testData。

第 23 行的記錄迴圈開始時的系統時間，和最後一行記錄結束時間，用來計算整個訓練所花費時間。這筆資料大約用了 35 分鐘。

其餘諸行，我們在程式內說明。

RLab：靜態預測的 RV 訓練驗證與測試

```
1. library(timeSeries)
2. library(forecast)
3. print(load("./data/tw_IPI.RData"))
4. Y=na.omit(diff(log(IPI),12)*100)
5. train.end="2018-08-01"
6. test.start="2018-09-01"
7. t0=which(as.character(time(Y))==train.end)
8. dev.new()
9. plot(Y, col="steelblue", main=" 臺灣月工業生產指數 " ,ylab="%", xlab="
   時間 ", lwd=2)
10. grid()
11. abline(h=0, v=as.POSIXct(test.start), col="red", lty=2)
12. grid()
13. text(as.POSIXct(rownames(Y)[t0-10]), max(Y)*0.9, test.start,col="blue")

14. tainingData=window(Y, start=start(Y), end=train.end)
15. testData=window(Y, start=test.start, end=end(Y))

16. #####==== Estimation and Validation by Static Prediction =====#####
17. timeframe=iForecast::rollingWindows(tainingData,
                                 estimation="240m", by="36m")
18. FROM=timeframe$from
```

19. TO=timeframe$to

20. **FCST=list()**

21. **Model1=Model2=Model3=Model4=Model5=Model6=Model7=Model8= Model9=Model10=list()**

22. **ACC1=ACC2=ACC3=ACC4=ACC5=ACC6=ACC7=ACC8=ACC9=AC C10=NULL**

23. **start0=Sys.time()**

24. **for (t0 in 1:length(TO)) {**

下一行 y 是每段估計用的輸入資料，因為我們採用滾動式逐期延長，因此固定起點為 FROM[1]。

25. y=window(tainingData, start=FROM[1], end=TO[t0])

ya 是每一段的驗證資料，因為資料移動問題，所以必須設一個條件，讓最後一段的數據 (t0==length(TO)) 用剩餘資料驗證。另外，ya=... 的最後有一個 [-1,] 是因為估計期的最後 1 天和驗證期第 1 天相同，所以，驗證期去掉第 1 筆資料。

26. if(t0==length(TO)) {

ya=window(tainingData, start=TO[t0], end=end(tainingData))[-1,]

} else {ya=window(tainingData, start=TO[t0], end=TO[t0+1])[-1,]}

因為計算預測正確度的函數 accuracy() 需要，我們將時間序列轉成 ts() 格式。

27. y=as.ts(y)

28. ya=as.ts(ya)

以下 **Step 1** 和 **Step 2** 是用 auto.arima 配適 y 以獲得最佳 ARIMA(p, d, q) 的階次，然後取出階次 (第 31 行)，用在後面相關模型的配置。

#####==== Econometric Time Series forecasting ====#####

29. #==**Step 1.** Using auto.arima() to select the optimal orders.

30. y.auto=auto.arima(y)

31. arimaOrder=arimaorder(y.auto)

32. #summary(y.auto)

33. if(is.na(arimaOrder[c("P","D","Q")][1])) { seasonal=c(0, 0, 0)

34. } else {seasonal=arimaOrder[c("P","D","Q")]}

35. #==**Step 2**. We prepare legends for labeling ARIMAs results.

36. order1=paste0(arimaOrder["p"],"," , arimaOrder["d"], "," , arimaOrder["q"])

37. if(anyNA(arimaOrder[c("P","D","Q")])) {order2=c("0, 0, 0")

38. } else {order2=paste0(arimaOrder["P"], "," ,arimaOrder["D"], "," ,
    arimaOrder["Q"]) }

模型名稱字串建立，用來指稱模型。

39. model.name1=paste0("ARIMA(", order1, ")(", order2, ")")

40. model.name2=paste0("ARIMA(", order1, ")")

接下來就是 10 個模型的估計以及存取估計結果 (model)，靜態預測值 (FCST)，和預測正確程度 (ACC)。

41. #####===== **Modeling and Estimation begin here** =====#####

42. # Model 1. SARIMA

43. y.arma1=Arima(y, order=arimaOrder[c("p","d","q")], seasonal)

44. fcst1 <- Arima(ya,model=y.arma1)$fitted

45. acc1=accuracy(fcst1,x=ya)["Test set",]

46. acc1=t(as.matrix(acc1))

47. rownames(acc1)=model.name1

48. Model1[[t0]]=y.arma1

49. # Model 2. SARIMA with seasonal dummies

50. y.arma2=Arima(y,order=arimaOrder[c("p","d","q")],seasonal,
    xreg=seasonaldummy(y))

51. fcst2 <-Arima(ya,model=y.arma2,xreg=seasonaldummy(ya))$fitted

52. acc2=accuracy(fcst2,x=ya)["Test set",]

```r
53. acc2=t(as.matrix(acc2))

54. rownames(acc2)=paste0(model.name1,"+trend")

55. Model2[[t0]]=y.arma2


56. # Model 3. SARIMA with Fourier cycles

57. y.fourier <- Arima(y, order=arimaOrder[c("p","d","q")], seasonal,
       xreg=cbind(fourier(y,K=4)))

58. fcst3 <- Arima(model=y.fourier, ya, xreg=fourier(ya, K=4))$fitted

59. acc3=accuracy(fcst3,x=ya)["Test set",]

60. acc3=t(as.matrix(acc3))

61. rownames(acc3)=paste0(model.name1,"+Fourier")

62. Model3[[t0]]=y.fourier


63. # Model 4. Pure ARIMA with trend

64. y.arma4=Arima(y,order=arimaOrder[c("p","d","q")],xreg=seq(y))

65. fcst4 <- Arima(model=y.arma4, ya,xreg=seq(ya))$fitted

66. acc4=accuracy(fcst4,x=ya)

67. acc4=as.matrix(acc4)

68. rownames(acc4)=paste0(model.name2,"+trend")

69. Model4[[t0]]=y.arma4


70. # Model 5. Pure ARIMA with seasonal dummies

71. y.arma5=Arima(y, order=arimaOrder[c("p","d","q")],
                 xreg=cbind(seasonaldummy(y)))

72. fcst5 <- Arima(model=y.arma5, ya, xreg=cbind(seasonaldummy(ya)))$fitted

73. acc5=accuracy(fcst5, x=ya)

74. acc5=as.matrix(acc5)

75. rownames(acc5)=paste0(model.name2,"+sDummy")
```

76. Model5[[t0]]=y.arma5

77. # Model 6. Pure ARIMA with seasonal dummies and trend

78. y.arma6=Arima(y, order=arimaOrder[c("p","d","q")],
             xreg=cbind(seasonaldummy(y),seq(y)))

79. fcst6 <- Arima(model=y.arma6, ya,
             xreg=cbind(seasonaldummy(ya), seq(ya)))$fitted

80. acc6=accuracy(fcst6,x=ya)

81. acc6=as.matrix(acc6)

82. rownames(acc6)=paste0(model.name2,"+trend+sDummy")

83. Model6[[t0]]=y.arma6

84. # Model 7. Bagged method: Data fitted by ets, exogenous variables not allowed

85. y.bagged.ets <- baggedModel(y,fn = ets)

86. MODEL.ets=y.bagged.ets$models[[length(y.bagged.ets$models)]]

87. fcst7 <- baggedETS(model=MODEL.ets,ya, use.initial.
    values=TRUE)$fitted

88. acc7=accuracy(fcst7,x=ya)["Test set",]

89. acc7=t(as.matrix(acc7))

90. rownames(acc7)="bagged.ETS"

91. Model7[[t0]]=y.bagged.ets

92. # Model 8. Bagged method: Data fitted by auto.arima, exogenous variables not allowed

93. y.bagged.auto.arima <- baggedModel(y,fn = auto.arima)

94. MODEL.autoARIMA=y.bagged.auto.arima$models[[length(y.bagged.auto.
    arima$models)]]

```
95. fcst8 <- Arima(model=MODEL.autoARIMA,ya, use.initial.
    values=TRUE)$fitted
96. acc8=accuracy(fcst8,x=ya)["Test set",]
97. acc8=t(as.matrix(acc8))
98. rownames(acc8)="bagged.auto.arima"
99. Model8[[t0]]=y.bagged.auto.arima


100. # Model 9 BATS, exogenous variables not allowed
101. y.bats <- bats(y,use.box.cox = TRUE, use.trend = TRUE, use.damped.
     trend = TRUE)
102. fcst9 <-bats(model=y.bats,ya)$fitted
103. acc9=accuracy(fcst9,x=ya)["Test set",]
104. acc9=t(as.matrix(acc9))
105. rownames(acc9)="BATS"
106. Model9[[t0]]=y.bats


107. # Model 10. ARFIMA, exogenous variables not allowed
108. y.arfima=arfima(y, drange = c(0, 0.8), estim = c("mle", "ls")[1],
                     model = NULL, lambda = NULL, biasadj = T)
109. fcst10 <- arfima(model=y.arfima, ya)$fitted
110. acc10=accuracy(fcst10,x=ya)["Test set",]
111. acc10=t(as.matrix(acc10))
112. rownames(acc10)="ARFiMA"
113. Model10[[t0]]=y.arfima


114. ACC1=rbind(ACC1,acc1)
115. ACC2=rbind(ACC2,acc2)
116. ACC3=rbind(ACC3,acc3)
117. ACC4=rbind(ACC4,acc4)
```

118. ACC5=rbind(ACC5,acc5)

119. ACC6=rbind(ACC6,acc6)

120. ACC7=rbind(ACC7,acc7)

121. ACC8=rbind(ACC8,acc8)

122. ACC9=rbind(ACC9,acc9)

123. ACC10=rbind(ACC10,acc10)

124. predicted=cbind(ya,fcst1,fcst2,fcst3,fcst4,fcst5,fcst6,fcst7,fcst8,fcst9,fc
     st10)

125. colnames(predicted)=c("ya",rownames(acc1),rownames(acc2),
                  rownames(acc3), rownames(acc4), rownames(acc5),
                  rownames(acc6), rownames(acc7), rownames(acc8),
                  rownames(acc9), rownames(acc10))

126. FCST[[t0]]=predicted

127. print(paste(t0,length(TO),sep="/"))

128. **}; end0=Sys.time()**

以上估計，每一段結束會在第 127 行列印出目前第幾段。最後可以用 end0-start0 計算所費時間。估計完後，下面的是將正確性指標的 4、5、7 三個除 100 以校正刻度為一致。每個 ACC 都是矩陣：

ACC1[,c(4,5,7)]=ACC1[,c(4,5,7)]/100
ACC2[,c(4,5,7)]=ACC2[,c(4,5,7)]/100
ACC3[,c(4,5,7)]=ACC3[,c(4,5,7)]/100
ACC4[,c(4,5,7)]=ACC4[,c(4,5,7)]/100
ACC5[,c(4,5,7)]=ACC5[,c(4,5,7)]/100
ACC6[,c(4,5,7)]=ACC6[,c(4,5,7)]/100
ACC7[,c(4,5,7)]=ACC7[,c(4,5,7)]/100

```
ACC8[,c(4,5,7)]=ACC8[,c(4,5,7)]/100
ACC9[,c(4,5,7)]=ACC9[,c(4,5,7)]/100
ACC10[,c(4,5,7)]=ACC10[,c(4,5,7)]/100
```

下面迴圈是將 10 個模型個別的 ACC 取小數 4 位後，將 10 個模型 13 段預測正確程度存進一個串列 ACC。

```
ACC=list()
for (i in 1:10) {
tmp=paste0("ACC",i)
ACC[[i]]=round(eval(parse(text=tmp)),4)
}
```

最後將所有的結果存在 **arima_static.RData**。

```
save(ACC, FCST, Model1, Model2, Model3, Model4, Model5, Model6, Model7,
    Model8, Model9, Model10, testData, file="./output/data/arima_static.
    RData")
```

我們可以看一下 ACC 的內容，如圖 6-2-1，每一個串列的模型就是資列矩陣的列，例如：第 8 個串列是模型 bagged.auto.arima，資料矩陣的每一列都代表每一期的結果，我們一共訓練 13 段資料，所以有 13 橫列。bagged.auto.arima 為例，RMSE 並沒有隨著時間增加，預測能力便越好。最後一段的資料最多，而預測也不是最好。

```
> ACC
[[1]]
                          ME   RMSE    MAE      MPE    MAPE    ACF1 Theil's U
ARIMA(2,1,2)(2,0,1)   0.9905 6.0253 3.9396   0.4082  0.6622 -0.3598    0.0068
ARIMA(2,1,1)(2,0,2)   0.4529 3.8163 2.6910   0.0783  0.6335 -0.4324    0.0074
ARIMA(2,1,2)(2,0,2)  -0.4191 4.0291 2.5988   0.0840  0.8549 -0.2252    0.0071
ARIMA(2,1,2)(2,0,2)  -0.3249 5.2403 3.2187   0.6960  1.6933 -0.2499    0.0101
ARIMA(1,1,3)(2,0,0)  -1.3173 5.3118 3.5309  -0.0047  0.5532  0.0559    0.0118
ARIMA(2,1,2)(2,0,2)   0.1677 4.0599 2.7295   0.1299  0.7065 -0.3764    0.0041
ARIMA(2,1,1)(2,0,2)  -0.4050 4.8688 3.5235  -0.0021  0.6619 -0.1494    0.0080
ARIMA(2,1,2)(2,0,2)  -0.3494 4.0514 2.7786  -2.7064  3.1063 -0.3872    0.0061
ARIMA(2,1,1)(2,0,2)  -1.5547 5.9264 3.3365  -1.5302  1.9445  0.5908    0.0080
ARIMA(3,1,0)(2,0,2)   3.2087 7.1701 5.4296   1.0900  1.7908  0.5696    0.0100
ARIMA(2,1,1)(2,0,2)   1.1655 3.7643 2.3718      Inf     Inf -0.1247       NaN
ARIMA(4,1,1)(2,0,2)  -0.1574 3.2591 2.4638   0.7953  2.0498 -0.2113    0.0128
ARIMA(1,1,3)(2,0,2)  -0.7393 4.3639 3.1598 -39.2638 40.1000 -0.1851    0.0023

[[2]]
                                ME   RMSE    MAE     MPE    MAPE    ACF1 Theil's U
ARIMA(2,1,2)(2,0,1)+trend   0.7756 5.2188 3.4152  0.3977  0.6251 -0.3351    0.0064
ARIMA(2,1,1)(2,0,2)+trend   0.3208 3.4564 2.4587  0.0733  0.6036 -0.4003    0.0064
ARIMA(2,1,2)(2,0,2)+trend  -0.3857 3.6833 2.3705  0.1447  0.7974 -0.2277    0.0071
ARIMA(2,1,2)(2,0,2)+trend  -0.3428 5.0719 3.2054  0.9354  2.0988 -0.2493    0.0090
ARIMA(1,1,3)(2,0,0)+trend  -1.3084 5.3166 3.4351 -0.0189  0.5299  0.0533    0.0105
ARIMA(2,1,2)(2,0,2)+trend   0.1186 3.9439 2.6498  0.0989  0.6895 -0.3728    0.0041
ARIMA(2,1,1)(2,0,2)+trend  -0.4286 4.7424 3.3748 -0.0363  0.6142 -0.1406    0.0074
ARIMA(2,1,2)(2,0,2)+trend  -0.3718 4.0034 2.8133 -2.6580  2.9877 -0.3470    0.0059
ARIMA(2,1,1)(2,0,2)+trend  -1.5748 5.8603 3.3540 -1.5777  1.9782  0.5766    0.0079
ARIMA(3,1,0)(2,0,2)+trend   3.1837 7.2411 5.5644  1.1515  1.8718  0.5858    0.0107

  --
  --

bagged.ETS -0.0295 3.5759 2.9216   1.6804  2.9522  0.3123    0.0215
bagged.ETS -0.9864 4.3946 3.3691 -32.6093 33.4316 -0.3022    0.0006

[[8]]
                      ME    RMSE    MAE     MPE    MAPE    ACF1 Theil's U
bagged.auto.arima  0.8747  6.2212 4.1614  0.6584  0.9497 -0.0681    0.0082
bagged.auto.arima  0.2679  4.1361 3.0951  0.1665  0.8243 -0.2472    0.0091
bagged.auto.arima -0.3850  4.3606 2.9842  0.1946  1.1673 -0.0608    0.0069
bagged.auto.arima -0.3244  5.7272 3.6628 -1.5465  2.4622 -0.1387    0.0137
bagged.auto.arima -1.3310  5.6942 3.8227 -0.0111  0.7011  0.2414    0.0140
bagged.auto.arima  0.1682  4.8280 3.2963  0.2111  0.8788 -0.4101    0.0052
bagged.auto.arima -0.1810  6.5038 4.8251  0.1163  1.1056  0.0121    0.0127
bagged.auto.arima -0.4083  4.9014 3.4272 -2.1679  2.8327 -0.2534    0.0059
bagged.auto.arima -1.9353  7.1952 4.1098 -1.2944  1.8292  0.6335    0.0097
bagged.auto.arima  3.3618 10.8747 8.4502 -0.3428  1.1419  0.7392    0.0050
bagged.auto.arima  1.3365  4.7855 2.9611     Inf     Inf  0.0303       NaN
bagged.auto.arima -0.2156  3.5806 2.8339  1.5384  2.8627 -0.0151    0.0160
bagged.auto.arima -1.0053  5.1202 3.7920 -41.2200 42.1823 -0.1222    0.0004

[[9]]
        ME    RMSE     MAE     MPE    MAPE    ACF1 Theil's U
BATS -0.2689  7.7568  4.9235  0.5599  0.8396 -0.4517    0.0090
BATS -0.2936  5.0998  3.6883 -0.1642  0.8293 -0.3826    0.0080
BATS -0.1619  5.0600  3.3211  0.4116  1.3039 -0.1451    0.0069
BATS -0.1704  6.8991  4.1142 -1.5404  2.5253 -0.1773    0.0082
BATS -0.3670  6.1516  4.4245 -0.0376  0.7560  0.0193    0.0129
BATS -0.0341  6.0316  4.2068  0.1930  1.1059 -0.4447    0.0070
BATS -0.0428  7.1586  5.4228 -0.0385  1.2220 -0.0874    0.0129
BATS -0.0538  5.9776  4.3301 -1.9438  3.2180 -0.3246    0.0062
BATS -2.0092  6.6509  4.4582 -0.1956  0.9670  0.4766    0.0090
BATS -0.7765 16.7172 11.3436  0.4605  1.6029  0.5029    0.0067
BATS -0.0271  7.1347  4.0897     Inf     Inf -0.2900       NaN
BATS -0.2229  3.6941  2.8459  2.3934  3.6835  0.1169    0.0205
BATS -2.4648  6.6047  4.9106 -50.0472 51.1730 -0.0485    0.0018

[[10]]
          ME   RMSE    MAE     MPE    MAPE    ACF1 Theil's U
ARFiMA  0.0977 6.8905 4.5121  0.7765  0.9226 -0.4016    0.0123
ARFiMA -0.1037 4.6179 3.4066  0.0927  0.9838 -0.4414    0.0105
  --
  --
```

圖 6-2-1   串列 ACC 的內容

接下來我們看串列 Model8 的內容，如圖 6-2-2，也是有 13 個估計結果，也就是 13 段時間。

```
> Model8
[[1]]
Series: y
Model:  baggedModel
Call:   baggedModel(y = y, fn = auto.arima)

[[2]]
Series: y
Model:  baggedModel
Call:   baggedModel(y = y, fn = auto.arima)

[[3]]
Series: y
Model:  baggedModel
Call:   baggedModel(y = y, fn = auto.arima)

[[4]]
Series: y
Model:  baggedModel
Call:   baggedModel(y = y, fn = auto.arima)

[[5]]
Series: y
```

圖 6-2-2　串列 Model8 的內容

以第 8 個模型 bagged.auto.arima 為例，我們以 RMSE 為依據，看看 RMSE 最小在哪一段發生？

> which.min(ACC[[8]][,"RMSE"])

bagged.auto.arima

　　　12

可知是第 12 段，因此，我們就可以採用第 8 個模型的第 12 段：Model8[[12]]，內容如下：

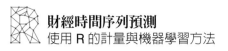
> Model8[[12]]

Series:　　y

Model:　　baggedModel

Call:　　baggedModel(y = y, fn = auto.arima)

然後，我們承前所解釋，將 Model8[[12]] 這個模型定義出來：

> MODEL.used=Model8[[12]]$models[[length(Model8[[12]]$models)]]

然後產生靜態預測：

> fcst <- Arima(model=MODEL.used,testData)$fitted

最後產生預測正確程度指標：

> acc[,c(4,5,7)]=acc[,c(4,5,7)]/100

> acc=round(acc,4)

> acc

	ME	RMSE	MAE	MPE	MAPE	ACF1	Theil's U
Test set	0.828	4.9389	3.7028	0.007	0.0122	-0.2439	10^{-4}

R 練習問題

1. 請問以 MAE 為指標，bagged.ets 為例，滾動過程中，資料越多是否預測越好？

2. 以 Model8 為例，請用 13 段的估計結果對 testData 產生 13 個預測結果。以 RMSE 為標準，比較 13 段樣本外預測中，哪一段的最好？（Hint：第 4 段，參考如下範例程式，請讀者自行練習。）

ACCX=NULL

```
for (k in 1:13) {
MODEL.used=Model8[[k]]$models[[length(Model8[[k]]$models)]]
fcst = Arima(model=MODEL.used,testData)$fitted
accx=as.matrix(accuracy(fcst,x=as.ts(testData)))
accx[,c(4,5,7)]=accx[,c(4,5,7)]/100
accx=round(accx,4)
ACCX=rbind(ACCX,accx)
}
which.min(ACCX[,"RMSE"])
```

3. 承上題 2，將 Model8 的 13 段估計參數對 testData 產生的 13 個預測做成一個矩陣，然後計算 AveW。請問這個 K- 段預測組合的 AveW 表現是否更好？

（Hint：這個 AveW 的 RMSE 約 4.766202，與 10 個模型一起相比位列第 4，參考如下範例程式，請讀者自行練習。）

```
kfoldFCSTs=NULL
for (k in 1:13) {
  MODEL.used=Model8[[k]]$models[[length(Model8[[k]]$models)]]
  fcst <- Arima(model=MODEL.used,testData)$fitted
  kfoldFCSTs=cbind(kfoldFCSTs,fcst)
}
colnames(kfoldFCSTs)=paste0("Model",1:13)
fcstAvg=as.matrix(apply(kfoldFCSTs,1,mean))
rownames(fcstAvg)=as.character(time(testData))
accID=accuracy(as.ts(as.timeSeries(fcstAvg)),as.ts(testData))
accID[,"RMSE"]

which(sort(c(ACCX[,"RMSE"],accID[,"RMSE"]))==accID[,"RMSE"])
```

4. 承上題，請將其於 9 個模型的 K- 段預測組合計算出來，依照 MAE 標準，請問哪一個模型的 AveW 表現最好？

5. 將 10 個模型的 AveW 平均 (AveW Average)，請問 AveW Average 的預測表現會更好嗎？

上面問題 3 的處理，就是計量訓練產生的預測，和 K-fold CV 差不多的概念。然後，第 4-5 題就是 model average。有興趣的讀者，請參考以下程式碼。下面的程式碼有兩個迴圈：

m-loop 是對 10 個模型蒐集結果，

k-loop 是對任一個模型，蒐集它 k 個預測的平均，

最後，把 m-loop 的結果平均就是 model average。

```
testData.timeID=time(testData)
testData=as.ts(testData)

kfoldAvg_all=NULL
for (m in 1:10) {

kfoldFCSTs=NULL
for (k in 1:13) {

MODEL.used=eval(parse(text=paste0("Model",m)))[[k]]

 if (m==1) {
    fcst <- Arima(model=MODEL.used,testData)$fitted
   } else if (m==2) {
   fcst <- Arima(testData, model=MODEL.used,
             xreg=seasonaldummy(testData))$fitted
   } else if (m==3) {
```

```
      fcst <- Arima(model=MODEL.used, testData, xreg=fourier(testData,
K=4))$fitted


  } else if (m==4) {
    fcst <- Arima(model=MODEL.used, testData,
xreg=seq(testData))$fitted
  } else if (m==5) {
    fcst <- Arima(model=MODEL.used, testData,
xreg=cbind(seasonaldummy(testData)))$fitted
  } else if (m==6) {
    fcst <- Arima(model=MODEL.used, testData,
xreg=cbind(seasonaldummy(testData), seq(testData)))$fitted
  } else if (m==7) {
    MODEL.ets=MODEL.used$models[[length(MODEL.used$models)]]
    fcst <- baggedETS(model=MODEL.ets, testData)$fitted
    } else if (m==8) {
    MODEL.autoARIMA=MODEL.used$models[[length(MODEL.
used$models)]]
    fcst <- Arima(model=MODEL.autoARIMA,testData)$fitted
    } else if (m==9) {
      fcst <- bats(model=MODEL.used,testData)$fitted
    } else if (m==10) {
      fcst <- arfima(model=MODEL.used,testData)$fitted
    }
  kfoldFCSTs=cbind(kfoldFCSTs,fcst)
}
colnames(kfoldFCSTs)=paste0("Model",1:13)
kfoldAvg=as.matrix(apply(kfoldFCSTs,1,mean))
rownames(kfoldAvg)=as.character(time(testData))
colnames(kfoldAvg)=rownames(ACC[[m]])[1]
```

```
kfoldAvg_all=cbind(kfoldAvg_all, kfoldAvg)

} # End of m loop

rownames(kfoldAvg_all)=as.character(testData.timeID)
modelsAvg=as.matrix(apply(kfoldAvg_all,1,mean))
rownames(modelsAvg)=as.character(testData.timeID)
modelsAvg=as.timeSeries(modelsAvg)
colnames(modelsAvg)="modelsAverage"
accuracy(as.ts(modelsAvg), testData)
```

model average 的預測 RMSE=4.6262, MAE=3.572035, MPE=1.49557, MAPE=1.21464, ACF1=-0.122, Theil's U=0.8214539

ModelsAvg 物件就是 10 個模型各自的 AveW 的平均，也就是 AveW Average。

第 3 節　R 程式的動態預測的訓練

接下來我們看動態預測。動態預測的 recursive 的預測必須是估計期最後一期的下一期，再依期疊代。所以，不能由起始期開始往前疊加，因此，可以採用如圖 6-3-1 的往前增加樣本。同時因為動態計算的問題，我們不使用 validation，而直接用最後一期的 test。這樣的作法就類似尋找最適樣本。我們最後將 13 個模型對 testData 的預測做 model average。和靜態預測有所不同。

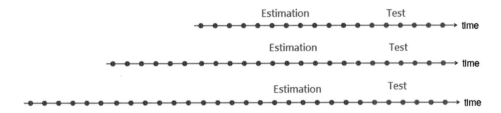

圖 6-3-1　動態預測的往後滾動 backward rolling

　　動態預測的基本程式如下 RLab，動態預測沒有靜態預測的樣本問題，所以，我們有 12 個可以用的模型方法。下述程式，和前一節大體相同，唯一的地方在於圖 6-3-1 的逐次往後滾動，我們建立 timeframe 時，必須逆轉資料 rev(trainingData)，如前 5 行。此例中，我們的測試滾動以 12 個月 (12m)，共 27 段。還有第 6 行的估計資料寫法。其餘皆同動態預測，只需要宣告預測期數。

RLab：動態預測

```
1. timeframe=iForecast::rollingWindows(rev(tainingData), estimation="360m",
   by="12m")
2. FROM=timeframe$from
3. TO=timeframe$to
4. ya=as.ts(testData)
5. ahead=nrow(testData)

FCST=list()
Model1=Model2=Model3=Model4=Model5=Model6=Model7=Model8=Mode
l9=Model10=Model11=Model12=list()
ACC1=ACC2=ACC3=ACC4=ACC5=ACC6=ACC7=ACC8=ACC9=ACC10=
ACC11=ACC12=NULL
start0=Sys.time()
for (t0 in 1:length(TO)) {
```

6. y= as.ts(window(tainingData, start=**TO[t0]**, end=**FROM[1]**))

```
#===Step 1. Using auto.arima() to select the optimal orders.
y.auto=auto.arima(y)
arimaOrder=arimaorder(y.auto)
if(is.na(arimaOrder[c("P","D","Q")][1])) {seasonal=c(0, 0, 0)
} else {seasonal=arimaOrder[c("P","D","Q")]}
```

```
#===Step 2. We prepare legend m1 for labeling ARIMAs results.
order1=paste0(arimaOrder["p"],",",arimaOrder["d"],",",arimaOrder["q"])
if(anyNA(arimaOrder[c("P","D","Q")])) {order2=c("0,0,0")
} else {order2=paste0(arimaOrder["P"],",",arimaOrder["D"],",",arimaOrder["Q"])}
model.name=paste0("ARIMA(",order1,")(",order2,")")
```

```
# Model 1. Pure ARIMA
y.arma1=Arima(y,order=arimaOrder[c("p","d","q")],seasonal)
fcst1 <- forecast(y.arma1, h=ahead)$mean
acc1=accuracy(fcst1,x=ya)
rownames(acc1)=model.name
Model1[[t0]]=y.arma1
```

```
# Model 2. Pure ARIMA with seasonal dummies
y.arma2=Arima(y,order=arimaOrder[c("p","d","q")],seasonal,xreg=seasonaldummy(y))
fcst2 <- forecast(y.arma2, h=ahead, xreg=seasonaldummy(ya))$mean
acc2=accuracy(fcst2, x=ya)
rownames(acc2)=paste0(model.name,"+sDummy")
```

Model2[[t0]]=y.arma2

```
# Model 3. Pure ARIMA with seasonal dummies and trend
y.arma3=Arima(y,order=arimaOrder[c("p","d","q")],seasonal,xreg=cbind(seaso
naldummy(y),seq(y)))
fcst3 <- forecast(y.arma3, h=ahead,xreg=cbind(seasonaldummy(ya),seq(ya)))$
mean
acc3=accuracy(fcst3, x=ya)
rownames(acc3)=paste0(model.name,"+trend+sDummy")
Model3[[t0]]=y.arma3
```

```
# Model 4. Pure ARIMA with Fourier cycles
y.fourier <- Arima(y,order=arimaOrder[c("p","d","q")],seasonal,
xreg=cbind(fourier(y,K=2)))
fcst4 <- forecast(y.fourier, xreg=fourier(y, K=2, h=ahead))$mean
acc4=accuracy(fcst4,x=ya)
rownames(acc4)=paste0(model.name,"+Fourier")
Model4[[t0]]=y.fourier
```

```
# Model 5 Pure ARIMA with Fourier cycles and trend
XREG=cbind(fourier(y,K=2),trend=seq(y))
y.fourier <- Arima(y,order=arimaOrder[c("p","d","q")],seasonal, xreg=XREG)
fcst5 <- forecast(y.fourier, xreg=cbind(fourier(ya, K=2),trend=seq(ya)))$mean
acc5=accuracy(fcst5,x=ya)
rownames(acc5)=paste0(model.name,"+Fourier+trend")
Model5[[t0]]=y.fourier
```

```
# Model 6 Bagged method: Data fitted by ets, exogenous variables not allowed
y.bagged.ets <- baggedModel(y,fn = ets)
```

```
fcst6 <- forecast(y.bagged.ets,h=ahead, use.initial.values=TRUE)$mean
acc6=accuracy(fcst6,x=ya)
rownames(acc6)="bagged.ETS"
Model6[[t0]]=y.bagged.ets


# Model 7 Bagged method: Data fitted by auto.arima, exogenous variables not
allowed
y.bagged.auto.arima <- baggedModel(y,fn = auto.arima)
fcst7=forecast(y.bagged.auto.arima,h=ahead, use.initial.values=TRUE)$mean
acc7=accuracy(fcst7,x=ya)
rownames(acc7)="bagged.auto.arima"
Model7[[t0]]=y.bagged.auto.arima


# Model 8 Neural Net AR, exogenous variables not allowed
y.nnetar <- nnetar(y, decay=0.85, maxit=200, size=4)
fcst8 <-forecast(y.nnetar,h=ahead)$mean
acc8=accuracy(fcst8,x=ya)
rownames(acc8)="NNETAR"
Model8[[t0]]=y.nnetar


# Model 9 BATS model, exogenous variables not allowed
y.bats <- bats(y,use.box.cox = TRUE, use.trend = TRUE, use.damped.trend =
TRUE)
fcst9 <-forecast(y.bats,h=ahead)$mean
acc9=accuracy(fcst9,x=ya)
rownames(acc9)="BATS"
Model9[[t0]]=y.bats


# Model 10. ARFIMA, exogenous variables not allowed
```

```
y.arfima=arfima(y, drange = c(0, 0.8), estim = c("mle", "ls")[1], model =
NULL,
                  lambda = NULL, biasadj = T)
fcst10 <- forecast(y.arfima, h=ahead)$mean
acc10=accuracy(fcst10,x=ya)
rownames(acc10)="ARFiMA"
Model10[[t0]]=y.arfima


# Model 11. Non-linear: SETAR
y.nl1=setar(y,m=4)
fcst11=predict(y.nl1,n.ahead = ahead)
acc11=accuracy(fcst11,x=ya)
rownames(acc11)="SETAR"
Model11[[t0]]=y.nl1


# Model 12. Non-linear: GAMS
y.nl2=aar(y, m=4)
fcst12=predict(y.nl2,n.ahead = ahead)
acc12=accuracy(fcst12,x=ya)
rownames(acc12)="GAM"
Model12[[t0]]=y.nl2


predicted=cbind(ya, fcst1, fcst2, fcst3, fcst4, fcst5, fcst6, fcst7, fcst8, fcst9,
fcst10, fcst11, fcst12,)
colnames(predicted)=c("ya", rownames(acc1), rownames(acc2),
rownames(acc3), rownames(acc4), rownames(acc5), rownames(acc6),
rownames(acc7),  rownames(acc8), rownames(acc9), rownames(acc10),
rownames(acc11), rownames(acc12))
FCST[[t0]]=predicted
```

```
ACC1=rbind(ACC1,acc1)
ACC2=rbind(ACC2,acc2)
ACC3=rbind(ACC3,acc3)
ACC4=rbind(ACC4,acc4)
ACC5=rbind(ACC5,acc5)
ACC6=rbind(ACC6,acc6)
ACC7=rbind(ACC7,acc7)
ACC8=rbind(ACC8,acc8)
ACC9=rbind(ACC9,acc9)
ACC10=rbind(ACC10,acc10)
ACC11=rbind(ACC11,acc11)
ACC12=rbind(ACC12,acc12)
print(paste(t0,length(TO),sep="/"))
}; end0=Sys.time()
```

估計完 12 個方法模型和 13 段之後，持續處理和儲存方法如下：

```
ACC1[,c(4,5,7)]=ACC1[,c(4,5,7)]/100
ACC2[,c(4,5,7)]=ACC2[,c(4,5,7)]/100
ACC3[,c(4,5,7)]=ACC3[,c(4,5,7)]/100
ACC4[,c(4,5,7)]=ACC4[,c(4,5,7)]/100
ACC5[,c(4,5,7)]=ACC5[,c(4,5,7)]/100
ACC6[,c(4,5,7)]=ACC6[,c(4,5,7)]/100
ACC7[,c(4,5,7)]=ACC7[,c(4,5,7)]/100
ACC8[,c(4,5,7)]=ACC8[,c(4,5,7)]/100
ACC9[,c(4,5,7)]=ACC9[,c(4,5,7)]/100
ACC10[,c(4,5,7)]=ACC10[,c(4,5,7)]/100
ACC11[,c(4,5,7)]=ACC11[,c(4,5,7)]/100
ACC12[,c(4,5,7)]=ACC12[,c(4,5,7)]/100
```

```
ACC=list()
for (i in 1:12){
tmp=paste0("ACC",i)
ACC[[i]]=round(eval(parse(text=tmp)),4)
}
```
save(ACC, FCST, Model1, Model2, Model3, Model4, Model5, Model6, Model7, Model8, Model9, Model10, Model11 , Model12, testData, file="./output/data/arima_recursive.RData")

動態預測因為依賴 AR 結構，所以，無法滾動組合 K- 段對 testData 的預測。事實上應該說，除了最後一段，前段資料只能動態預測鄰近的 validation data，卻都無法動態預測 testData。

R 練習問題

1. 請檢視 ACC，以 RMSE 和 MAE 為例，請問：資料越多，testData 的動態預測表現是否越好？

2. 請問以 y.bagged.ets 為例，AveW 的改善程度有多少？

3. 承上，12 個模型的 AveW 最好的是哪一個？再將 12 個 AveW 依照簡單平均組合起來的預測績效有更好嗎？

Part III
機器學習 Machine Learning

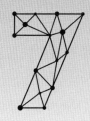

機器學習的演算法

難易指數：☺☺（難）

學習金鑰

1. 認識簡單機器學習方法與套入時間序列模式
2. R 實做

第 1 節　迴歸樹、隨機森林和 KNN

　　決策樹 (decision tree) 是在一個 $y = f(X)$ 的架構下，當被解釋變數 y 是 $\{0, 1\}$ 的間斷資料時，稱為決策分類樹 (classification tree)，計量經濟學稱為選擇變數 (choice variable)，資料探勘稱為目標變數 (target variable)；如果 y 是連續資料，稱為迴歸樹 (regression tree)。決策樹 (decision tree)，或稱分類樹 (classification tree)，是一個很重要的分類演算方法，也可以簡單稱為「樹」。決策樹模型需要被解釋變數 (Y)，從 Y 的類型，決策樹分為兩類：第 1 類稱為分類樹，Y 是二元整數（例如：$\{0, 1\}$）或多元（例如：$\{1, 2, 3, 4\}$）；第 2 類是迴歸樹，Y 是連續數值。

　　在資料探勘中，決策樹的演算是藉由產生一連串的「if-then」邏輯條件

（如果……，則……），讓解釋變數能夠解釋（預測）被解釋變數。決策樹一般都是由上而下生成的樹狀，每個決策或事件端（或稱自然狀態）都可能生出兩個或多個不同結果的事件端，把這種決策結構畫成圖形很像一棵樹的枝幹，故稱為決策樹。圖 7-1-1 解釋一個簡易的 $y=f(X1, X2)$ 分類過程，令 Ey 表示 y 的期望值：

$X1$ 以 1.7 為分界，分成兩段：

1. 若 $X1<1.7$，則 $Ey=2.5$

2. 若 $X1 \geq 1.7$，則再分兩段：

   (1) $X2<202.1$，則 $Ey=5.6$

   (2) $X2 \geq 202.1$，則 $Ey=1.3$

每一個 $X1$ 或 $X1$ 與 $X2$ 的組合條件，稱為節點，或分類節點，在此條件之內會圈一堆 y 觀察值（長出一棵樹），然後，取其平均作為期望值。節點數值的產生，就是決策樹演算法的最適結果。

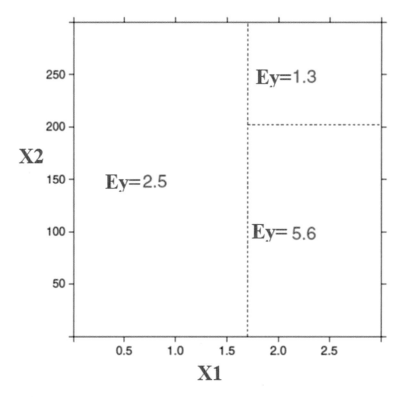

圖 7-1-1 簡單決策樹

因此，根據數據計算出來的預測結果，可以應用於樹形決策，舉一個範例，某銀行面臨如下決策問題：是否要對某申請人發出信用卡？根據數據計算的節點，決策者有如下「如果……，則……」的邏輯結構：

如果：

1. 申請人每月房貸占所得比率小於 25%；且

2. 房貸遲繳時間低於一個月；且

3. 每月所得高於 5 萬臺幣，

則，銀行發卡。

這樣的分類過程，可以畫成如圖 7-1-2 的發卡決策流程：

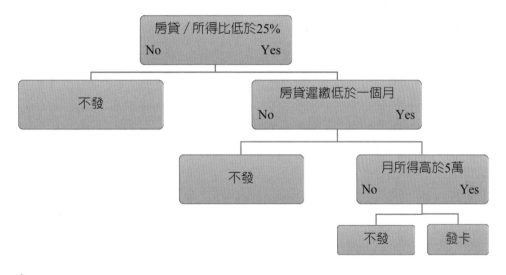

圖 7-1-2　發卡決策流程

以後有信用卡申請人，只需要把他的財務資料輸入就可以產生決策。當 Y 是二元或多元，就涉及直接分類。

再看一個顧客分析的例子：一個單車行老闆，過去有 1,200 個顧客，買車有 289 人，老闆想依照「年齡」分析潛在購買者，如圖 7-1-3：

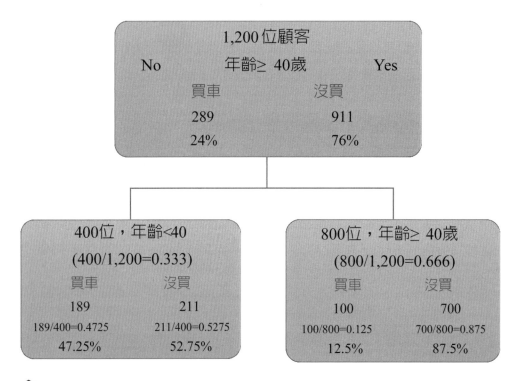

圖 7-1-3　購買單車與否的顧客結構

由上面兩個例子，可以知道決策樹被歸類為監督式學習 (supervisory learning)，因為每一個分類都透過「已知」變數對明確的目標變數數值，做開枝散葉的分類運算。這樣的分類準則，和主成分或集群很不同。主成分或集群不依靠已知的欄位對特定目標變數分類，決策樹就必須有這些資訊。承上例，要判斷節點值 40 歲是不是一個正確的年齡臨界值，可以用 entropy 和 Gini 數。Gini 數是用來測量模型不純度 (impurity) 的數值，因此，最小的 Gini 數就是關鍵值。圖 7-1-3 結構的 Gini 數計算如下：

$$左邊 \qquad\qquad\qquad 右邊$$
$$0.333 \times 0.4725 \times (1 - 0.4725) \qquad 0.666 \times 0.125 \times (1 - 0.125)$$
$$Gini\ 數就是左式 + 右式 = 0.1558$$

Gini 數越小越好。所以，演算的作法，就是根據各種已知變數（如此例年齡），計算各種分類的 Gini 數，最小的數字，就是最佳分類層。Gini

數是 CART 演算使用的，有的模型使用的是 information gain，也就是計算 entropy，此處就不細說細節。再看一個間斷的例子：已知 30 位學生，15 位參與板球運動，15 位沒有。我們想知道同學決定參與板球是和哪些因素有關？依照性別、身高和學科興趣的分類結果如圖 7-1-4。根據上面的 Gini，可以算出哪一個變數分類能力最好。

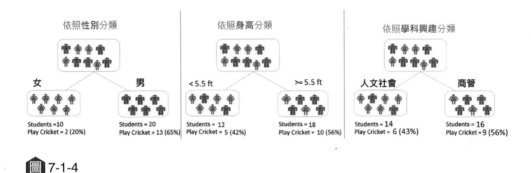

圖 7-1-4

　　就資料結構，樹形模式就是標準的資料表，我們來看一筆房貸核發的資料記錄檔案，如圖 7-1-5。

	Results	PI_RATIO	BLACK	HOUSE_INCOME	MEDIUM
1		A	B	C	D	E
2	Accept	0.221	0	0.221	1
3	Accept	0.265	0	0.265	1
4	Accept	0.372	0	0.248	1
5	Accept	0.32	0	0.25	1
6	Accept	0.36	0	0.35	0
7	Accept	0.24	0	0.17	0
8	Accept	0.35	0	0.29	0
9	Accept	0.28	0	0.22	1
10	Reject	0.31	0	0.24	1
11	Accept	0.18	0	0.17	0
12	Accept	0.28	0	0.27	0
13	Accept	0.31	0	0.3	0
14	Reject	0.28	0	0.27	0

圖 7-1-5　貸款核發資料 HMDA.csv

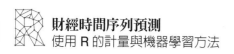
　　欄 A 是結果 (results)，這欄是我們的 Y，也就是目標變數或標籤 (label)，
檔案變數詳述如下：

Results　=Reject，申請被拒絕；=Accept，申請被接受。這筆是我們的目標
變數 (target variable)。

PI_RATIO	申請者每月攤還占所得的比率
BLACK	=1，申請者是黑人；=0，不是
HOUSE_INCOME	申請者每月 house expense-to-income ratio
DENIED_MI	=1，申請人房貸保險被拒絕
MEDIUM	=1，loan-to-value ratio 介於 0.8～0.95 之間
HIGH	=1，loan-to-value ratio ≥ 0.95
LOAN_VALUE	loan-to-value ratio，貸款金額和房屋價格的比率
CONSUMER_CREDIT	申請者之消費者信用評分
MORTGAGE_CREDIT	申請者之房貸信用評分
PUBLIC	=1，有公共不良信用記錄 (public bad credit record)
SELF	=1，自雇者
SINGLE	=1，單身
URIA	申請者工作所屬產業之失業率

　　我們的解釋變數 X 選 PI_RATIO 和 BLACK 兩個方便說明。決策樹「If-
then」層層演算後的模型參數值如下：


```
1) root 1785 216 Accept (0.87899160 0.12100840)
   2) PI_RATIO< 0.40995 1592 148 Accept (0.90703518 0.09296482) *
   3) PI_RATIO>=0.40995 193  68 Accept (0.64766839 0.35233161)
     6) PI_RATIO< 0.582 171  53 Accept (0.69005848 0.30994152)
       12) BLACK< 0.5 130  32 Accept (0.75384615 0.24615385) *
       13) BLACK>=0.5 41  20 Reject (0.48780488 0.51219512)
         26) PI_RATIO< 0.435 19   6 Accept (0.68421053 0.31578947) *
```

27) PI_RATIO>=0.435 22　7 Reject (0.31818182 0.68181818) *

7) PI_RATIO>=0.582 22　7 Reject (0.31818182 0.68181818) *

將此數值結果繪製成一個如圖 7-1-6 的樹形結構：

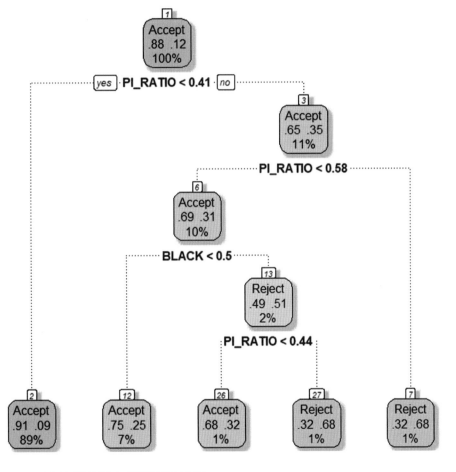

圖 7-1-6　決策樹分類之樹形資料結構

原資料配適這個分類結構可以產生如圖 7-1-7 的機率預測，圖 7-1-7 中，橫列是貸款申請人的資料，決策樹產生「二元狀態 {Accept, Reject}」，每一個申請人兩個狀態的機率，機率大的狀態成為預測值，如最右欄。

	A	B	C	D
	Accept	Reject	Results 預測	
	0.3182	0.6818	**Reject**	
	0.9070	0.0930	Accept	
	0.9070	0.0930	Accept	
	0.9070	0.0930	Accept	
	0.7538	0.2462	Accept	
	0.3182	0.6818	**Reject**	
	0.9070	0.0930	Accept	
	0.6842	0.3158	Accept	
	0.6842	0.3158	Accept	
	0.9070	0.0930	Accept	
	0.9070	0.0930	Accept	
	0.9070	0.0930	Accept	
	0.9070	0.0930	Accept	
	0.3182	0.6818	**Reject**	
	0.9070	0.0930	Accept	
	0.7538	0.2462	Accept	

圖 7-1-7　決策樹預測結果

將二元狀態 {Accept, Reject} 的預測值和真實值並列檢視，如圖 7-1-8：

A	B
Results_原始資料	Results_預測
Accept	Accept
Accept	Reject
Reject	Accept
Accept	Accept
Accept	Accept
Reject	Accept
Accept	Accept

圖 7-1-8　預測結果和真實結果的對照

　　有關二元資料的預測問題,第 11 章會再討論。了解決策樹,接下來就是看隨機森林。我們利用圖 7-1-5 的資料表,一個被解釋變數 Results,然後 13 個解釋變數是最上層的 **All Data**。隨機森林從 13 個解釋變數中隨機抽取子變數若干(**random subset** 層),然後做決策樹演算(**tree** 層),取得一個對 Results 的預測結果(如圖 7-1-7)。以 $C_5^{13} = 1{,}287$ 為例,一般內建產生 500 棵樹的預測結果是輕而易舉。隨機森林透過隨機抽變數,然後將結果組合起來。好比 500 個決策樹對第一個結果的預測中,有 300 個 Accept、200 個 Reject,那隨機森林的預測結果就是 Accept。隨機森林是一種強化法,可以取得符合資料屬性的穩健結果。

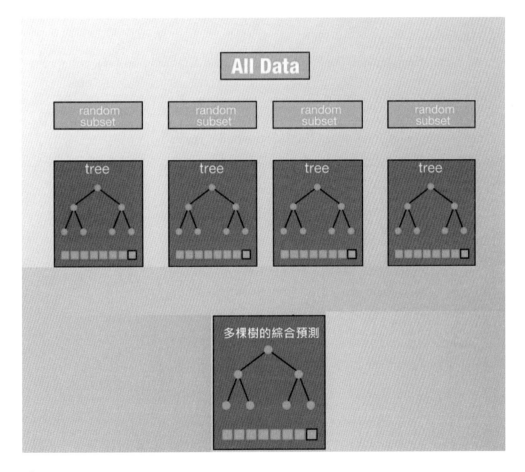

圖 7-1-9　隨機森林

我們第 5 章 GAM 那一節用的美國通貨膨脹資料，令其為 y，然後用 AR(4) 來解說 R 的決策樹和隨機森林的預測。

RLab：隨機森林和決策樹的靜態預測

```
1. p=4
2. newData = embed(y, p+1)
3. dat = as.timeSeries(ts(newData, end=end(as.ts(y)), freq=frequency(y)))
4. data_training=window(dat, start=start(dat), end="2019-12-31")
5. data_testing=window(dat, start="2020-01-01", end="2021-09-03")
6. colnames(data_training)=colnames(data_testing)=c("dep",paste0("ar",1:(ncol(dat)-1)))
7. eq = as.formula(paste("dep ~", paste(colnames(data_training)[-1], collapse = "+")))
8. library(caret)
9. out.tree=train(eq,data=data_training, method="rpart")
10. tree.fcst1=as.timeSeries(predict(out.tree,data_testing))
11. forecast ::accuracy(as.ts(tree.fcst1), x=as.ts(data_testing[,"dep"]))

12. out.rf=train(eq, data=data_training, method="rf")
13. rf.fcst1=as.timeSeries(predict(out.rf, data_testing))
14. forecast ::accuracy(as.ts(rf.fcst1), x=as.ts(data_testing[,"dep"]))

15. out.knn=train(eq,data=data_training,method="kknn")
16. knn.fcst1=as.timeSeries(predict(out.knn, data_testing))
17. rownames(knn.fcst1)=time(data_testing)
18. knn.fcst1=as.timeSeries(knn.fcst1)
19. forecast::accuracy(as.ts(knn.fcst1),x=as.ts(data_testing[,"dep"]))
```

上述 RLab 的前 7 行是資料結構生成，和第 5 章的 GAM 一樣。我們呼叫套件 caret 的 train() 函數來執行決策樹模型的訓練和預測。train() 函數對資料執行 K-fold CV，然後取出它的最佳模式來預測 data_testing。這裡和第 5 章方法最大的差別在於機器學習使用了 train() 函數把資料作 CV 訓練出因應資料結構的最佳模式，第 5 章的統計模式，則在兩段資料中，依照前段資料 y_training(data_training) 優化結果，直接對 y_testing(data_testing) 執行預測。本章則由 CV 的 K- 段資料結果中的最好一段。

train() 內建對於連續變數的預測指標依照 RMSE 最小，如果要改成 MAE，可以在第 9 行內，添加以下：

metric = ifelse(is.factor(data_training[,"dep"]), "Accuracy", "MAE")

第 9 行到第 11 行是迴歸樹，第 12 行到第 14 行是隨機森林。train() 這個程式是一個 wrapper，只需要在裡面的 method=" " 宣告對應方法就可以：迴歸樹或決策樹是 "rpart"，隨機森林是 "rf"。rpart 是 Recursive Partitioning and Regression Trees 的縮寫。

最後，我們來看一下圖 7-1-10 比較迴歸樹和隨機森林的預測表現：

```
> accuracy(as.ts(tree.fcst1),x=as.ts(data_testing[,"dep"]))
                ME      RMSE       MAE       MPE     MAPE      ACF1 Theil's U
Test set 0.2269729 1.012329 0.7880036 -31.64577 64.19499 0.6303618  1.427477
> accuracy(as.ts(rf.fcst1),x=as.ts(data_testing[,"dep"]))
                ME      RMSE       MAE        MPE     MAPE      ACF1 Theil's U
Test set 0.1015158 0.5189738 0.3730118 -0.07844248 39.75998 0.5280326  1.148785
```

圖 7-1-10　迴歸樹和隨機森林的預測表現

符合直覺，隨機森林的預測表現會比單一用所有資料的迴歸樹表現要好。在多數的實際案例中，隨機森林的預測表現也的確比複雜演算法要好。

另外常用的 K 最近鄰 (KNN, K-NearestNeighbor) 法，代號是 method ="kknn"，若用 "knn" 則是二元或多元被解釋變數使用。

KNN 分類演算法是數據挖掘分類技術中最簡單的方法之一。所謂 K 最近鄰，就是 K 個最近的鄰居的意思，說的是每個樣本都可以用它最接近的

K 個鄰居來代表。該方法在確定分類決策上只依據最鄰近的一個或者幾個樣本的類別來決定待分樣本所屬的類別。簡單來說就是 KNN 即看離你最近的 K 個點，然後看哪個類別的點，最多就把自己也當成那個類別。利用圖 7-1-11 來解說：

假設我們要預測 y= 經濟成長率，然後採用 x1~x8 的數據。假設未來我們要預測的條件是底列：

x1=−16.83; x2=2.82; x3=10.25; x4=4.67; x5=−2.98; x6=3.06; x7=1.43; x8=1.12

依照 x1=−16.83，過去發生對應是經濟成長率 =−7.36；
依照 x2=−2.82，過去發生對應是經濟成長率 =2.18；
其餘類推。

這樣會發現沒有一季的 x1~x8 和底列一樣，所以，KNN 就是在尋找和底列條件最相近的預測值，然後就把自己當成那個數字。類似迴歸樹的作法，在 KNN 訓練中，會將資料整併歸類，預測時找一組長最像的就可以。圖 7-1-11 最下方有一個數字 2.4638，是把歷史上底列個別對應的經濟成長率（有正有負），做一個平均數，這樣的作法類似把 8 種角度的結果合併。但是，事實往往不是這樣，KNN 可能會把 −15~−18 的點並起來，如果這樣包含最多的 x2~x8，極端的情況就是所有的 x1，這樣等於什麼都沒說。所以，實際上要一直折衷。這種分類邏輯，實際上的確有其強大之處。

R 練習問題

1. 請執行 RLab 最後 5 行的 KNN，比較其預測表現是否劣於前兩個方法？
2. 請問為什麼 KNN 多了第 17 和 18 行？
3. 最後，train() 裡面有一個 trainControl 控制項，控制項內有很多參數，最常用的是訓練方法 method 和訓練次數 number，如下：

```
trainControl(method = "boot", number = ifelse(grepl("cv", method), 10, 25))
```

trainControl 內建是 method = "boot"，請改成 "cv"，並把 K 從內建 10 改成 8，比較結果。

4. ifelse(grepl("cv", method), 10, 25) 是說如果訓練方法是 CV，則 K=10，其餘，如拔靴重複抽樣，則是 25。請用拔靴，把 25 改成 100，看看會不會提高 boot 的預測表現。

Time	y=經濟成長, %	x1=出口, %	x2=進口, %	x3=IPI, %	x4=平均匯率, %	x5=期末匯率, %	x6=通貨膨脹, %	x7=長期利率, %	x8=短期利率, %
1996/9/30	6.2	7.02	-1.16	-12.4912	2.0119	0.2732	3.7685	5.9033	5.5633
1996/12/31	6.93	6.53	11.13	-5.7447	1.2551	0.7007	2.4889	5.8900	5.4400
1997/3/31	5.69	8.18	12.07	10.2549	0.2803	0.4550	1.0839	6.1133	5.9067
1997/6/30	5.53	4.37	8.11	4.9513	1.3239	0.7778	1.8212	5.9800	6.2100
1998/3/31	4.75	3.69	6.03	5.4458	19.4685	18.9242	0.4036	5.8100	6.8500
1998/12/31	3.16	-1.55	3.54	-1.3821	4.6735	-0.1423	2.0915	5.1667	5.8367
1999/3/31	6.26	10.16	0.39	6.8465	-1.2262	1.9425	-0.4673	5.0800	5.0300
2003/3/31	5.17	11.44	11.97	5.7951	-0.9454	-0.8460	-0.1775	1.9300	1.3667
2003/6/30	-1.15	2.4	4.21	5.3402	0.7739	1.8511	-0.5645	1.6067	1.1233
2003/9/30	5.41	12.12	2.09	9.3838	0.7571	-1.7293	-0.2115	2.2733	0.9400
2005/6/30	4.82	5.94	4.89	2.1682	-6.1311	-6.9921	2.3601	2.0467	1.2600
2005/9/30	5.06	7.23	4.63	5.1672	-5.0029	-2.9803	3.1098	1.9167	1.3433
2005/12/31	7.63	14.64	-0.47	6.1033	1.5685	3.2754	2.1816	1.8400	1.4100
2006/12/31	4.33	7.78	5.47	-1.3868	-1.8269	-2.3580	0.6756	1.9833	1.6767
2007/3/31	5.64	9.42	-0.05	0.7247	1.8211	1.5970	0.8423	1.9767	1.7200
2007/6/30	7.12	10.26	4.91	7.0991	2.8426	1.3820	0.1335	2.1867	1.9167
2007/9/30	7.97	13.04	8.11	7.5572	0.4019	0.2337	3.0642	2.4967	1.9700
2007/12/31	6.58	12.06	13.3999	-1.2785	-0.3265	3.2786	2.6167	2.0133
2008/12/31	-7.36	-16.83	-16.7	-37.4167	1.6816	2.2239	1.2519	1.7300	1.7067
2009/3/31	-7.88	-25.54	-32.1	-30.9043	7.4944	11.5180	-0.1528	1.5067	0.3433
2011/3/31	6.72	10.54	7.95	11.1938	-7.9553	-7.6512	1.3922	1.4100	0.5633
2011/6/30	4.16	4.01	1.34	2.5644	-9.9730	-11.2377	1.9242	1.4300	0.6867
2011/9/30	3.28	1.12	-3.98	-1.2197	-9.0492	-6.6113	1.3619	1.3900	0.8200
2012/6/30	1.04	-1.28	-2.51	-3.8773	2.5948	3.6556	1.7542	1.2367	0.7933
2012/9/30	2.18	3.44	2.82	4.9793	2.2585	-0.4616	2.9140	1.1800	0.8067
2012/12/31	4.48	5.5	4.64	5.1475	-3.5356	-3.8832	1.6005	1.1400	0.7933
2019/6/30	2.6	1.42	0.31	-0.7474	4.4757	4.0875	0.8484	0.7233	0.5367
2019/9/30	3.03	-0.03	-2.57	-0.6295	1.7179	1.2505	0.4183	0.6667	0.6067
2019/12/31	3.31	2.42	4.31	6.1003	-1.1427	-1.6386	1.1364	0.6900	0.5800
	?	-16.83	2.82	10.25	4.67	-2.98	3.06	1.43	1.12
	2.4638								

圖 7-1-11　KNN 預測解說

第 2 節　簡易人工神經網路 (Simple Artificial Neural Network)

神經網路方法本身是包括隱藏層 (hidden layers) 和規模節點 (size nodes) 的非線性設置（以下簡稱 NNETAR）。該方法是前饋 (feed-forward) 神經網路且使用時間序列落後值作投入。此法細節可參考 Hyndman and Athanasopoulos (2018) 的第 11 章，簡述如圖 7-2-1：

Nonlinear model with one hidden layer

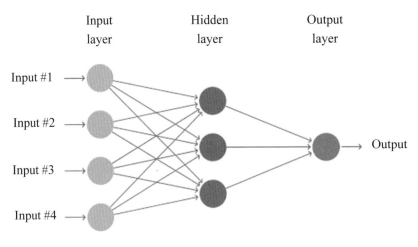

圖 7-2-1　神經網路模型架構

資料來源：Hyndman & Athanasopoulos (2018). *Forecasting: Principles and Practice.* 2nd edition, OTexts.com/fpp2. Ch. 11.

　　如圖 7-2-1 的神經網路的 input layer 就是原始資料，隱藏層 hidden layer 可以視為原始資料的非線性組合，這線性組合成的隱藏層，可以想像成一大串的合成函數 (composite functions)。

$$x \rightarrow f(x) \rightarrow g(f(x)) \rightarrow h(g(f(x))) \rightarrow \cdots\cdots \rightarrow y$$

　　也就是說，函數 *f, g, h* 是由演算法依據資料點對點型態，模擬神經系統運作所產生。整個認知網路的產生很複雜，在神經網路的演算法中，函數也就由一串一串神經元節點 (neural nodes) 的認知（感知）系統所生成，也稱為 layer function。

　　換句話說，利用圖 7-2-2 來解釋神經和決策樹的同異之處。決策樹演算，是把一個解釋變數 Xi 當成一個節點，然後逐次對目標變數進行分類。所以，同樣一個 Xi，可能會出現多次。在神經架構也是這樣，但是，神經節點或神經元是多個解釋變數的非線性組合成一個新函數，稱為隱藏函數，或隱藏層。例如：在 $\{x_1, x_2, ..., x_{20}\}$ 的 20 個投入變數中，節點變數可能是函數：

$$H_A = f^A(x_1, x_3, x_5, x_7)$$
$$H_B = f^B(x_2, x_4, x_6, x_8)$$
$$\vdots$$

等多個未知函數。

　　這樣層層合成，最後的結果在於能夠配適出最佳的 Y。神經演算法模擬了腦神經運作，將 input 變數視為外界刺激，層層傳遞，最後產生一個大腦訊號 (Y)。因此，所謂的神經演算就是產生適量的合成函數（層，layers），圖 7-2-2 描述了這樣的關係。

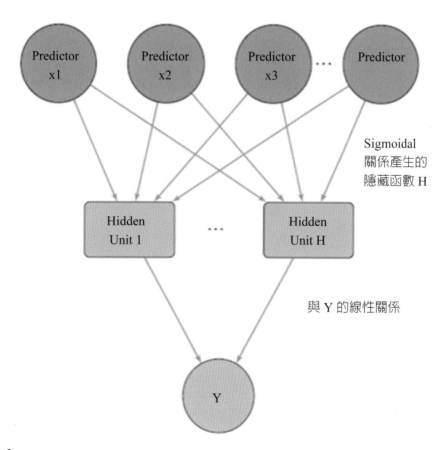

圖 7-2-2　多重神經層次的關係

　　神經網路方法依圖形所示，有三項特色：

1. 在一個多層前饋網路中，節點的每一層接收前一層的投入；
2. 結合使用線性組合將投入置於每個節點；
3. 在輸出前，以非線性函數修改結果。

以線性結合投入至隱藏神經元 (neuron)：

$$z_j = b_j + \sum_{i=1}^{4} w_{i,j} y_i \qquad (7\text{-}2\text{-}1)$$

使用非線性函數修改後的神經網路啓動函數 (sigmoid)：

$$s(z) = \frac{1}{1 + e^{-z}} \qquad (7\text{-}2\text{-}2)$$

使用非線性函數傾向減少極端投入值，使得網路不受離群值影響且仍是穩健的，茲將人工神經網路特性整理如下：

* 權重以隨機值開始，接著隨觀察值更新；
* 預測中包含隨機，所以網路由不同之隨機起始點訓練，結果是經由平均而來；
* 必須在事前將隱含層以及每個隱含層的節點數設定好。

尤其是 NNETAR 使用 $\lambda = 0.5$ 的 Box-Cox 轉置，以確保殘差值爲近似同質性，該模型可寫成下面形式：

$$y_i = f(y_{t-i}) + \varepsilon_t$$

其中 f 代表在單一層具有四個隱藏節點的神經網路，假設殘差項 ε_t 爲同質性（且可爲常態分配），因 ε_t 隨機產生一個值，並反覆模擬未來樣本路徑，無論是從一個常態分配產生或是從歷史值重新採樣。

此外我們也使用了 Franses and Van Dijk (2000) 提出的簡單神經網路模型，該模型是以一個隱藏層和線性產出的非線性 AR 呈現：

$$y_{t+s} = \beta_0 + \sum_{j=1}^{D} \beta_j \cdot h(\delta_{0j} + \sum_{i=1}^{m} \delta_{ij} y_{t-(i-1)d}) \qquad (7\text{-}2\text{-}3)$$

其中 D 是延遲階數 (delay order)，m 是同 SETAR 的嵌入維度 (embedding dimension)。爲求簡化，以下該模型簡稱爲 NNET。除了標準的神經網路之外，機器學習文獻通常使用循環神經網路 (RNN) 方法，而屬於 RNN 的長短期記憶模型 (LSTM) 則廣泛應用在預測時間序列。

　　RLab 我們依然使用套件 caret 內的 train()，然後宣告 method="nnet"。

RLab：神經靜態預測

---

1. out.nnet=train(eq, data=data_training, method="**nnet**",

　　　　　　　　tuneLength = 5,

　　　　　　　　trace = FALSE,

　　　　　　　　maxit = 100)

2. nnet.fcst1=as.timeSeries(predict(out.nnet,data_testing))

3. forecast::accuracy(as.ts(nnet.fcst1), x=as.ts(data_testing[,"dep"]))

第 3 節　Support Vector Machine

　　近年來，機器學習方法蓬勃發展，SVM 已經被認為是淺層機器學習方法，其角色類似統計方法的線性迴歸，但是其重要性卻不容忽視。SVM 的概念由 Vapnik (2013)[1] 建立，不同於統計學習方法使用的實證風險最小化原則 (Empirical Risk Minimization, ERM)，將訓練資料數據最小化，SVM 體現將結構風險最小化 (Structural Risk Minimization, SRM) 的原理，將一般化誤差的上限最小化，此一差異使得 SVM 方法較不易受到極端值影響，並可以達成非線性的資料配適與預測，因此具備較高的應用潛力。

　　SVM 是將資料序列模型化，具有強大與充分彈性的研究方法。該方法起源於分類問題，類似線性規劃，找到一個能完美切割資料點的超平面以將樣本資料分類，但亦可以應用在迴歸、預測時間序列等課題。支援向量迴歸 (Support Vector Regression, SVR) 隱含的理論建立在 SVM 分類模型概念上，相較於線性迴歸使用最小平方法 (least square) 將平方誤差總和 (Sum of Squared Errors, SSE) 最小化以尋找迴歸係數估計值（使參數估計值容易受到某一偏離整體數據資料趨勢之觀察值的影響），SVR 是嘗試在既定的預測

---

[1] 原書首版於 1995 年。

誤差水準與對超過誤差水準的離群值的容忍度下，找到一曲線（或超平面）
去配適樣本資料。因為 SVR 可以調整對離群值的容忍度，並且可以達成非線
性的配適，使用 SVR 可以得到較線性迴歸更具彈性的資料配適與預測。

　　以下從支援向量分類器 (Support Vector Classifier, SVC) 開始，使用圖示
與數學模型解釋 SVM（或 SVR）。如下圖 7-3-1 存在 n 個觀察值的範例，
SVC 就是找出一個很小的子集合 (subset)，作為支撐線性超平面 (hyperplane)
的向量。

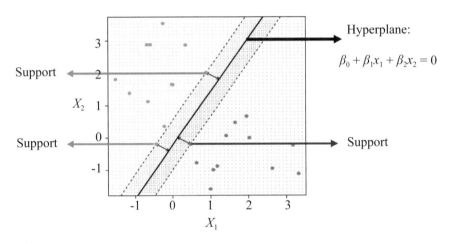

圖 7-3-1　SVC 分類示意圖

資料來源：James, *et al.* (2013, Ch. 9).

　　SVC 的子集合為下述最佳化函數的解得出：

$$\underset{\beta_0, \beta_1, \dots \beta_p}{Max. \ M}$$

$$s.t. \sum_{j=1}^{p} \beta_j^2 = 1$$

$$y_i(\beta_0 + \beta_1 x_{i1} + \beta_2 x_{i2} + \dots + \beta_p x_{ip}) \geq M(1 - \varepsilon_i), \forall i = 1, \dots n \ ,$$

$$\varepsilon_i \geq 0, \sum_{i=1}^{n} \varepsilon_i \leq C$$

$$\forall y_i \in \{-1, 1\} : \text{associated class labels}$$

其中 y_i 是分類標籤：當 $y_i = 1$，觀察值為藍色；$y_i = -1$，觀察值為紅色。
此例為雙變數，因超平面的線性組合為 0，若觀察值在此超平面上方（藍

色），$\beta_0 + \beta_1 x_1 + \beta_2 x_2$ 即為正數，且所有觀察值 $y_i = 1$ 相乘為正，滿足 $M > 0$
的條件；反之，若觀察值在此超平面下方（紅色），$\beta_0 + \beta_1 x_1 + \beta_2 x_2$ 為負數，
和 $y_i = -1$ 相乘為正，亦滿足 $M > 0$ 的條件。SVC 演算法即在解出讓 M 值極
大的參數 βs，這個線性分類演算法遇到觀察值不再是線性可分或是非線性
時，就出現線性超平面無法將觀察值完全分類的問題。如圖 7-3-2(A)：

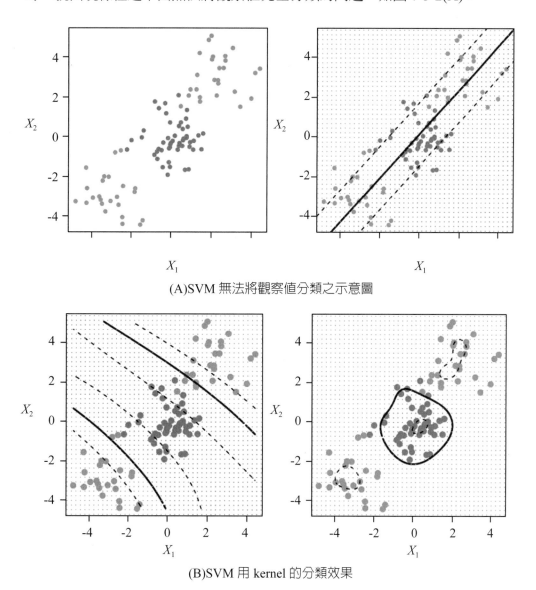

(A)SVM 無法將觀察值分類之示意圖

(B)SVM 用 kernel 的分類效果

圖 7-3-2　SVM 的分類原理

資料來源：James, *et al.* (2013, Ch. 9).

　　SVM 就是利用 kernel 函數，從 SVC 發展出來的，如圖 7-3-2(B)。kernel 函數簡單地說就是一個投影，把資料從低維度投影到高維度（超平面），然後就可以將二維無法分類的資料加以歸類，如圖 7-3-3。

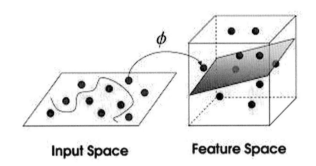

Input Space　　　　　**Feature Space**

 7-3-3　kernel 投影函數示意圖

　　就數學規劃，SVM 就是解一個最佳化函數如下：

$$\underset{\beta_0,\beta_1,\ldots\beta_p}{Max.\ M}$$

$$s.t. \sum_{j=1}^{p} \beta_j$$

$$y_i(\beta_0 + \sum_{j=1}^{p} \beta_{j1}x_{ij} + \sum_{j=1}^{p} \beta_{j2}x_{ij}^2) \geq M(1-\varepsilon_i), \forall i=1,\ldots n$$

$$\varepsilon_i \geq 0, \sum_{i=1}^{n} \varepsilon_i \leq C, \sum_{j=1}^{p}\sum_{k=1}^{2} \beta_{jk}^2 = 1$$

C 是成本函數 (cost function)。

　　SVM 的差異在於分類器：$f(x) = \beta_0 + \sum_{i \in S} \alpha_i \langle x, x_i \rangle = \beta_0 + \sum_{i \in S} K\langle x, x_i \rangle$

　　線性 kernel：$K\langle x_i, x_j \rangle = x_i'x_j$

　　非線性 kernel 有兩種：

1. d 項多項式 kernel：$K(x_i, x_j) = (r + \gamma \cdot x_i'x_j)^d$。$d > 0$，一般 $r = 0$，γ 為定值 $(1/n)$。

2. Radial kernel：$K(x_i, x_j) = e^{\gamma \cdot x_i'x_j}$。此為最廣泛使用，也是實務上較成功的函數。

由上面方程式，SVM 不僅使用 ε 損失函數，也考量懲罰項，一個簡易表示法為：SVM 迴歸係數將以下式「成本及懲罰項」方程式最小化：

$$Cost \cdot \sum_{i=1}^{n} L_\varepsilon(y_i - \hat{y}_i) + \sum_{j=1}^{P} \beta_j^2,$$

其中 $L_\varepsilon(\cdot)$ 是 ε 的不敏感方程式，$Cost$ 參數是成本懲罰，是用來懲罰大的殘差值。上式的懲罰以脊迴歸（ridge regression，或 Tikhonov regularization 正則化）的倒數或神經網路 (neural networks) 的權值衰減 (weight decay) 表示，因為懲罰附屬於殘差而不是參數。為簡化考量，我們使用 SVM 的穩健性技術來處理統計迴歸。[2]

雖然 SVM 和多數機器學習，看似是對類別變數作分類的計算。但是，類似 lm 到 glm，迴歸樹到決策樹，SVM 的分類概念皆可直接用於連續資料，其概念類似統計的連續資料所產生的信賴區間，統計依照條件期望值和標準差建構信賴區間，然後取一個 size (0.05) 把被解釋變數歸成兩類。

我們的 SVM 架構基本上有 AR(P)，據此可以產生動態預測，依次添加時間確定趨勢和季節虛擬變數矩陣。SVM 更多細節，請參閱 Hastie *et al.* (2017, Ch. 12)。

R 內執行 SVM 的有兩個受歡迎的套件：e1071 和 kernlab。kernlab 的函數是 ksvm()：

    ksvm(x, y, kernel ="rbfdot", kpar = "automatic", C = 1, epsilon = 0.1)

上述 kernel ="rbfdot" 的 rbfdot 就是 Radial Kernel。

e1071 是臺大資工系許智仁教授開發的套件，有關它的使用，我們放在本章附錄。RLab 部分，我們透過套件 caret 內的 train()，間接使用 ksvm，然後宣告 method="svmRadial"，這樣比較簡單。有興趣的讀者可以研究 kernlab 套件。

2　對變數型態是 numeric 時，SVM 延伸為 Support Vector Regression (SVR)，即可處理連續的預測問題。應用在經濟成長率預測時，通過經濟成長率或其他變數等特徵值，訓練出這些特徵值和經濟成長率「增加」和「減少」的關係，即通過特徵值劃分指定經濟成長率「增加」和「減少」的邊界，繼之進行預測。

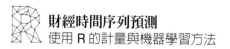

RLab：SVM 的靜態預測

---

1. out.svm=train(eq, data=data_training, method="svmRadial",

    tuneLength = 14,

    trace = FALSE,

    maxit = 100)

2. svm.fcst1=as.timeSeries(predict(out.svm,data_testing))

3. rownames(svm.fcst1)=time(data_testing)

4. forecast::accuracy(as.ts(svm.fcst1), x=as.ts(data_testing[,"dep"]))

---

tuneLength =14 是 SVM 內建的成本值範圍：2^{-2}, 2^{-1}, 2, 2^2, ..., 2^{11}，tune 的估計結果如下：

```
> out.svm
Support Vector Machines with Radial Basis Function Kernel

852 samples
 12 predictor

No pre-processing
Resampling: Bootstrapped (25 reps)
Summary of sample sizes: 852, 852, 852, 852, 852, 852, ...
Resampling results across tuning parameters:

  C        RMSE       Rsquared   MAE
     0.25  1.1434618  0.8353608  0.5742779
     0.50  0.8989027  0.8959072  0.4728402
     1.00  0.7430543  0.9277074  0.4164377
     2.00  0.6861983  0.9377344  0.4012532
     4.00  0.6866303  0.9373253  0.4048256
     8.00  0.6903896  0.9364294  0.4105210
    16.00  0.6946765  0.9354168  0.4175483
    32.00  0.7005236  0.9340902  0.4255964
    64.00  0.7057851  0.9329802  0.4318639
   128.00  0.7084580  0.9323788  0.4347804
   256.00  0.7088755  0.9322819  0.4351526
   512.00  0.7088755  0.9322819  0.4351526
  1024.00  0.7088755  0.9322819  0.4351526
  2048.00  0.7088755  0.9322819  0.4351526

Tuning parameter 'sigma' was held constant at a value of 0.5617718
RMSE was used to select the optimal model using the smallest value.
The final values used for the model were sigma = 0.5617718 and C = 2.
```

 圖 7-3-4　SVM 的調整過程，tuneLength =14

機器學習的訓練在 tune 一系列的超參數，最後依照最小的預測誤差指標選擇模型。

第 4 節　Gradien Boosting Machine

GBMs (Gradien Boosting Machines) 是 Friedman(2001)[3] 提出的強化預測方法，GBMs 的強化邏輯是由一個弱弱的模型開始，然後逐次添加新模型的結果。GBMs 雖然廣義上可用於任何模型，但是，通用是樹形模式（決策樹或迴歸樹皆可）。之前介紹的隨機森林和 GBMs 的差異在於：隨機森林的強化是基於一大片樹林的深度，GBMs 則是由一棵弱弱的淺層樹開始，只要次一棵數的預測比較好，它就會次序 (sequentially) 添加別的樹狀結構，所以也稱為次序強化法 (sequential ensemble approach)。近年 Kaggle 的資料科學競賽，GBM 多次獲得最佳表現。因為雖然立基於淺樹 (shallow trees)，然而在適當的參數調整 (tuning parameters) 之下，會產生強大無比的委員會 (committee)。這個模式類似精心篩選出適合的預測結果，再將之預測予以平均。

GBMs 的主要概念在於 sequentially 這個字，boosting 的本質在於由一個弱弱的樹開始 (少量節點)，然後藉由產生新樹來降低預測誤差，新樹的產生在於學習前一棵樹所犯的最大錯誤，由資料結構說，就是修正預測誤差較大的特定幾列資料，如圖 7-4-1。

GBMs 不是單一模型，它比較像是一個資料演算的架構。它的運算邏輯可以這樣一步一步解釋：

Step 1.　將資料配適（迴歸）決策樹：$F_1(x) = y$。預測不到的 y 就是 $y - F_1(x)$，或稱殘差。

Setp 2.　再配適一棵決策樹於 Step1 預測不到的殘差：$h_1(x) = y - F_1(x)$。

Step 3.　將新樹的預測加成：$F_2(x) = F_1(x) + h_1(x)$。

Step 4.　再配適一棵決策樹於 Step 3 預測不到的殘差：$h_2(x) = y - F_2(x)$。

3　Friedman J. H. (2001). Greedy function approximation: a gradient boosting machine. *Annals of Statistics*, pp. 1189-1232.

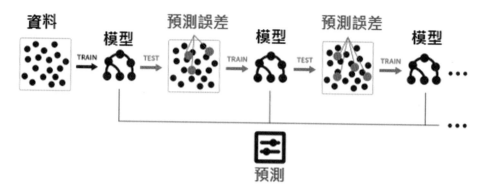

圖 7-4-1 GBMs 的次序概念

Step 5. 將新樹的預測加成：$F_3(x) = F_2(x) + h_2(x)$。

Step 6. 持續前述步驟，直到停止條件（如 CV）達成。

因此，最後模型是一個 k 株獨立樹的逐步加成模型 (stepwise additive model)：

$$f(x) = \sum_{\kappa=1}^{K} f^\kappa(x)$$

上面這六步演算法，可以用一個模擬來說明，如圖 7-4-2 的棵迴歸樹，紅色的代表 GBMs 過程，藍色的曲線是最佳預測，次序過程的優化目標是極小化誤差平方和 (Sum of Squared Errors, SSE)：

編號 0 起始，採用樣本平均數，然後疊加，編號增加代表訓練的新樹有增加，一直到 1,024 時，幾近已知的預測曲線。

一個簡易的 GBM 模型有兩類超參數：強化超參數 (boosting hyperparameters) 和樹特定超參數 (tree-specific hyperparameters)。強化超參數有兩個：

1. 樹的數目：也就是在整個次序強化過程的總數量。在 BAGGing 和隨機森林中，是採用平均法將獨立結果整合起來，這種作法會在大量樹時產生過度配適結果，也就是說，500 棵樹就是完美的，卻因為平均了 1,500 棵將預測惡化了。GBMs 則每棵樹都是為了修正前一棵樹的預測錯誤。因此，只要預測誤差達到標準，就會停止，不一定需要用到所有的樹。

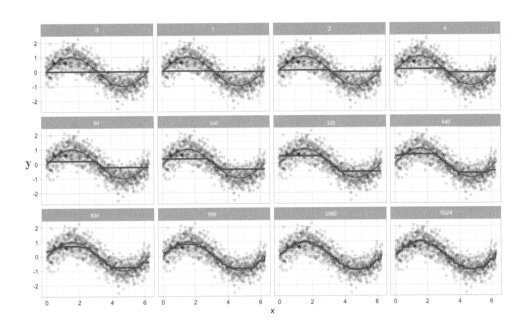

圖 7-4-2　以 1,024 棵迴歸樹次序強化的 GBMs

2. 學習速率 (learning rate)：學習速率決定了每棵樹對最終目標的貢獻，控制演算法梯度遞減 (gradient descent) 的速度，梯度遞減就是學習。典型的學習速率在 0.001-0.3 之間。偏小的數字會導致模型對每棵樹的特徵產生穩健性，因此容易一般化而收斂，故較小的數字也容易停止運算。這樣會產生運算風險。學習速率參數也稱為收縮參數 (shrinkage)。一般而言，這個數字越小，模型越正確，但是需要較多的樹來確認。

　　樹特定超參數也有兩個：

1. 樹的深度 (tree depth)：典型的深度大致在 3-8 之間，深度較淺的會容易導致演算跳躍到特定分類，在計算上比較有效率，但是需要較多的樹來確認全面的結果；同樣，深層的樹允許演算法分類到較獨特的結果，因此過度配適的狀況也比較容易。

2. 每個節點的觀察值最低個數：控制了每個節點分類的複雜程度，極端地說，一個節點一個觀察值或一個節點所有的觀察值，當然不適合。典型的分類是 5-15 個觀察值。

　　基於 GBMs，延伸的有隨機型 stochastic GBMs 和極端型 extreme GBMs

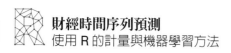
(XGBoost)，只要學好基礎模式，多種再進一步的超參數設計，都不會太困難。R 實做，我們先用非時間序列的內建資料解說函數 gbm()，再用時間序列。

我們先建立內建資料，套件 AmesHousing 有一個函數 make_ames()，可以取出 Ames Iowa 的房價數據。因為不是時間序列，所以使用套件 rsample 的相關函數，將資料分成訓練 (ames_train) 和測試 (ames_test)。

```
ames = AmesHousing::make_ames()
set.seed(123)
split = rsample::initial_split(ames, prop = 0.7, strata = "Sale_Price")
ames_train  =  rsample::training(split)
ames_test  =  rsample::testing(split)
```

這筆資料變數很多，如圖 7-4-3，有 81 個，目標變數是 Sale_Price（成交價）。

```
> colnames(ames)
  [1] "MS_SubClass"        "MS_Zoning"          "Lot_Frontage"       "Lot_Area"           "Street"
  [6] "Alley"              "Lot_Shape"          "Land_Contour"       "Utilities"          "Lot_Config"
 [11] "Land_Slope"         "Neighborhood"       "Condition_1"        "Condition_2"        "Bldg_Type"
 [16] "House_Style"        "Overall_Qual"       "Overall_Cond"       "Year_Built"         "Year_Remod_Add"
 [21] "Roof_Style"         "Roof_Matl"          "Exterior_1st"       "Exterior_2nd"       "Mas_Vnr_Type"
 [26] "Mas_Vnr_Area"       "Exter_Qual"         "Exter_Cond"         "Foundation"         "Bsmt_Qual"
 [31] "Bsmt_Cond"          "Bsmt_Exposure"      "BsmtFin_Type_1"     "BsmtFin_SF_1"       "BsmtFin_Type_2"
 [36] "BsmtFin_SF_2"       "Bsmt_Unf_SF"        "Total_Bsmt_SF"      "Heating"            "Heating_QC"
 [41] "Central_Air"        "Electrical"         "First_Flr_SF"       "Second_Flr_SF"      "Low_Qual_Fin_SF"
 [46] "Gr_Liv_Area"        "Bsmt_Full_Bath"     "Bsmt_Half_Bath"     "Full_Bath"          "Half_Bath"
 [51] "Bedroom_AbvGr"      "Kitchen_AbvGr"      "Kitchen_Qual"       "TotRms_AbvGrd"      "Functional"
 [56] "Fireplaces"         "Fireplace_Qu"       "Garage_Type"        "Garage_Finish"      "Garage_Cars"
 [61] "Garage_Area"        "Garage_Qual"        "Garage_Cond"        "Paved_Drive"        "Wood_Deck_SF"
 [66] "Open_Porch_SF"      "Enclosed_Porch"     "Three_season_porch" "Screen_Porch"       "Pool_Area"
 [71] "Pool_QC"            "Fence"              "Misc_Feature"       "Misc_Val"           "Mo_Sold"
 [76] "Year_Sold"          "Sale_Type"          "Sale_Condition"     "Sale_Price"         "Longitude"
 [81] "Latitude"
```

圖 7-4-3　資料 ames 的 81 個變數名稱

接下來就是直接呼叫 gbm 套件以及使用 gbm() 函數訓練模型，如下：

```
library(gbm)
ames_gbm1 = gbm(
    formula = Sale_Price ~ .,
```

```
        data = ames_train,
        distribution = "gaussian",  # SSE loss function
        n.trees = 500,
        shrinkage = 0.1, # 學習速率
        interaction.depth = 3,
        n.minobsinnode = 10,
        cv.folds = 10   # k-fold CV 的 k
)
```

估計結果存於物件 ames_gbm1，然後我們使用 which.min 取出最小預測誤差值：

```
best = which.min(ames_gbm1$cv.error)
```

然後計算其 RMSE：

```
sqrt(ames_gbm1$cv.error[best])
```

最後計算預測用來預測 ames_test 的樹，不到 1,000 棵，如下圖 7-4-4：

```
> predict(ames_gbm1,ames_test)
Using 957 trees...

 [1] 124151.00 179543.69 195952.06 176730.80
[11] 161532.05 126956.48  88156.88 181481.25
[21] 188373.70 193451.14 255672.87 234921.85
[31] 172716.13 151536.96 164715.95 243032.28
[41] 178825.74 185483.73 135091.94  77253.11
[51] 130458.75 124229.57 142366.87 106884.98
[61] 201181.48 133241.17 128611.98 142623.82
[71] 124164.54 164079.02 159812.68 133419.21
[81] 143242.97  86829.59 111359.02 179158.45
[91] 126483.05 338648.65 140946.07 184803.35
```

圖 7-4-4

> predict.err=predict(ames_gbm1, ames_test)-ames_test[,"Sale_Price"]

然後計算 GMB 用產生的預測之 RMSE 和 sqrt(ames_gbm1$cv.error[best])
相比，小了不少。所以，團結就是力量。如圖 7-4-5：

```
> sqrt(ames_gbm1$cv.error[best])
[1] 22536.9
> sqrt((sum(predict.err^2))/(nrow(ames_test)-1))
[1] 20849.53
```

圖 7-4-5

接下來我們看使用 train() 的 RLab 時間序列資料的實做。我們循之前的
通貨膨脹數據，然後用落後 12 階。

RLab：GBM 時間序列資料

---

1. out1.GBMs=train(eq, data=data_training, method="gbm",
   trControl = trainControl(method = "cv"))
2. GBM1.fcst=as.matrix(predict(out1.GBMs, data_testing))
3. rownames(GBM1.fcst)=as.character(time(data_testing))
4. forecast::accuracy(as.ts(timeSeries(GBM1.fcst)), x=as.ts(data_testing[,"dep"]))

要做更多宣告，請利用 tuneGrid，如下：

```
gbmGrid = expand.grid(interaction.depth = 3,
                      n.trees = 5000,
                      shrinkage = 0.1,
                      n.minobsinnode=10)
set.seed(100)
out2.GBMs=train(eq, data=data_training, method="gbm",
```

trControl = trainControl(method = "cv"),

tuneGrid = gbmGrid)

expand.grid() 內的參數，就是原始 gbm() 函數內的參數。這個原理可以推廣所有 train() 使用的機器學習函數。

R 練習問題

1. 請執行 out2.GBMs，比較其和 out1.GBMs 的預測表現。

2. GBMs 要發揮它的功能，就需要大量的資料來生成樹，但是時間序列落後結構不一定越多越好。此例用了 AR(12)，請比較 AR(6) 和 AR(24) 的預測表現。

第 5 節　正則方法：LASSO, Ridge and Elastic Net

正則方法指的是對於參數的極端值給予懲罰 (penalty)。如果讀者已經熟悉分量迴歸 (regression quantile) 或穩健統計 (robust statistics)，對罰法的概念應該不會生疏。我們從線性迴歸 OLS 開始介紹這個觀念，一個已知線性迴歸如下：

$$\mathbf{y} = \mathbf{X\beta} + \mathbf{e}$$

$\mathbf{y} = \{y_1, y_2, ..., y_n\}$ 與 $\boldsymbol{\beta} = \{b_1, b_2, ..., b_p\}$。我們稱這個迴歸有 n 個觀察值，p 個特徵 (features) 變數（或外生 / 解釋 / 獨立）。

以上的解為極小化迴歸的殘差平方和 SSE，如下：

$$\text{Min. } SSE = (y - X\beta)^T(y - X\beta)$$

在 $n > p$，且無（或微）嚴重線性重合時，根據古典統計學的 Gauss-Markov 定理，OLS 對於線性模式的最佳估計式。在許多機器學習的標準領域，如文字探勘或基因分析，違反 $n > p$ 的高維度資料是很常見的，更因為大量的 X 變數 (big data)，除了讓模型難以解讀之外，更容易導致想像不到的（非）線性重合。另外，當 $p > n$，對於 OLS 的解，就有幾乎無限多解，也就是沒有唯一獨特的解。當我們面臨這樣的狀況，實務上的一個有用的作法就是假設在 p 個 X 變數中有一個最佳的較小的子集合，這個子集合整合出最強的對應關係。這個最強的對應關係，Hastie *et al.* (2017, p. 610) 稱之為 bet on sparsity principle。因為這個問題，我們在實際處理資料時，偏好採用特徵選擇 (feature selection) 的技術，如文獻常見的 hard thresholding feature selection，包含了傳統線性模式常見的前尋選擇 (forward selection) 和後尋刪除 (backward elimination)；然而這些方法在計算上比較沒有效率，如其名硬檻 (hard thresholding) 所示，因為只是在「加入」或「剔除」中依照關鍵值 (threshold) 判斷。另一個作法稱為軟檻 (soft thresholding)，軟檻方法將無相關的特徵變數漸漸地將它的係數歸 0，不似硬檻法，一旦不過門檻值檢驗，就直接歸零。在許多實務分析上，軟檻的過程產生較正確的預測模型而且也比較容易解讀。

$p > n$ 的資料稱為寬資料 (wide data)，當我們提及寬資料時，幾乎不必去證明是否有線性重合。寬資料時的 OLS 替代方案就是正則方法，另稱懲罰或收縮 (shrinkage) 方法 (Hastie *et al.* 2017, pp. 61-73; Kuhn and Johnson, 2013, Ch. 6.4 & 12.5)，懲罰法是賦予限制條件，讓估計係數的大小受到範圍控制。承 OLS 範例，目標函數變成：

$$Min.\ SSE = \sum_{i=1}^{n} (y_i - \hat{y}_i)^2$$
$$St.\ L \leq t$$

L 有兩種：

$$L_1 = \text{LASSO Penalty} = \sum_{j=1}^{p} |\beta_j|$$

$$L_2 = \text{Ridge Penalty} = \sum_{j=1}^{p} \beta_j^2$$

另外還有一種綜合 LASSO[4] 和 Ridge 的 ENET(Elastic Net) 方法。

以拉式函數 (Lagrangian function) 的正式表示如下：

4　LASSO = *Least Absolute Shrinkage and Selection Operator*. Tibshirani (1996).

$$\text{LASSO Penalty} = \arg\min_{\beta}\left(\sum_{i=1}^{n}(y_i - \hat{y}_i)^2 + \lambda_1\sum_{j=1}^{p}\left|\beta_j\right|\right)$$

$$\text{Ridge Penalty} = \arg\min_{\beta}\left(\sum_{i=1}^{n}(y_i - \hat{y}_i)^2 + \lambda_2\sum_{j=1}^{p}\beta_j^2\right)$$

$$\text{ENET} = \arg\min_{\beta}\left(\sum_{i=1}^{n}(y_i - \hat{y}_i)^2 + \lambda_1\sum_{j=1}^{p}\left|\beta_j\right| + \lambda_2\sum_{j=1}^{p}\beta_j^2\right)$$

上述的 λ 是拉式乘數標準代號。目前在機器學習的文獻上，類似的正則懲罰方法還有 LAR(Least Angle Regression)，有興趣的讀者可以逕自參考相關文獻，如 Hastie *et al.* (2017)。

在 R 內，可以執行這三個正則方法的套件不少，例如：MASS::lm.ridge() 可執行 Ridge-regression models，elasticnet::enet() 可執行 elastic net。因為理論上，Ridge 和 Lasso 都是 enet 內的一個特例。基本上 Ridge 內控制相關參數，例如：lambda=0，就可以執行 LASSO。ENET 則需要宣告 lambda 和 fraction。最簡易的方法就是用 train() 再用 tuneGrid 來控制訓練架構。我們沿用之前 AR(6) 的通貨膨脹，來看 RLab，先由 LASSO 開始。

RLab：LASSO 實做

```
1. out1.LASSO=train(eq, data=data_training,
                    method="lasso",
                    trControl = trainControl(method = "cv"))
2. LASSO.fcst1=as.matrix(predict(out1.LASSO, data_testing))
3. rownames(LASSO.fcst1)=as.character(time(data_testing))
4. forecast::accuracy(as.ts(timeSeries(LASSO.fcst1)), x=as.ts(data_
   testing[,"dep"]))
```

如上，LASSO，在 caret::train() 內的 method 宣告 lasso 就可以執行一個 fraction 長度等於 3 的簡易結果。out1.LASSO 的內容，如圖 7-5-1，底行有說明最後選擇的模型是哪一個，RMSE 最小的就是 fraction = 0.9。

```
> out1.LASSO
The lasso

852 samples
 12 predictor

No pre-processing
Resampling: Cross-Validated (10 fold)
Summary of sample sizes: 768, 767, 768, 766, 766, 767, ...
Resampling results across tuning parameters:

  fraction  RMSE       Rsquared   MAE
  0.1       2.0811867  0.9776214  1.5095119
  0.5       0.3753366  0.9803559  0.2655702
  0.9       0.3662111  0.9815408  0.2623218

RMSE was used to select the optimal model using the smallest value.
The final value used for the model was fraction = 0.9.
```

圖 7-5-1 簡易 LASSO

　　內建的調整長度是 3，函數內建在 0.1 到 0.9 之間取 3 個值，也就是 seq(0.1, 0.9, length = 3)。

　　如果需要更多訓練，可以如 SVM 的作法，添加 tuneLength = 15 來估計 15 個值，也就是說函數會在 0.1 到 0.9 之間，取 15 個值：seq(0.1, 0.9, length = 15)。

　　如果不希望起始值是 0.1，終值是 0.9，可以用 tuneGrid 的方法，例如：

lassoGrid = **expand.grid**(fraction = seq(.05, 1, length = 10))

然後在 train() 內添加：

tuneGrid=lassoGrid

　　Ridge 迴歸的實做則完全一樣，LASSO 時設定 lambda=0，只需要設定 fraction 參數值的範圍。Ridge 則不需要設定 fraction，只需要設定 lambda 的範圍。如下 RLab，第 2 行的 train()，只要宣告好 method="ridge"，就可以採用 tuneGrid 或 tuneLength 來訓練模式。tuneLength 的 lambda 內建頭尾值是 (0,

0.1)，內建 3 個數字。

RLab：Ridge 實做

---

1. ridgeGrid = **expand.grid**(lambda = seq(0, .5, length = 30))
2. out1.ridge=train(eq, data=data_training,
    method="ridge",
    tuneLength=20,
    trControl = trainControl(method = "cv"))
3. RIDGE.fcst1=as.matrix(predict(out1.ridge,data_testing))
4. rownames(RIDGE.fcst1)=as.character(time(data_testing))
5. forecast::accuracy(as.ts(timeSeries(RIDGE.fcst1)), x=as.ts(data_testing[,"dep"]))

最後，elastic net 的訓練，train() 內建 tuneLength=9，範圍請看圖 7-5-2 的基本參數範圍：lambda = (0, 0.1)，fraction = (0.05, 1)，系統會根據 tuneLength = 9，把 lambda 展開成 3 個值，fraction 也展開成 3 個值，這樣組合就有 9 個值。

同前，如果要改變這個頭尾值，可以用第 1 行的 expand.grid()，予以改變，再增加更多的訓練格子 (grid)。

RLab：elastic net 實做

---

1. enetGrid = expand.grid(lambda = c(0, 0.01, .1),
    fraction = seq(.05, 1, length = 20))
2. set.seed(100)
3. out1.ENET=train(eq, data=data_training, method="enet",
    trControl = trainControl(method = "cv"))
4. ENET.fcst1=as.matrix(predict(out1.ENET,data_testing))
5. rownames(ENET.fcst1)=as.character(time(data_testing))
6. forecast::accuracy(as.ts(timeSeries(ENET.fcst1)), x=as.ts(data_testing[,"dep"]))

```
> out1.ENET
Elasticnet

852 samples
 12 predictor

No pre-processing
Resampling: Cross-Validated (10 fold)
Summary of sample sizes: 765, 767, 768, 766, 765, 768, ...
Resampling results across tuning parameters:

  lambda  fraction  RMSE       Rsquared   MAE
  0.0000  0.050     2.4008390  0.9782695  1.7375491
  0.0000  0.525     0.3718048  0.9806887  0.2653425
  0.0000  1.000     0.3648213  0.9814575  0.2633926
  0.0001  0.050     2.4057166  0.9782695  1.7410699
  0.0001  0.525     0.3726687  0.9806065  0.2657506
  0.0001  1.000     0.3646615  0.9814726  0.2631975
  0.1000  0.050     2.5488890  0.9782695  1.8443363
  0.1000  0.525     1.0213855  0.9677465  0.7425785
  0.1000  1.000     0.5575358  0.9614329  0.3800087

RMSE was used to select the optimal model using the smallest value.
The final values used for the model were fraction = 1 and lambda = 0.0001.
```

 圖 7-5-2　Elastic Net 的基本參數

R 練習問題

1. 請完成以上的內建計算，比較三個正則方法的預測表現。

2. 請使用 tuneLength 改變訓練數值的個數為 100，然後比較三個模型的預測表現。tuneLength 越長越好嗎？

第 6 節　自動化機器學習模式：autoML 委員會

　　我們採用 $H_2O.ai$ 平臺提供的自動機器學習和大數據公開資源解決方案。$H_2O.ai$ 是專業雲端運算平臺，平臺上可使用由 $H_2O.ai$ 公司開發的深度學習人工智慧組件（例如：$H_2O.glm$ 即是在 H_2O 環境建立一個一般化線性模型），組件中包括尖端機器學習演算法、績效矩陣與附屬函數等，使得機器學習方法強大而不失簡潔。我們在 $H_2O.ai$ 平臺上採用自動化演算嘗試以多個機器學習模式進行演算，包括：監督深度學習（神經網路）、隨機森林 (random forest)、一般化線性模型、梯度提高機器 (gradient boosting machine)、素樸

貝式 (naïve Bayes)、疊積集成 (stacked ensembles) 等等。以上模式在訓練和驗證兩個子樣本之間經大規模演算後取出各模型的最佳結果，最後以疊積強化 (stacked ensembles) 合併出最適的預測（代表符號為 autoML），在機器學習中此方式也稱為委員會方法 (committee approach)，類似第 5 章第 6 節的預測平均法 (forecasting average)。也就是說，autoML 求得的預測數列並非基於單一種機器學習模型，而是多模型組合模式下的綜合結果。

　　autoML 是目前機器學習的典型架構，它會依照資料的時間序列結構，產生大量的特徵 (features) 作為解釋變數，如圖 7-6-1 所示之資料結構：

```
# A tibble: 229 x 31
   date       value index.num    diff year year.iso  half quarter month month.xts month.lbl   day
   <date>      <dbl>     <int>   <int> <int>    <int> <int>   <int> <int>     <int> <ord>     <int>
 1 1962-06-30  9.11    -2.37e8 7.86e6  1962     1962     1       2     6         5 六月         30
 2 1962-09-30 12.4     -2.29e8 7.95e6  1962     1962     2       3     9         8 九月         30
 3 1962-12-31  6.05    -2.21e8 7.95e6  1962     1963     2       4    12        11 十二月       31
 4 1963-03-31 14.4     -2.13e8 7.78e6  1963     1963     1       1     3         2 三月         31
 5 1963-06-30 10.9     -2.05e8 7.86e6  1963     1963     1       2     6         5 六月         30
 6 1963-09-30  7.35    -1.97e8 7.95e6  1963     1963     2       3     9         8 九月         30
 7 1963-12-31 10.3     -1.89e8 7.95e6  1963     1964     2       4    12        11 十二月       31
 8 1964-03-31 12.9     -1.82e8 7.86e6  1964     1964     1       1     3         2 三月         31
 9 1964-06-30 14.0     -1.74e8 7.86e6  1964     1964     1       2     6         5 六月         30
10 1964-09-30 13.4     -1.66e8 7.95e6  1964     1964     2       3     9         8 九月         30
# ... with 219 more rows, and 19 more variables: hour <int>, minute <int>, second <int>,
#   hour12 <int>, am.pm <int>, wday <int>, wday.xts <int>, wday.lbl <ord>, mday <int>,
#   qday <int>, yday <int>, mweek <int>, week <int>, week.iso <int>, week2 <int>, week3 <int>,
#   week4 <int>, mday7 <int>, ar1 <dbl>
```

圖 7-6-1　自動化機器學習 autoML 時間特徵變數示意圖

　　然後根據這些特徵資料，進行大規模的分類演算。例如：前述 SVM 我們可添加 AR (P) 以產生動態特徵，但 autoML 已有時間特徵虛擬變數，我們就不需添加諸如趨勢和季節等。

　　R 實做方面，我們先說明如何裝置 H2O。建議直接進入官方首頁：https://www.h2o.ai/，點選 Open Source，然後在 Download 內選擇 Download Latest，選擇 R（也有提供 Python 的 API）。接著循官方說明執行即可。

　　但是，需要注意：H2O 在 CRAN 上的版本，和下載之 Java 必須一致。如何檢查？看圖 7-6-2(A)，在 CRAN 檢視最新 H2O 套件版本，例如：本書寫作時，是 3.32.1.3，但是 h2o.ai 上的最新版本是 h2o-3.34.0.1（由圖 7-6-2(B) 的 Latest Stable Release 可知），那我們必須由 Prior Releases 進入去下載適合版本。版本的落後是因為 R 套件在 CRAN 更新有一定的時間區隔，h2o.ai 的更新則較為頻繁。

h2o: R Interface for the 'H2O' Scalable Machine Learning Platform

R interface for 'H2O', the scalable open source machine learning platform that offers parallelized implementations of many supervised and unsupervised machine learning algorithms such as Generalized Linear Models (GLM), Gradient Boosting Machines (including XGBoost), Random Forests, Deep Neural Networks (Deep Learning), Stacked Ensembles, Naive Bayes, Generalized Additive Models (GAM), Cox Proportional Hazards, K-Means, PCA, Word2Vec, as well as a fully automatic machine learning algorithm (H2O AutoML).

Version:	3.32.1.3
Depends:	R (≥ 2.13.0), methods, stats
Imports:	graphics, tools, utils, RCurl, jsonlite
Suggests:	ggplot2 (≥ 3.3.0), mlbench, Matrix, slam, bit64 (≥ 0.9.7), data.table (≥ 1.9.8), rgl (≥ 0.100.19), plot3Drgl (≥ 1.0.1), survival, DT, IRdisplay, htmltools, plotly, repr
Published:	2021-05-23
Author:	Erin LeDell [aut, cre], Navdeep Gill [aut], Spencer Aiello [aut], Anqi Fu [aut], Arno Candel [aut], Cliff Click [aut], Tom Kraljevic [aut], Tomas Nykodym [aut], Patrick Aboyoun [aut], Michal Kurka [aut], Michal Malohlava [aut], Ludi Rehak [ctb], Eric Eckstrand [ctb], Brandon Hill [ctb], Sebastian Vidrio [ctb], Surekha Jadhawani [ctb], Amy Wang [ctb], Raymond Peck [ctb], Wendy Wong [ctb], Jan Gorecki [ctb], Matt Dowle [ctb], Yuan Tang [ctb], Lauren DiPerna [ctb], Tomas Fryda [ctb], H2O.ai [cph, fnd]
Maintainer:	Erin LeDell <erin at h2o.ai>
BugReports:	https://h2oai.atlassian.net/projects/PUBDEV
License:	Apache License (== 2.0)
URL:	https://github.com/h2oai/h2o-3
NeedsCompilation:	no
SystemRequirements:	Java (>= 8, < 16)
Materials:	NEWS
In views:	HighPerformanceComputing, MachineLearning, ModelDeployment
CRAN checks:	h2o results

(A) 檢查 H2O 在 CRAN 上的版本

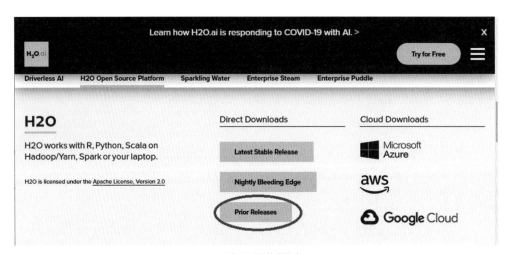

(B) 進入早先版本

 7-6-2   裝置 H2O 有關版本注意事項

　　以下由最新版做範例，但是請在正式裝置時，要注意上面所提到的版本相容問題。

1. For Windows

(1) 第 1 步，登入網站：http://h2o-release.s3.amazonaws.com/h2o/rel-zahradnik/6/index.html，依照指示下載 H2O 最新版（撰寫此書時為 h2o-3.34.0.1.zip）。下載後存於指定目錄，此處以目錄「下載(Downloads)」為例。

(2) 第 2 步，進入 terminal 或 Shell 模式，執行以下指令。如果會寫 DOS 批次，寫一個批次也可以了。

```
cd ~/Downloads
unzip h2o-3.34.0.1.zip
cd h2o-3.34.0.1
java -jar h2o.jar 。
```

(3) 第 3 步，將滑鼠點到本機 http://localhost:54321，就會看到本機的模擬伺服器，代表 H2O machine 設置成功。

(4) 第 4 步，裝置 R 的 H2O，進入網站：https://h2o-release.s3.amazonaws.com/h2o/rel-zizler/1/index.html，會見到如下指令，將之複製貼上 R 的批次檔執行。裝好的套件就會自動連結前三步驟下載的 H2O machine。

```
# The following two commands remove any previously installed H2O packages for R.
if ("package:h2o" %in% search()) { detach("package:h2o", unload=TRUE) }
if ("h2o" %in% rownames(installed.packages())) { remove.packages("h2o") }

# Next, we download packages that H2O depends on.
pkgs <- c("RCurl","jsonlite")
for (pkg in pkgs) {
if (! (pkg %in% rownames(installed.packages()))) { install.packages(pkg) }
}
```

 # Now we download, install and initialize the H2O package for R.

```
install.packages("h2o", type="source",
repos="https://h2o-release.s3.amazonaws.com/h2o/rel-zizler/1/R")
```

 # Finally, let's load H2O and start up an H2O cluster

```
library(h2o)
h2o.init()
```

　　測試成功，就可以執行本節的 autoML 程式。事實上，H2O machine 支援多數的機器學習，如 LASSO、GBM 等等，都可以個別呼叫。

2. For Mac

　　Mac 電腦，關鍵在 Java。Mac Java 版本如果太新，可能導致 H2O 不支援。這時就需要切換。

　　首先，進入 Mac Shell，執行 **java-version** 確認您的 Java 版本。

　　如果 JDK 版本低於 jdk-13.0.2.jdk，則 OK；如果新於這版本，請下載 **jdk-13.0.2_osx-x64_bin.dmg** (https://www.oracle.com/java/technologies/javase/jdk13-archive-downloads.html)。

　　裝置完畢後，在 Shell 執行以下兩步驟，安裝 H2O machine。

(1) 第 1 步，進入 Shell，執行

```
ruby -e "$(curl -fsSL
https://raw.githubusercontent.com/Homebrew/install/master/install)" < /dev/null
2> /dev/null
```

(2) 第 2 步，在 Shell，執行

```
brew install h2o
```

　　H2O 的實做演算，caret 無法支援，我們使用本書作者的套件 iForecast 來說明 RLab，資料依然用通貨膨脹率。需要看原始程式碼的讀者，請參考

本章附錄。

RLab：autoML 的估計與靜態預測

```
1. library(iForecast)
2. # Choosing the dates of training end and testing start
3. train.end = "2019-12-01"
4. test.start = "2020-01-01"
5. autoML = ttsAutoML(y=y,
                      x=NULL,
                      train.end,
                      arOrder=c(1:12),
                      xregOrder=c(0)
                      )
6. testData = window(autoML$data, start=test.start,end=end(autoML$data))
7. autoML.fcst = iForecast(Model=autoML, newdata=testData,
   type="staticfit")
8. tail(cbind(testData[,1], autoML.fcst),10)
```

套件 iForecast 是本書作者開發的，專為機器學習時間序列預測的工具，本書所有的函數都可以在裡面完成。它的作法和 caret 不同，以此例，解釋如下：

train.end 是擇定訓練期最後 1 天，此例用 "2019-12-01"，和前例相同。

test.start 是擇定測試期第 1 天，此例用 "2020-01-01"，和前例相同。

以上兩個時間會直接代入下面函數，所以名稱不要更動。

ttsAutoML() 是估計 autoML 的核心函數，解說如下：

```
ttsAutoML(y=y,          # 完整不分段的被解釋變數，timeSeries 格式
          x=NULL,       # 完整不分段的解釋變數，timeSeries 格式
          NULL= 無
```

```
train.end, # 如前
arOrder=c(1:12), #Y 的 AR 階次，可以間斷宣告，如
c(1,3,5,7)
xregOrder=c(0) # X 的落後階次，可以間斷宣告，如 c(0:3 ,
6,8)
)
```

第 6 行：根據變數所產生的估計模型，取出測試期。

第 7 行：根據測試資料，執行靜態預測。

第 8 行：比較原始資料和預測數值，見圖 7-6-3。

```
> tail(cbind(testData[,1],autoML.fcst),10)
GMT
                     y staticfit
2020-10-01 1.187619  1.414049
2020-11-01 1.132373  1.082468
2020-12-01 1.291761  1.058700
2021-01-01 1.360696  1.325303
2021-02-01 1.661772  1.418257
2021-03-01 2.603144  1.878793
2021-04-01 4.069208  2.981877
2021-05-01 4.808998  4.554030
2021-06-01 5.187595  5.058994
2021-07-01 5.147792  5.284007
```

 7-6-3

如果需要執行精確度檢定，可以執行如下圖 7-6-4：

```
> forecast::accuracy(as.ts(testData[,1]), as.ts(autoML.fcst))
                 ME      RMSE       MAE     MPE     MAPE      ACF1 Theil's U
Test set -0.0826745 0.4456781 0.3205966 283.164 322.4662 0.5303949  2.117161
```

圖 7-6-4 預測精確度檢定

最後，估計 H2O 會出現 cluster 太舊的警示紅字，如圖 7-6-5 下方，因為前述版本匹配問題，不需要在意。

```
Note:  In case of errors look at the following log files:
    C:\Users\badal\AppData\Local\Temp\RtmpYlDgDn\file13d015592ce2/h2o_badal_started_from_r.out
    C:\Users\badal\AppData\Local\Temp\RtmpYlDgDn\file13d05e0e731c/h2o_badal_started_from_r.err

java version "1.8.0_301"
Java(TM) SE Runtime Environment (build 1.8.0_301-b09)
Java HotSpot(TM) 64-Bit Server VM (build 25.301-b09, mixed mode)

Starting H2O JVM and connecting:  Connection successful!

R is connected to the H2O cluster:
    H2O cluster uptime:         5 seconds 56 milliseconds
    H2O cluster timezone:       +08:00
    H2O data parsing timezone:  UTC
    H2O cluster version:        3.32.1.3
    H2O cluster version age:    4 months and 8 days !!!
    H2O cluster name:           H2O_started_from_R_badal_rkx746
    H2O cluster total nodes:    1
    H2O cluster total memory:   14.15 GB
    H2O cluster total cores:    12
    H2O cluster allowed cores:  12
    H2O cluster healthy:        TRUE
    H2O Connection ip:          localhost
    H2O Connection port:        54321
    H2O Connection proxy:       NA
    H2O Internal Security:      FALSE
    H2O API Extensions:         Amazon S3, Algos, AutoML, Core V3, TargetEncoder, Core V4
    R Version:                  R version 4.1.1 (2021-08-10)

18:13:26.661: AutoML: XGBoost is not available; skipping it.Warning message:
In h2o.clusterInfo() :
Your H2O cluster version is too old (4 months and 8 days)!
Please download and install the latest version from http://h2o.ai/download/
```

圖 7-6-5

第 7 節　機器學習的動態預測——R 套件 iForecast 說明

　　本書第 5 章 ARIMA 為基礎的時間序列中，產生動態預測十分簡易。但是，在機器學習的演算法中，所有的預測函數都是靜態預測，也就是對已知樣本外資料做直接配適。本節先解說一下，現階段多數機器學習的程式軟體，對於交叉驗證 CV 在時間序列上的問題到底有多嚴重。以 forecast::CVar 為例，其為在 K-fold CV 架構執行 AR 模式的訓練，它內建的函數是神經 nnetar() 函數，如下：

function (y, k = 10, FUN = nnetar, cvtrace = FALSE, blocked = FALSE, LBlags = 24, ...) {

　　　　nx <- length(y)

```
k <- min(as.integer(k), nx)
if (k <= 1L) {
    stop("k must be at least 2")
}
ind <- seq_len(nx)
fold <- if (blocked) {
    sort(rep(1:k, length.out = nx))
}
else {
    sample(rep(1:k, length.out = nx))
}
cvacc <- matrix(NA_real_, nrow = k, ncol = 7)
out <- list()
alltestfit <- rep(NA, length.out = nx)
for (i in 1:k) {
    out[[paste0("fold", i)]] <- list()
    testset <- ind[fold == i]
    trainset <- ind[fold != i]
    trainmodel <- FUN(y, subset = trainset, ...)
    testmodel <- FUN(y, model = trainmodel, xreg =
    trainmodel$xreg)
    testfit <- fitted(testmodel)
    acc <- accuracy(y, testfit, test = testset)
    cvacc[i, ] <- acc
    out[[paste0("fold", i)]]$model <- trainmodel
    out[[paste0("fold", i)]]$accuracy <- acc
    out[[paste0("fold", i)]]$testfit <- testfit
    out[[paste0("fold", i)]]$testset <- testset
    alltestfit[testset] <- testfit[testset]
    if (isTRUE(cvtrace)) {
```

```
                    cat("Fold", i, "\n")
                    print(acc)
                    cat("\n")
                }
            }
out$testfit <- ts(alltestfit)
tsp(out$testfit) <- tsp(y)
out$residuals <- out$testfit - y
out$LBpvalue <- Box.test(out$residuals, type = "Ljung", lag = LBlags)$p.value
out$k <- k
CVmean <- matrix(apply(cvacc, 2, FUN = mean, na.rm = TRUE),
                    dimnames = list(colnames(acc), "Mean"))
CVsd <- matrix(apply(cvacc, 2, FUN = sd, na.rm = TRUE),
                    dimnames = list(colnames(acc), "SD"))
    out$CVsummary <- cbind(CVmean, CVsd)
    out$series <- deparse(substitute(y))
    out$call <- match.call()
    return(structure(out, class = c("CVar", class(trainmodel))))
}
```

　　上面這個函數內的四行粗體字的程式就是關鍵：先把資料隨機分 10 段 (k=10)，任取一段當作（樣本外）測試樣本 testData，其餘九段為用以估計的（樣本內）訓練樣本 trainData，因為先做隨機分段，所以，九段資料的排序已經沒有時間序列的時間排序，這樣再去取落後階 AR，資料結構基本上就錯了。隨機分段可以用，是因為 AR 先被處理成外生的 input 變數，把 {Y, X} 資料的列觀察值事先對應準備好，再去隨機分 k 段，樣本就沒有時間序列資料結構的問題，因為列對應的資料結構已經做好。

　　套件 iForecast 基本上就是為了解決這問題而產生。內有三個以 tts 為字首的訓練函數：ttsCaret、ttsAutoML 和 ttsLSTM。tts 就是訓練時間序列的簡稱 (train time series)。ttsCaret 為呼叫前述決策樹、隨機森林，到正則懲罰方法 enet 等等的 caret 內的函數。ttsAutoML 則為 autoML 的時間序列函數。

接下來的問題，我們用 iForecast 來解說。

RLab：以 caret 為機器學習的動態預測

---

1. train.end="2019-12-01"

2. test.start="2020-01-01"

3. type=c("none","trend","season","both")[1]

4. models=c("rf","rpart","svm","kknn","nnet","gbm","lasso","ridge","enet")[3]

5. out.caret=**ttsCaret**(y=y, x=NULL, arOrder=c(1:6), train.end, method=**models**, tuneLength =10, type=type resampling="boot", preProcess="center")

6. head(out.caret$dataused)

7. testData=window(out.caret$data, start=**test.start**, end=end(out.caret$data))

8. P1=iForecast(Model=out.caret, newdata=testData, type="**staticfit**")

9. P2=iForecast(Model=out.caret, newdata=testData, type="**recursive**")

10. tail(cbind(testData[,1],P1),10)

11. tail(cbind(testData[,1],P2),10)

上述 RLab 中：

第 1 行：train.end 訓練樣本的最後一天，我們內定輸入資料的第一筆觀察值的日期是訓練起始日。如果需要更改，就截原始輸入資料即可。

第 2 行：test.start 測試樣本的起始日，就是 train.end 次日。

第 3 行：宣告方程式中需要另外添加的啞變數：無，趨勢，季節，兩者皆有。我們選 1 都不要。

第 4 行：選擇演算模型，我們選 3 是 SVM，向量中的模型代號，都是前節所涵蓋的，rf 是隨機森林，rpart 是決策樹，SVM 是 Support Vector Machine，其餘從名可知。

第 5 行：ttsCaret() 是關鍵演算函數，ttsCaret() 估計資料，主要在於兩組變數的落後結構，y 是被解釋變數，y 也是前例通貨膨脹資料。x 代表解釋變數，我們宣告 x=NULL，因為沒有外生變數。

後面的 resampling 方法尚有 "CV"(Cross Validation) 等多種，preProcess 也有 "center" 以外選項，請參考套件說明。

arOrder=c(1:6) 是**被解釋變數 y** 的落後結構，可以連續 c(1:4)，或跳躍 c(1, 3:4)

xregOrder=c(1, 2) 是**解釋變數 x** 的落後結構，宣告如上前。因為 x=NULL，故此項我們移除即可。

第 6 行：檢視一下我們使用的 AR 資料結構，如下圖 7-7-1：

```
> head(out.caret$dataused)
GMT
                  y      ar1      ar2      ar3      ar4      ar5      ar6
1948-07-01 9.314040 8.961216 8.970327 7.948311 6.595797 9.058961 9.750854
1948-08-01 8.675093 9.314040 8.961216 8.970327 7.948311 6.595797 9.058961
1948-09-01 6.442906 8.675093 9.314040 8.961216 8.970327 7.948311 6.595797
1948-10-01 5.931429 6.442906 8.675093 9.314040 8.961216 8.970327 7.948311
1948-11-01 4.659886 5.931429 6.442906 8.675093 9.314040 8.961216 8.970327
1948-12-01 2.697172 4.659886 5.931429 6.442906 8.675093 9.314040 8.961216
```

圖 7-7-1　訓練集的資料結構

第 7 行：從估計結果取出測試資料。因為我們採用 AR(6)，所以測試資料也必須是 AR(6)。檢視如圖 7-7-2：

```
> testData
GMT
                  y       ar1       ar2       ar3       ar4       ar5       ar6 Jan Feb Mar Apr May Jun Jul Aug Sep Oct Nov SS.1
2020-01-01 2.4441279 2.2362572 2.0231265 1.7590589 1.7098399 1.7261329 1.8057935   1   0   0   0   0   0   0   0   0   0   0  859
2020-02-01 2.2881342 2.4441279 2.2362572 2.0231265 1.7590589 1.7098399 1.7261329   0   1   0   0   0   0   0   0   0   0   0  860
2020-03-01 1.5004109 2.2881342 2.4441279 2.2362572 2.0231265 1.7590589 1.7098399   0   0   1   0   0   0   0   0   0   0   0  861
2020-04-01 0.3386003 1.5004109 2.2881342 2.4441279 2.2362572 2.0231265 1.7590589   0   0   0   1   0   0   0   0   0   0   0  862
2020-05-01 0.2233467 0.3386003 1.5004109 2.2881342 2.4441279 2.2362572 2.0231265   0   0   0   0   1   0   0   0   0   0   0  863
2020-06-01 0.7251765 0.2233467 0.3386003 1.5004109 2.2881342 2.4441279 2.2362572   0   0   0   0   0   1   0   0   0   0   0  864
2020-07-01 1.0413501 0.7251765 0.2233467 0.3386003 1.5004109 2.2881342 2.4441279   0   0   0   0   0   0   1   0   0   0   0  865
2020-08-01 1.3160815 1.0413501 0.7251765 0.2233467 0.3386003 1.5004109 2.2881342   0   0   0   0   0   0   0   1   0   0   0  866
2020-09-01 1.4001131 1.3160815 1.0413501 0.7251765 0.2233467 0.3386003 1.5004109   0   0   0   0   0   0   0   0   1   0   0  867
2020-10-01 1.1876188 1.4001131 1.3160815 1.0413501 0.7251765 0.2233467 0.3386003   0   0   0   0   0   0   0   0   0   1   0  868
2020-11-01 1.1323726 1.1876188 1.4001131 1.3160815 1.0413501 0.7251765 0.2233467   0   0   0   0   0   0   0   0   0   0   1  869
2020-12-01 1.2917605 1.1323726 1.1876188 1.4001131 1.3160815 1.0413501 0.7251765   0   0   0   0   0   0   0   0   0   0   0  870
2021-01-01 1.3606958 1.2917605 1.1323726 1.1876188 1.4001131 1.3160815 1.0413501   1   0   0   0   0   0   0   0   0   0   0  871
2021-02-01 1.6617718 1.3606958 1.2917605 1.1323726 1.1876188 1.4001131 1.3160815   0   1   0   0   0   0   0   0   0   0   0  872
2021-03-01 2.6031440 1.6617718 1.3606958 1.2917605 1.1323726 1.1876188 1.4001131   0   0   1   0   0   0   0   0   0   0   0  873
2021-04-01 4.0692084 2.6031440 1.6617718 1.3606958 1.2917605 1.1323726 1.1876188   0   0   0   1   0   0   0   0   0   0   0  874
2021-05-01 4.8089984 4.0692084 2.6031440 1.6617718 1.3606958 1.2917605 1.1323726   0   0   0   0   1   0   0   0   0   0   0  875
2021-06-01 5.1875948 4.8089984 4.0692084 2.6031440 1.6617718 1.3606958 1.2917605   0   0   0   0   0   1   0   0   0   0   0  876
2021-07-01 5.1477923 5.1875948 4.8089984 4.0692084 2.6031440 1.6617718 1.3606958   0   0   0   0   0   0   1   0   0   0   0  877
```

圖 7-7-2　測試集的資料結構

圖 7-7-2 同時顯示季節和趨勢，但是，若估計模式沒有這些資訊，就沒有參數，也就不會用於預測值的計算。

第 8 行：計算靜態預測，關鍵在於 type="**staticfit**" 會使用圖 7-7-2 的眞實資

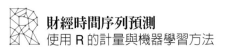

料去計算配適的期望值。

第 9 行：計算動態預測，關鍵在於 type="**recursive**"，不會使用圖 7-7-2 的真實資料去計算配適的期望值，而是使用第 4 章第 3 節的方法，逐期預測再預測。

第 10 行：靜態預測和真實資料並列檢視。

第 11 行：動態預測和真實資料並列檢視。

最後兩行如圖 7-7-3：

```
> tail(cbind(testData[,1],P1),10)
GMT
                 y staticfit
2020-10-01 1.187619  1.458148
2020-11-01 1.132373  1.190740
2020-12-01 1.291761  1.183285
2021-01-01 1.360696  1.378486
2021-02-01 1.661772  1.366657
2021-03-01 2.603144  1.732449
2021-04-01 4.069208  2.885385
2021-05-01 4.808998  4.486228
2021-06-01 5.187595  4.932825
2021-07-01 5.147792  5.167448
```

(A) 靜態預測

```
> tail(cbind(testData[,1],P2),10)
GMT
                 y  recursive
2020-10-01 1.187619  5.171152
2020-11-01 1.132373  5.705704
2020-12-01 1.291761  6.133581
2021-01-01 1.360696  6.373087
2021-02-01 1.661772  6.465185
2021-03-01 2.603144  6.368617
2021-04-01 4.069208  6.027245
2021-05-01 4.808998  5.482938
2021-06-01 5.187595  5.041553
2021-07-01 5.147792  4.710315
```

(B) 動態預測

圖 7-7-3 預測並列

由圖 7-7-3 可以知道，動態預測的預測誤差比較大。

R 練習問題

1. 讀者請可以繼續完成計算精確指標，來看看差距有多大。

2. 請比較若修改第 3 行的模型變數為有季節啞變數或皆有，預測表現有增加嗎？

3. 請比較隨機森林和 GBM 哪一個預測好？

接下來我們看如何操作 H2O。前面介紹過，我們就不重複，下面 RLab 第 5-6 行的預測計算，是關鍵。案例實做循用的美國月通貨膨脹：

RLab：以 H2O 為機器學習的動態預測

---

1. train.end="2019-12-01"
2. test.start="2020-01-01"
3. autoML=**ttsAutoML**(y=y , x=NULL, train.end, arOrder=c(1:6), maxSecs =300)
4. testData=window(autoML$data, start=test.start, end=end(autoML$data))
5. P1=iForecast(Model=autoML, newdata=testData, type="staticfit")
6. P2=iForecast(Model=autoML, newdata=testData, type="recursive")
7. tail(cbind(testData[,1],P1),10)
8. tail(cbind(testData[,1],P2),10)

我們看最後兩行的並列顯示，如圖 7-7-4：

```
> tail(cbind(testData[,1],P1),10)        > tail(cbind(testData[,1],P2),10)
GMT                                      GMT
             y staticfit                             y recursive
2020-10-01 1.187619  1.486841            2020-10-01 1.187619  2.614607
2020-11-01 1.132373  1.195884            2020-11-01 1.132373  2.640530
2020-12-01 1.291761  1.165681            2020-12-01 1.291761  2.662114
2021-01-01 1.360696  1.398887            2021-01-01 1.360696  2.677925
2021-02-01 1.661772  1.451481            2021-02-01 1.661772  2.713916
2021-03-01 2.603144  1.804559            2021-03-01 2.603144  2.750590
2021-04-01 4.069208  2.958645            2021-04-01 4.069208  2.762493
2021-05-01 4.808998  4.642253            2021-05-01 4.808998  2.777121
2021-06-01 5.187595  5.135124            2021-06-01 5.187595  2.794153
2021-07-01 5.147792  5.370357            2021-07-01 5.147792  2.824494
```

(A) 靜態預測   (B) 動態預測

圖 7-7-4　預測並列

接下來要說明具有解釋變數的資料結構，藉此可以認識 iForecast 在資料處理上的完整性與時間序列的處理，我們用內建資料 macrodata，它的第一欄是美國失業率，其餘 3 個解釋變數是 OECD、G7 和 NAFTA 的景氣領先指標季節變化率。資料與變數定義如 RLab 前 3 行，見圖 7-7-5。

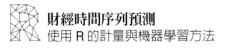

```
> head(macrodata)
            unrate        OECD          G7      NAFTA
1964-04-01     5.3  0.42151208  0.37658659  0.3964326
1964-05-01     5.1  0.31812701  0.27645694  0.3960401
1964-06-01     5.2  0.24124021  0.20352382  0.3960401
1964-07-01     4.9  0.17741104  0.14563884  0.5940612
1964-08-01     5.0  0.11860920  0.08978184  0.5940612
1964-09-01     5.1  0.06279998  0.03691491  0.6927291
```

 7-7-5　head(macrodata)

RLab：具備解釋變數的範例

1. data(package = "iForecast",macrodata)

2. dep=macrodata[,1,drop=FALSE] #unemployment rate of USA

3. ind=macrodata[,-1,drop=FALSE]

4. train.end = "2017-12-01"

5. test.start = "2018-01-01"

6. type=c("none","trend","season","both")[1]

7. models=c("rf","rpart","svm","knn","nnet","gbm","lasso","ridge","enet")[1]

8. out.caret = ttsCaret(y=dep, x=ind, arOrder=c(1:3), xregOrder=c(0:3),
   method=models, tuneLength =10, train.end, type=type)

9. head(out.caret$dataused)

10. testData=window(out.caret$data, start=test.start, end=end(out.caret$data))

11. P1=iForecast(Model=out.caret, newdata=testData, type="staticfit")

12. P2=iForecast(Model=out.caret, newdata=testData, type="recursive")

13. tail(cbind(testData[,1],P1),10)

14. tail(cbind(testData[,1],P2),10)

　　因為這筆數據是內建，時間長短和之前通貨膨脹率不同，因此，我們重新宣告 train.end 和 test.start。

　　第 8 行的 y=dep, x=ind 分別指向第 2 行和第 3 行。然後我們對 y 使用

AR(3)，對 x 使用 0:3。這個程式塊是以 ttsCaret 爲範例，autoML 的變數宣告皆同。我們看依落後結構展開的資料結構，如圖 7-7-6：第 1 欄是原始資料，其餘 ar1~ar3 是 AR(3)，剩下的是解釋變數的同期和落後 3 期，從欄名稱尾的 L0~L3 就是標注。

```
> head(out.caret$dataused)
GMT
           y ar1 ar2 ar3     OECD_L0        G7_L0   NAFTA_L0     OECD_L1        G7_L1   NAFTA_L1     OECD_L2
1964-07-01 4.9 5.2 5.1 5.3  0.17741104  0.145638841  0.5940612  0.24124021  0.203523825  0.3960401  0.31812701
1964-08-01 5.0 4.9 5.2 5.1  0.11860920  0.089781836  0.5940612  0.17741104  0.145638841  0.5940612  0.24124021
1964-09-01 5.1 5.0 4.9 5.2  0.06279998  0.036914912  0.6927291  0.11860920  0.089781836  0.5940612  0.17741104
1964-10-01 5.1 5.1 5.0 4.9  0.01296079 -0.009978845  0.6927291  0.06279998  0.036914912  0.6927291  0.11860920
1964-11-01 4.8 5.1 5.1 5.0 -0.02293361 -0.039920957  0.7912999  0.01296079 -0.009978845  0.6927291  0.06279998
1964-12-01 5.0 4.8 5.1 5.1 -0.05185119 -0.063875445  0.8897735 -0.02293361 -0.039920957  0.7912999  0.01296079
                 G7_L2    NAFTA_L2     OECD_L3        G7_L3   NAFTA_L3
1964-07-01  0.276456939  0.3960401  0.42151208  0.37658659  0.3964326
1964-08-01  0.203523825  0.3960401  0.31812701  0.27645694  0.3960401
1964-09-01  0.145638841  0.5940612  0.24124021  0.20352382  0.3960401
1964-10-01  0.089781836  0.5940612  0.17741104  0.14563884  0.5940612
1964-11-01  0.036914912  0.6927291  0.11860920  0.08978184  0.5940612
1964-12-01 -0.009978845  0.6927291  0.06279998  0.03691491  0.6927291
```

圖 7-7-6

在 iForecast 內，預先產生資料結構，就可以進行 y~x 的對應訓練，其餘多行和之前皆同，就不再贅述。

一旦有非 AR(p) 的獨立變數，就無法產生樣本外遞迴。在此例，因爲樣本外是設計的，不是眞正的未來，所以，我們可以產生半動態半靜態，但是對樣本外意義不大。第 13 行、第 14 行並列的結果，讀者可以參考圖 7-7-7，AR 靜態預測和動態靜態混和預測的比較。

```
> tail(cbind(testData[,1],P1),10)     > tail(cbind(testData[,1],P2),10)
GMT                                   GMT
             y staticfit                          y recursive
2019-03-01 3.8  3.864693              2019-03-01 3.8  3.861827
2019-04-01 3.6  3.829990              2019-04-01 3.6  3.873947
2019-05-01 3.6  3.720913              2019-05-01 3.6  3.830010
2019-06-01 3.7  3.682640              2019-06-01 3.7  3.787250
2019-07-01 3.7  3.668093              2019-07-01 3.7  3.772000
2019-08-01 3.7  3.655647              2019-08-01 3.7  3.771217
2019-09-01 3.5  3.658750              2019-09-01 3.5  3.771463
2019-10-01 3.6  3.638357              2019-10-01 3.6  3.792617
2019-11-01 3.5  3.656100              2019-11-01 3.5  3.777287
2019-12-01 3.5  3.647310              2019-12-01 3.5  3.792820
```

(A) 靜態預測　　　　　　　　　　(B) 動態預測

圖 7-7-7　預測並列

接下來我們介紹如何將眞實數據和預測數據,透過視覺化方式呈現爲時間序列圖形,如下:

第 1 步,我們先產生訓練期的樣本內預測,也就是以下的 P0,再將之與同期眞實資料並列爲 sample0。

```
trainData=window(out.caret$dataused,start=start(out.caret$dataused),end=train.
end)
P0=iForecast(Model=out.caret, newdata=trainData, type="staticfit")
sample0=cbind(actual=trainData[,1],pred=P0)
```

第 2 步,然後將上述靜態預測 P1,和同期眞實資料並列爲 sample1。

```
sample1=cbind(actual=testData[,1], pred=P1)
```

第 3 步,rbind() 產生一筆前後期疊起來的數據 newDataX,並將之宣告爲時間序列。

```
newDataX=rbind(sample0, sample1)
rownames(newDataX)=c(rownames(P0),rownames(testData))
newDataX=as.timeSeries(newDataX)
```

第 4 步,繪圖。

```
t0=which(as.character(time(newDataX))==train.end)
dev.new()
plot(newDataX[,1],ylim=range(newDataX),main="",ylab="",xlab="Static
Forecasts",lty = 1)
lines(newDataX[,2],ylim=range(newDataX), col="red", pch=1,type="o",lty = 2)
legend("topleft", legend=c("Actual Data","Static Forecast"),text.col=c("black","re
d"),pch=c(NA,1),lty=c(1,2))
```

abline(h=0,v=as.POSIXct(test.start),col="blue");grid()

text(as.POSIXct(rownames(newDataX)[t0-20]), max(dep)*0.9, test.start,

col="blue")

第 5 步，產生的圖形如圖 7-7-8。

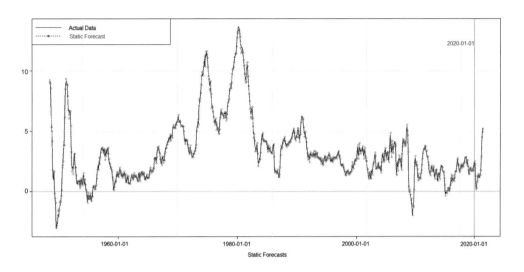

図 **7-7-8** 預測繪圖

R 練習問題

請循圖 7-7-8 繪製動態預測的結果。

附錄

1.附錄一　e1071::svm() 的使用

　　SVM 關鍵套件之一是 e1071，臺大資工許智仁教授開發。我們載入美國失業率和多國景氣循環指數，解釋變數有 AR 項和多國景氣循環領先指標的落後結構。資料請由開放數據源下載。讀者可以使用自己能夠下載的資料。

Support Vector Machine 的估計和預測

```
library(forecast)
library(e1071)
library(timeSeries)
Sys.setlocale(category = "LC_ALL", locale = "English_United States.1252")
```

#0. Prepare the dataset

```
data(package = "iForecast",macrodata)
Y=microdata[, 1] # 美國失業率
```

#1. Choosing the dates of training and testing data

```
train.start=as.character(start(Y))
train.end="2008-12-01"
t0=which(as.character(time(Y))==train.end)
test.start=as.character(time(Y))[t0+1]; test.start
test.end=as.character(end(Y));test.end

plot(Y,col="steelblue",main=variable.label);grid()
abline(h=0,v=as.POSIXct(test.start),col="red")
text(as.POSIXct(test.start), max(Y)*0.95, test.start,col="blue")
```

#2. The distributed lag structure of Y

```
p=2
datasetY=as.timeSeries(embed(Y,p+1),as.Date(time(Y)[-c(1:p)]))
y=datasetY[,1]
colnames(y)="y"
ar=datasetY[,-1]
colnames(ar)=paste0("ar",1:p)
```

#3. The distributed lag structure of X

```
#The time structure of this dataset must be the same as Y
bcIndex= microdata[, -1]
moreData=window(bcIndex, start=start(Y), end=end(Y))
indVars=log(moreData)
datasetX=as.timeSeries(embed(indVars,p+1),as.Date(time(indVars)[-c(1:p)]))
colNAMES=c(outer(paste0(names(indVars),"_L"),0:p,FUN=paste0))
colnames(datasetX)=colNAMES
IDx=grep(colNAMES,pattern="L1") #get X with lag 1


X=datasetX[,IDx]
head(X)
```

#4. Dummies for time features

```
trend=1:nrow(y)
seasonDummy = data.frame(forecast::seasonaldummy(as.ts(y)))
```

NOTE：以上處理出的變數有：

1. y = 被解釋變數 y
2. ar = y 的落後項
3. X= 其他 3 個外生變數
4. trend = 確定趨勢
5. seasonDummy = 季節虛擬變數

　　要執行 SVM，只要在下面的 DF 放入想要添加的 input variables 即可，SVM 的訓練參數可以調整 epsilon = seq(0,1, 0.01)，就是 (0, 1) 之間，每隔 0.01 計算一次，需要更細地掌握資料型態，就可改成 0.01 或更小，當然計算也更慢。

```
#NOTE: If you want to include more Xs, put X above into DF of each SVM
below
```

```
#===============================================#
#####===== SVM1 with AR(p)+seasonDummy =====#####
#===============================================#
```

DF <- cbind(y, ar, seasonDummy)

trainData=window(DF, start=train.start, end=train.end)

testData=window(DF, start=test.start, end=test.end)

label.MAIN1=paste0("SVM:AR(",p,")+seasonDummy")

###=== Tune SVM

tuneResult = tune(svm, y ~ .,data = trainData,

                    ranges = list(**epsilon = seq(0,1, 0.2)**, cost = 2^(2:9)))

tunedModel = tuneResult$best.model

Predict train data

Pred1.dm = as.timeSeries(data.frame(Pred=predict(tunedModel, trainData[,-1])))

Predict test data: Static Forecasts 靜態預測

Pred2.dm <- as.timeSeries(data.frame(Pred=predict(tunedModel, testData[,-1])))

Calculate Accuracy 計算預測正確性

SVM1.dm=forecast::accuracy(as.ts(testData[,1]),as.ts(Pred2.dm))

SVM1.dm[,c(4,5,7)]=SVM1.dm[,c(4,5,7)]/100

rownames(SVM1.dm)=paste0(label.MAIN1,"_dm"); SVM1.dm

Making plot 直接預測繪圖

newData1.dm=as.timeSeries(data.frame(actual=DF[,1,drop=FALSE],Pred=rbind(
Pred1.dm,Pred2.dm)))

dev.new()

plot(newData1.dm[,1], col="black", type="o",ylim=range(newData1.dm),

             xlab="Direct Forecasts",main=label.MAIN1,ylab=variable.label)

```
abline(h=0,v=as.POSIXct(test.start),col="blue")
text(as.POSIXct(as.character(time(Y))[t0-10]), max(Y)*0.8, test.start,col="blue")
lines(newData1.dm[,2], col="red", type="o",ylim=range(newData1.
dm),ylab="",xlab="");grid()
```

Predict test data: Dynamic (Recursive) Forecasts 動態遞迴預測

```
ARX=testData[,-1]
ar.names=names(ARX)[grep(names(ARX),pattern="^ar+")]
ahead=nrow(ARX)
dynPred=NULL
for (i in 1:ahead) {
    y0=as.numeric(predict(tunedModel,ARX[i,]))

if (i < ahead) if (p==1) {ARX[i+1,ar.names]=y0} else
  { ARX[i+1,ar.names]=c(y0,ARX[i,1:(p-1)])}
    dynPred=c(dynPred,y0)
}

Pred2.rm=as.timeSeries(dynPred,as.Date(time(ARX)))
SVM1.rm=forecast::accuracy(as.ts(testData[,1]),as.ts(Pred2.rm))
SVM1.rm[,c(4,5,7)]=SVM1.rm[,c(4,5,7)]/100
rownames(SVM1.rm)=paste0(label.MAIN1,"_rm");SVM1.rm
```

Making plot 遞迴預測繪圖

```
newData1.rm=as.timeSeries(data.frame(actual=DF[,1,drop=FALSE],Pred=rbind(
Pred1.dm,Pred2.rm)))
dev.new()
plot(newData1.rm[,1], col="black", type="o", ylim=range(newData1.rm),
        xlab="Iterative forecasts", main=label.MAIN1, ylab=variable.label)
abline(h=0,v=as.POSIXct(test.start),col="blue")
```

```
text(as.POSIXct(as.character(time(Y))[t0-10]), max(Y)*0.95, test.
start,col="blue")
lines(newData1.rm[,2], col="red", type="o",ylim=range(newData1.
rm),ylab="",xlab="");grid()
```

2.附錄二　h2o:: h2o.automl() 的使用

Load libraries 載入相關套件

```
# install.packages(c("dplyr","timetk","tibble","forecast"))
Sys.setlocale(category = "LC_ALL", locale = "English_United States.1252")
library(tibble)
library(timeSeries)
library(h2o)                 # Awesome ML Library
h2o.init()               # Fire up h2o
invisible(h2o.no_progress()) # Turn off progress bars
```

#0. load the dataset

```
data(package = "iForecast",macrodata)
Y=microdata[, 1] # 美國失業率
```

#1. Choosing the dates of training and testing data

```
train.start=as.character(start(Y))
train.end="2008-12-01"
t0=which(as.character(time(Y))==train.end)
test.start=as.character(time(Y))[t0+1]; test.start
test.end=as.character(end(Y));test.end

plot(Y, col="steelblue",main=variable.label);grid()
abline(h=0,v=as.POSIXct(test.start),col="red")
text(as.POSIXct(test.start), max(Y)*0.9, test.start,col="blue")
```

#2. 展開 Y 的落後結構 AR(p)，以 p=2 為例

p=2

datasetY=as.timeSeries(embed(Y,p+1),as.Date(time(Y)[-c(1:p)]))

y=datasetY[,1] # 指定被解釋變數

colnames(y)="y"

ar=datasetY[,-1] # 指定 AR 變數

colnames(ar)=paste0("LY",1:p)

#3. 其餘外生變數 X 的落後結構，moreData.csv

temp2=read.csv("moreData.csv")

moreData=temp2[,-1,drop=FALSE]

rownames(moreData)=as.Date(temp2[,1])

moreData=as.timeSeries(moreData)

indVars=window(moreData[,1:3],start=start(Y),end=end(Y))

datasetX=as.timeSeries(embed(indVars,p+1),as.Date(time(indVars)[-c(1:p)]))

colNAMES=c(outer(paste0(names(indVars),"_L"),0:p,FUN=paste0))

colnames(datasetX)=colNAMES

IDx=grep(colNAMES,pattern="L1") #get X with lag 1

X0=datasetX[,IDx]

#4. 定義時間特徵虛擬變數

trend=1:nrow(y) # 定義趨勢

seasonDummy= data.frame(forecast::seasonaldummy(as.ts(y))) # 定義季節虛擬
變數

要執行 autoML，只要在下面的 X 放入想要添加的 input variables 即可。

#5. Input variables

X= cbind(ar, X0, trend=trend, seasonDummy)

autoML 估計由以下開始，不需更動

```r
data_tbl=data.frame(date=as.Date(time(y)), value=as.numeric(y))
glimpse(data_tbl)

# Augment (adds data frame columns)
data_tbl_aug = timetk::tk_augment_timeseries_signature(data_tbl)

data_tbl_aug=as_tibble(na.omit(cbind(data_tbl_aug,X))) #Short of the first obs

data_tbl_clean = dplyr::mutate_if(data_tbl_aug, is.ordered, ~ as.character(.) %>%
as.factor)

glimpse(data_tbl_clean)

dateID=as.character(as.matrix(data_tbl_clean[,1]))
data_tbl_clean=as.data.frame(data_tbl_clean[,-1])
rownames(data_tbl_clean)=dateID
data_tbl_clean=as.timeSeries(data_tbl_clean)

train_tbl = window(data_tbl_clean,start=start(X),end=train.end)
test_tbl = window(data_tbl_clean,start=test.start,end=end(X))
tail(train_tbl)
head(test_tbl)
# Convert to H2OFrame objects
train_h2o = as.h2o(as_tibble(train_tbl))
test_h2o  = as.h2o(as_tibble(test_tbl))

# Set names for h2o
y = "value"
x = setdiff(names(train_h2o), y)
```

```
#########################
###=== 執行 autoML ===###
#########################
automl_models_h2o <- h2o.automl(
    x = x,
    y = y,
    training_frame = train_h2o,
    leaderboard_frame = test_h2o,
    max_runtime_secs = 300,
    stopping_metric = "deviance")


# 取出最佳模型
automl_leader <- automl_models_h2o@leader


#############################
###=== 計算直接多步預測 ===###
#############################
```

#Predict train data

```
Pred1.dm=as.matrix(h2o.predict(automl_leader, newdata = train_h2o))
```

 # Predict test data: Direct Forecasts 直接預測

```
Pred2.dm=as.matrix(h2o.predict(automl_leader, newdata = test_h2o))

MAIN.dm=paste0("autoML.dm: AR(",p,")+time features")
autoML.dm=forecast::accuracy(as.ts(test_tbl$value),as.ts(Pred2.dm))
autoML.dm[,c(4,5,7)]=autoML.dm[,c(4,5,7)]/100
row.names(autoML.dm)=MAIN.dm;round(autoML.dm,4)
```

```
# Making Plots
Pred.dm=rbind(Pred1.dm,Pred2.dm)
rownames(Pred.dm)=rownames(X)[-1]
Pred.dm=as.timeSeries(Pred.dm)
actual=as.matrix(c(train_tbl$value,test_tbl$value))
rownames(actual)=rownames(X)[-1]
actual=as.timeSeries(actual)
newData.dm=na.omit(cbind(actual,Pred.dm))


dev.new()
plot(newData.dm[,1],ylim=range(newData.dm),main=MAIN.dm,
      ylab=variable.label,xlab="Direct Forecasts", type="o");grid()
lines(newData.dm[,2],ylim=range(newData.dm), col="red", type="o")
abline(h=0,v=as.POSIXct(test.start),col="blue")
text(as.POSIXct(test.start), max(newData.dm)*0.95, test.start,col="blue")


#save(autoML.dm,file="./output/data/autoML.dm.RData")


#####################################
###=== 計算 Recursive 多步預測 ===###
#####################################
# Predict test data: Iterative forecasts 遞迴預測
ahead=nrow(test_h2o)
ARX=test_h2o
ar.names=names(test_h2o)[grep(names(test_h2o),pattern="^ar+")]
dynPred=NULL
for (i in 1:ahead) {
   y0=h2o.predict(automl_leader, newdata = ARX[i,])

   if (i < ahead) {if (length(ar.names)==1) { ARX[i+1,ar.names]=y0
```

```
    } else {
       updates=merge(y0,ARX[i,ar.names][1:(p-1)])
       colnames(updates)=ar.names
       updates=as.h2o(updates)
       ARX[i+1,ar.names]=updates }} else {stop}


  dynPred=rbind(dynPred,as.numeric(as.matrix(y0)))


}
Pred2.rm=dynPred


MAIN.rm=paste0("autoML.rm: AR(",p,")+time features")
autoML.rm=forecast::accuracy(as.ts(test_tbl$value),as.ts(Pred2.rm))
autoML.rm[,c(4,5,7)]=autoML.rm[,c(4,5,7)]/100
row.names(autoML.rm)=MAIN.rm; round(autoML.rm,4)
```

遞迴多步繪圖

```
# Making Plots
Pred.rm=rbind(Pred1.dm,Pred2.rm)
rownames(Pred.rm)=rownames(X)[-1]
Pred.rm=as.timeSeries(Pred.rm)
newData.rm=na.omit(cbind(actual,Pred.rm))


dev.new()
plot(newData.rm[,1],ylim=range(newData.rm),main=MAIN.rm,
     ylab=variable.label,xlab="Resursive forecasts", type="o")
lines(newData.rm[,2],ylim=range(newData.rm), col="red", type="o")
abline(h=0,v=as.POSIXct(test.start),col="blue")
text(as.POSIXct(test.start), max(newData.rm)*0.95, test.start,col="blue")
```

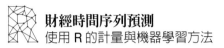

```
autoML=round(rbind(autoML.dm,autoML.rm),4);autoML
#save(autoML, file="./output/data/autoML.RData")


# h2o.shutdown(prompt = F); #close h2o connection
```

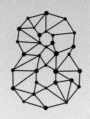

機器學習預測實做──指數
報酬率預測 (Index Returns
Forecasting)

難易指數：☺☺☺☺☺（非常簡單）

學習金鑰

1. 應用機器學習預測指數報酬率
2. R 實做

第 1 節　資料與模型

在財務經濟學文獻中，資產報酬率的預測一直是一個大問題。因為報酬率的可預測性，牽涉到了財務經濟學的核心問題──市場效率 (Fama, 1970)。另外，經濟基本面的變數是否能夠預測隨機漫步過程，也挑戰了理論的正確性 (Meese & Rogoff, 1983)。實務上，市場報酬的預測牽涉到資產配置和風險管理相關決策。本章範例以美國月資料，參考 Chen, Roll & Ross(1986) 文章上使用的基本面變數，函數如下：

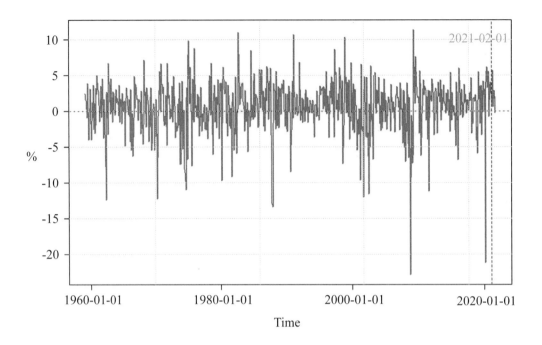

圖 8-1-1　SP500 指數報酬率時間序列

$$R_t = F(MP_{t-1}, UI_{t-1}, DEI_{t-1}, UPR_{t-1}, UTS_{t-1}, EWNY_{t-1}, VWNY_{t-1}, CG_{t-1}, OG_{t-1}, YP_{t-1})$$

R：SP500 指數超額報酬率（圖 8-1-1）

MP：工業生產指數成長率；$MP_t = \ln(IP_t) - \ln(IP_{t-1})$

UI：預期外的通貨膨脹；令 Inf 代表通貨膨脹率，$UI_t = Inf_t - E_{t-1}(Inf_t)$

DEI：預期通貨膨脹；$DEI_t = E_t(Inf_{t+1}) - E_{t-1}(Inf_t)$

UPR：風險溢酬，定義為低評價公司債超額報酬（Baa 以下）減去 3 個月的
　　　國庫券報酬率；$UP_tR = BAA_t - TB3MS_t$

UTS：期限結構，定義為 10 年期債券到期收益率減去 3 個月的國庫券收益
　　　率；$UTS_t = GS10_t - TB3MS_t$

$EWNY$：分別代表紐約證交所指數成分股的簡單平均報酬率 (equally
　　　weighted)

$VWNY$：分別代表紐約證交所指數成分股的依市值加權平均報酬率 (value-weighted)[1]

CG：每人實質消費成長率

OG：原油價格成長率

YP：工業生產指數成長率 $YP_t = \ln(IP_t) - \ln(IP_{t-12})$

資料的敘述統計如表 8-1-1。

表 8.1-1　資料的敘述統計

變數	Mean	Median	Stdev	Skews	Kurt	Min	Max
SP500 Returns	0.525	0.86	3.59	-1.11	4.62	-23.1	10.12
MP	0.202	0.25	2.28	-0.87	3.77	-15.91	8.69
DEI	-2×10^{-4}	-10^{-3}	0.13	-0.11	2.11	-0.71	0.65
UI	1.1×10^{-3}	-0.01	0.28	-0.29	3.28	-1.75	1.45
UPR	2.004	1.94	0.81	0.80	2.19	0.29	6.01
UTS	1.490	1.5	1.20	-0.20	-0.32	-2.65	4.42
YP	2.503	2.99	4.92	-0.93	2.55	-18.77	19.96
ewretd	1.102	1.33	5.51	-0.19	3.09	-27.22	29.93
vwretd	0.901	1.26	4.40	-0.52	1.99	-22.54	16.56
CG	0.263	0.3	0.82	-3.77	93.21	-12.3	8.5
OG	0.277	0	8.52	-0.97	9.80	-66.89	48.5

其次，學習結構如下：資料由 1959M2-2021M9，樣本內訓練期為 1959M2-2021M1，2021M2-2021M9 為樣本外測試（8 個月）。樣本內的估計由 240 筆觀察值開始（20 年），驗證一次 6 個月，然後逐驗證期向未來滾動。接著，我們從過去 84 段的滾動驗證，取出最好的估計參數預測最後 8 個月 (2021M2-2021M9)，以及用所有 84 段的估計參數預測最後 8 個月 (2021M2-2021M9)，再將之平均；最後，將 9 個機器學習模型的結果組合起

1　Chen, Roll and Ross(1986) 採用兩個指數報酬率，在於檢視傳統集中市場指數，對特定指數報酬率的相對影響。類似於我們預測 0050ETF 報酬率時，考慮大盤指數報酬率一樣。

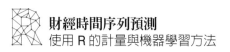

來，9 個機器學習如表 8-1-2。我們使用本書作者的套件 iForecast。

表 8-1-2　預測方法列表

方法	說明
svm	support vector machine
rf	random forest
rpart	regression tree
gbm	gradient boosting machines
kknn	k-nearest neighbors
blasso	Bayesian LASSO
bridge	Bayesian Ridge regression
relaxo	relaxed LASSO
enet	elastic NET

第 2 節　R 程式說明與結果呈現

以下程式需要解說的標注編號，其餘之前已經說明過的就不重複。

RLab：機器學習綜合實做

---

library(iForecast)

library(forecast)

library(timeSeries)

**載入資料物件 indexReturns.RData，裡面有兩個資料表：indexReturns
和 economicForces。indexReturns 有兩欄，第 1 欄是道瓊，第 2 欄是
SP500。**

print(load("./data/indexReturns.RData"))

擷取報酬率，我們選取 **SP500**。

Y=indexReturns[,2, drop=FALSE]

datainput=cbind(Y, economicForces)

train.end="2021-01-01"

test.start="2021-02-01"

以下兩行是假估計，因為要因應資料結構取出的測試期資料 **testData**，而 **testData** 設定為 **2021-02-01~2021-09-01** 是資料的最後，也和訓練樣本分離。所以在滾動架構下，無法由 **Line 9** 的 **output** 取得 [2]。

1. output.tmp = ttsCaret(y=datainput[,1], x=datainput[,-1], method="kknn",
     arOrder=0, xregOrder=1, tuneLength =10,
     train.end="1996-08-01", type="none")

2. testData=window(output.tmp$dataused, start=test.start, end=end(Y))

   tainingData=window(datainput, start=start(datainput), end=train.end)
   timeframe=rollingWindows(tainingData, estimation="240m", by="6m")
   FROM=timeframe$from
   TO=timeframe$to

Line 3 是方法名稱向量，方便迴圈依序呼叫。**Line 4** 是定義一個容器蒐集 **84** 段所有的 **model estimates**，**Lines 5-6** 是第一個迴圈，也就是時間外迴圈；在每一個時段 **t0**，跑 **9** 個機器學習方法，再產生預測，也就是 **Lines 7-8** 的內迴圈運算。

3. models=c("svm","rf","rpart","gbm","kknn","bridge","relaxo","blasso","enet")
   start0=Sys.time()

---

[2] 這個問題在 iForecast 最新版會予以改進。直接產生一個資料結構函數即可，不需要為了取出資料而進行假估計。

4. model.svm=model.rf=model.rpart=model.gbm=model.kknn=model.bridge=
   model.relaxo=model.blasso=model.enet=list()

5. ACC_static=ACC_recursive=FCST_static=FCST_recursive=list()

6. **for (t0 in 1:(length(TO)-1)) {**

7. ACC0_static=ACC0_recursive=predicted_static=predicted_
   recursive=NULL

8. **for (i in 1:length(models)) {**

估計第 i 個模型，把結果存成一個物件 output。

9. output = ttsCaret(y=tainingData[,1], x=tainingData[,-1], method=models[i],
                 arOrder=0, xregOrder=1, tuneLength =10, type="none" ,
                 train.end=as.character(TO[t0]))

取出 6 個月的驗證資料 validationData。

if(t0==(length(TO)-1)) {
    validationData=window(output$dataused, start=TO[t0],end=end(tainingData
    ))[-1,]
} else {
    validationData=window(output$dataused, start=TO[t0],end=TO[t0+1])[-1,]

}

將 output 儲存，依照模型存入指定容器。

if (models[i]=="svm") {model.svm[[t0]]=output
    } else if (models[i]=="rf") {model.rf[[t0]]=output
    } else if (models[i]=="rpart") {model.rpart[[t0]]=output
    } else if (models[i]=="gbm") {model.gbm[[t0]]=output
    } else if (models[i]=="kknn") {model.kknn[[t0]]=output

```
} else if (models[i]=="bridge") {model.bridge[[t0]]=output
} else if (models[i]=="relaxo") {model.relaxo[[t0]]=output
} else if (models[i]=="blasso") {model.blasso[[t0]]=output
} else if (models[i]=="enet") {model.enet[[t0]]=output}
```

計算預測值和正確性指標：因爲是模型配置 model fit，所以是 staticfit。

```
10. P1=iForecast(Model=output,newdata=validationData,type="staticfit")
acc_static=forecast::accuracy(as.ts(validationData[,1]),as.ts(P1))
rownames(acc_static)=paste(models[i],"static",t0,sep="_")
ACC0_static=rbind(ACC0_static,acc_static)
predicted_static=cbind(predicted_static, P1)
```

11. } # End of i loop for methods

```
fcst_static=cbind(validationData[,1], predicted_static)
colnames(fcst_static)=c("ya",models)
FCST_static[[t0]]=fcst_static
ACC0_static[,c(4,5,7)]=ACC0_static[,c(4,5,7)]/100
rownames(ACC0_static)=models
ACC_static[[t0]]=ACC0_static
```

```
print(paste(t0, length(TO),sep="/"))
```
}; end0=Sys.time() # End of t0 loop for time

以上完成特定模型在時間序列 recursive windows 的一段。

我們再一段一段把結果蒐集起來，最後再儲存（底行編號 10）：ACC、
驗證預測和 9 個方法各 84 段之估計超參數。最後再做結果分析。

```
12. save(ACC_static,FCST_static,model.svm, model.rf, model.rpart, model.
    gbm, model.kknn, model.bridge,model.relaxo, model.blasso, model.enet,
    testData, file=paste0("./output/data/svm_static.RData"))
```

　　承上，我們把結果分析設計成作業，估計完後，請執行以下指令載入估計結果，再回答以下問題。

　　　　　　print(load(("./output/data/**svm_static.RData**")))

　　圖 8-2-1(A) 和 (B) 是所有模型在訓練過程中，對驗證資料 (validation Data) 產生預測表現的分布，(C) 和 (D) 則是從 (A) 和 (B) 的原始資料中取中位數。我們可以看出，在滾動驗證的過程中，標準時間序列表現較好，但是，就分布結果看，其實是不相上下，而且都很不穩定（圖 8-2-2）。

　　圖 8-2-3 則是將每個模型 84 段的參數估計值，套用在共同一段 (testData) 產生預測，作法很簡單，每個模型的 output 都儲存於對應的容器，例如：SVM 結果，則存於 model.svm。讀取 **svm_static.RData** 後，就會載入這些東西，如 Line 12，包括了 testData。

　　類似 ACC_static，記錄了 84 段 validationData 的預測績效。利用 Line 10 可以這樣產生應用 SVM 第 1 段的估計參數預測 testData 的預測：

　　　　iForecast(Model= model.svm[[1]], newdata=testData,type="staticfit")

　　用一個迴圈或 lapply 就可以產生 84 段 (window step) 對 testData 的 84 筆預測，也可以產生 84 個預測績效的結果。我們就可以評估各種預測。

R 練習問題 [3]

1. 如圖 8-2-1 個別方法的預測績效所示：
   (1) 圖 (A) 和 (B) 是兩個指標的盒鬚圖，因為每一個模型都有 84 段時間的預測結果，所以都可以繪製盒鬚圖。這些資訊存在物件 ACC_static 內。
   (2) 承上，圖 (C) 和 (D) 是盒鬚圖數據的中位數，請依照圖示，取出中位數再排序繪圖。

---

[3] 此處練習問題的對照圖，是同時估計了以 ARMA 為核心架構的計量時間序列，如果讀者實做只執行本章 9 個模型，就不會有這麼多結果。有興趣的讀者，可以用類似方法，把這筆數據產生前章的 ARMA 族群。

2. 承上，如圖 8-2-2 所示：擇定一個模型的 84 段預測，然後繪製時間序列圖，呈現出時間預測的不確定。

3. 如圖 8-2-3 所示：計算多個模型最後一段 (full sample) 的預測平均，然後和 AveW 比較其預測績效。

4. 如圖 8-2-4 所示：計算預測平均之預測誤差的 AR(1) 係數 (ACF1)，並將之顯示。

5. 比較這 9 個方法 AveW 的平均和 autoML 的表現誰好。

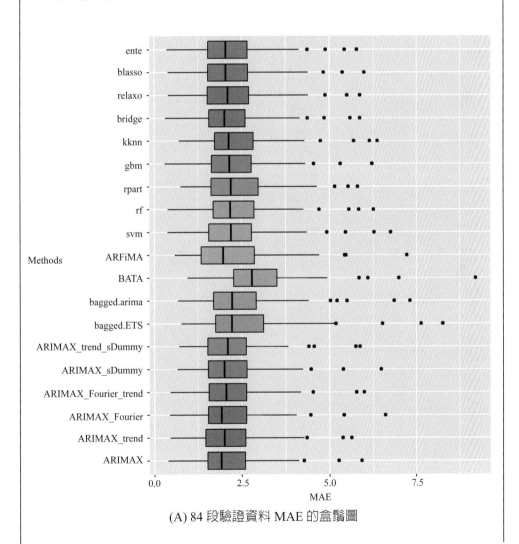

(A) 84 段驗證資料 MAE 的盒鬚圖

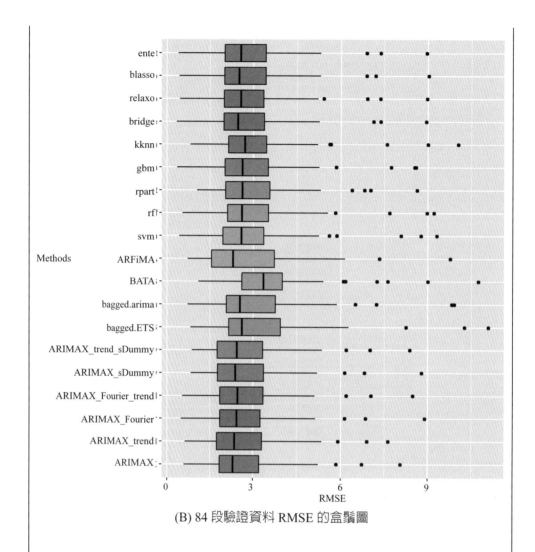

(B) 84 段驗證資料 RMSE 的盒鬚圖

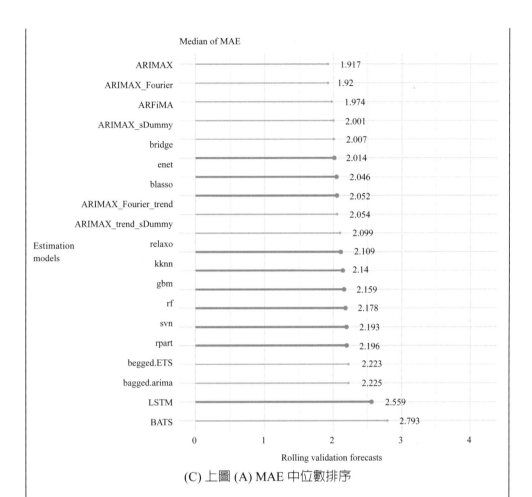

(C) 上圖 (A) MAE 中位數排序

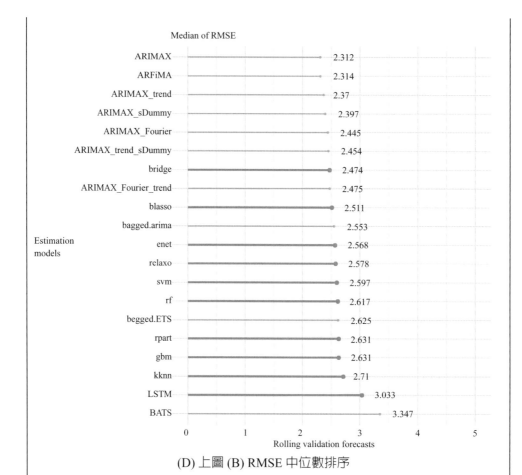

(D) 上圖 (B) RMSE 中位數排序

圖 8-2-1　從 ACC_static 取出 20 個方法對驗證資料的預測績效

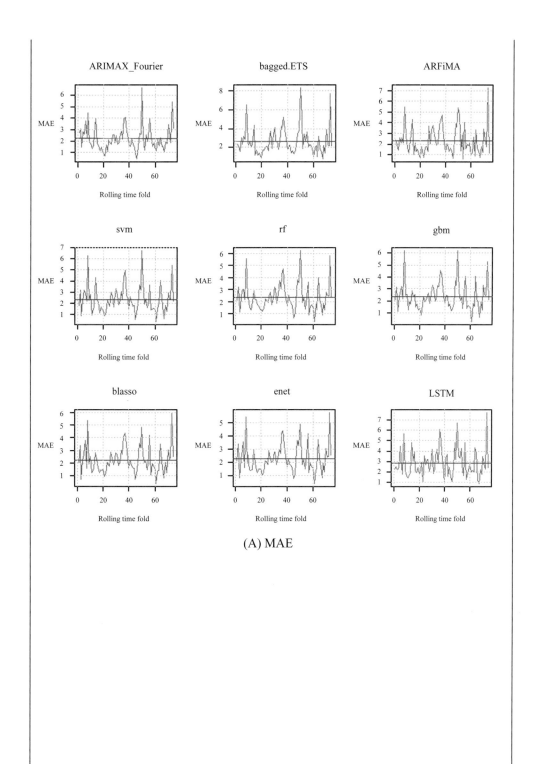

(A) MAE

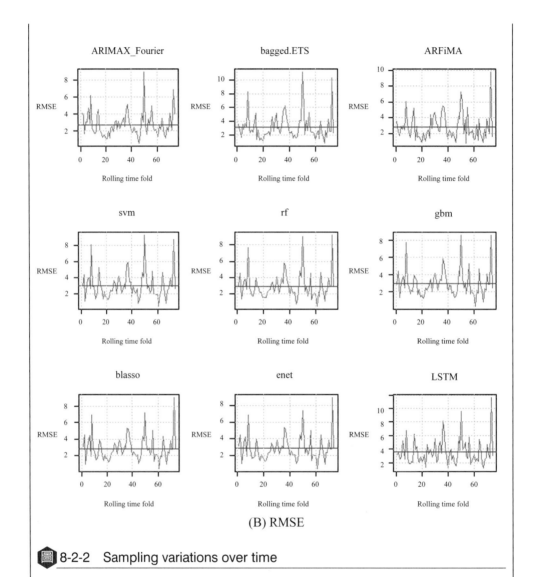

(B) RMSE

圖 8-2-2　Sampling variations over time

上圖 8-2-2 選擇 9 個模型，依照時間呈現 MAE 和 RMSE 的表現，呈現出即便是次期驗證資料，也會產生差異極大的結果。因為滾動之下，資料量是遞增的，所以圖 8-2-2 也可以是 sampling variation：隨著時間軸往右，資料是越來越多，但是預測表現卻沒有越來越好，反而呈現很大的波動。這就是我們用來說明「時間序列資料的樣本外」和「橫段面資料的樣本外」應該不同：時間序列資料的樣本外指涉的是「未來」。

表 8-2-1 是依據 ACC_Static 將每個模型四個指標所指出最佳的驗證結果，例如：ARIMAX 模型，RMSE/MAE/MAPE 均指出第 56 段的驗證集預測最好，Theil U 則指出 35 段最好。因此，我們依照四個指標的結果，將對應時間段的估計參數用以預測 testData，再將之平均，我們稱為 the Best4；另外，則把 84 段全預測 testData，再將之平均，我們稱為 CombineAll，見圖 8-2-3。

表 8-2-1

	RMSE	MAE	MAPE	Theil'U
ARIMAX	56	56	56	35
ARIMAX_trend	56	56	56	35
ARIMAX_Fourier	56	56	56	35
ARIMAX_Fourier_trend	56	56	56	35
ARIMAX_sDummy	56	56	56	22
ARIMAX_trend_sDummy	56	31	56	22
bagged.ETS	77	77	50	29
bagged.arima	30	30	50	44
BATS	73	73	42	44
ARFiMA	30	64	64	84
svm	71	71	71	54
rf	71	71	71	24
rpart	77	77	77	79
gbm	71	71	71	14
kknn	71	71	71	40
bridge	71	71	71	11
relaxo	71	71	70	2
blasso	71	71	71	75
enet	71	71	71	11
autoML	61	61	61	30
LSTM	40	67	40	12

財經時間序列預測
使用 R 的計量與機器學習方法

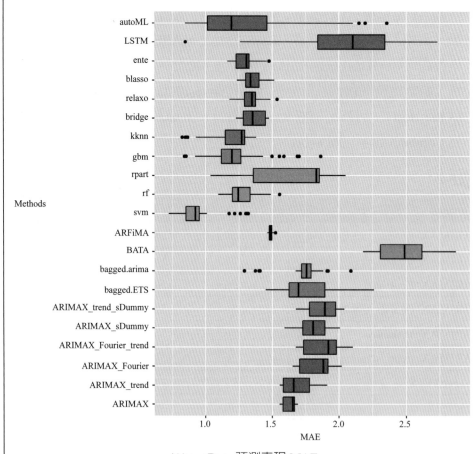

(A) testData 預測表現 MAE

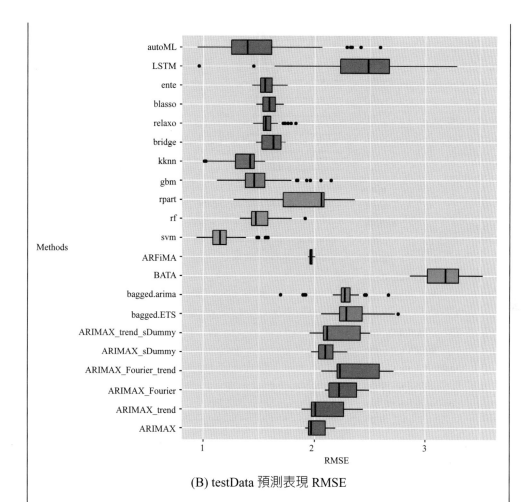

(B) testData 預測表現 RMSE

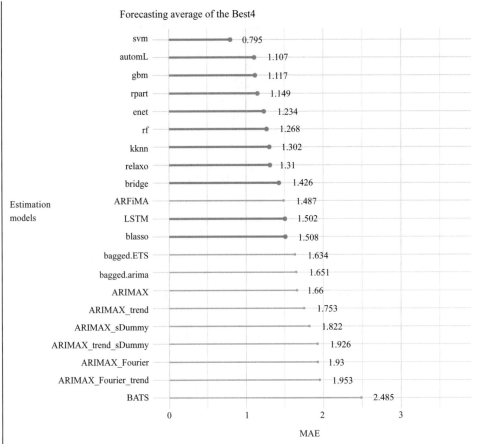

(C) testData 最佳四期預測平均（表 8-2-1）

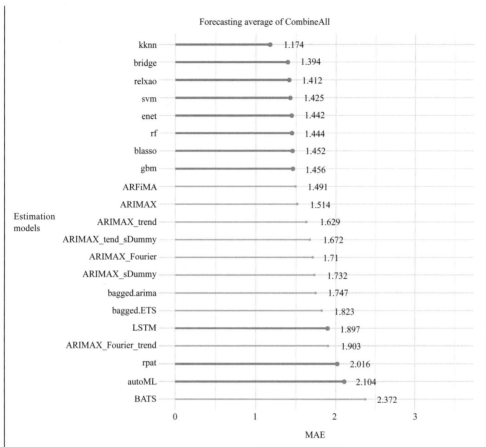

(D) testData 84 期全期預測平均

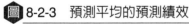 8-2-3　預測平均的預測績效

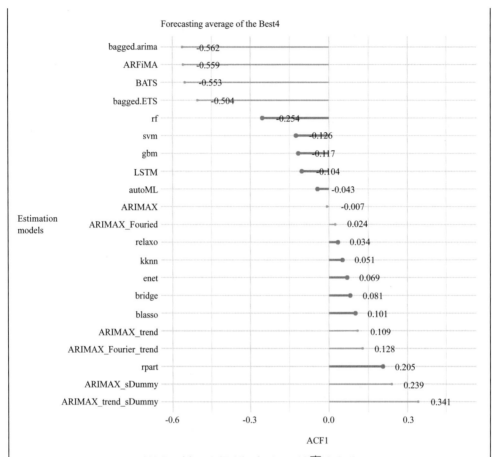

(A) Ranking ACF(1), the Best4(表 8-2-1)

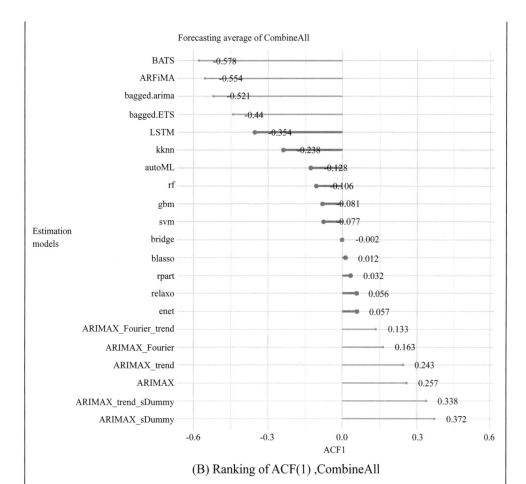

(B) Ranking of ACF(1) ,CombineAll

圖 8-2-4　ACF of Forecasting Errors

我們把 21 個模型分成兩組兩個：armax 代表所有以 arma 爲基礎的統計時間序列，svm_enet 代表上面程式碼 Line 3 的 9 個資料探勘方法，autoML 自成一組，LSTM 是深度學習的強力模式也自成一組，有利我們檢視與比較（下一章詳細解說 LSTM 的觀念）。表 8-2-2 就是將前述 recursive window 訓練出的 AveW 預測，再依照模型做簡單平均。表 8-2-2 是 84 段中以 Best4 平均計算的 AveW(Best4 AveW)，表 8-2-3 是所有 84 段平均的 AveW(CombineAll AveW)。autoML 眞的不錯，也就是說，機器學習的方式，能有效提升樣本外預測。LSTM 雖表現不佳，但是因爲本文在訓練時，深度學習的記憶迴圈 (memory loop) 只設定

180 次，其實，根據文獻，LSTM 需要深度訓練以獲得更精確的學習，
但是，迴圈越長，時間耗費就越多，本書就將之簡單處理。LSTM 詳
細說明在次章。

表 8-2-2　Best4 AveW

方法	RMSE	MAE	ACF1	Theil'U
armaxs	1.4724	1.4071	0.052	0.027
svm_enet	1.3385	1.0388	-0.0393	5×10^{-4}
autoML	1.3872	1.1066	-0.0427	0.0231
LSTM	1.8697	1.5018	-0.1037	0.0057

表 8-2-3　CombineAll AveW

方法	RMSE	MAE	ACF1	Theil'U
armaxs	1.4264	1.3629	0.099	0.015
svm_enet	1.4035	1.1541	-0.0698	0.0043
autoML	1.3424	1.1859	-0.1387	0.0044
LSTM	1.9073	1.6043	-0.0172	0.007

Part IV
深度學習方法

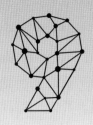

深度學習方法的訓練與學習
RNN-LSTM

難易指數：☺☺（難）

學習金鑰

1. 認識神經網路的運行
2. 認識循環神經網路的模式
3. R 程式和 Python 的交會

第 1 節　原理簡說

　　深度學習方法的應用場域是型態辨識 (pattern recognition)，不是為了時間序列預測所開發。不過辨識只是從所掃描的圖形萃取特徵，再和資料庫特徵比對，然後做預測，它其實就是資料驅動的預測。因此若應用在時間序列預測，就需要透過歷史資料訓練，建一個型態資料庫，然後比對產生預測。而深度學習的神經模式，對於層級和節點的函數，是由演算法根據資料的複雜關聯產生。

　　要理解長短期記憶模型 (LSTM) 需要先理解遞迴神經網路 (Recursive Neural Network, RNN) 的概念，前章介紹的簡易神經網路的預測路徑（資料輸入與輸出）純粹是單向的，但對某些深度學習與預測問題而言，資料的出現可能有高度的前後相關性。以閱讀爲例，人們並非從閱讀一篇文章時才開始思考，而是在閱讀一篇文章時，從之前已認識的文字來理解其意涵。換言之，「想法是持久的」，我們並非將之前每件事物丟棄後重新思考，而是在閱讀過程中持續保留與捨棄某些資訊（或記憶）。又例如：在觀看一場電影時，若想將每個時點發生的每件事做分類，很難得知如何使用電影先前事件的推理告知下個事件。以經濟成長率預測爲例，若造成經濟成長率變動的因素（例如：生產力衝擊或信用危機）具有持續性，則本期經濟成長率的預測值很大一部分受到前期預測值影響。但傳統的前饋型神經網路卻無法做到持久性想法。從資料的角度，保留短期記憶是避免局部特徵被全面資料給稀釋（可理解爲平均趨勢稀釋了資料的局部特徵，例如線性迴歸將所有資料以單一斜率配置），因此對經濟成長預測有幫助。以圖 9-1-1 爲例，遞迴神經網路 (RNN) 對此議題主張「有著迴圈的網路使訊息得以持久」，將前期產生的資訊投入到後期的深度學習程序中。

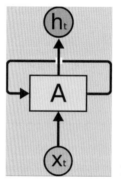

$X_{0\{1,2,..\tau\}}$

(A)RNN 有 loop

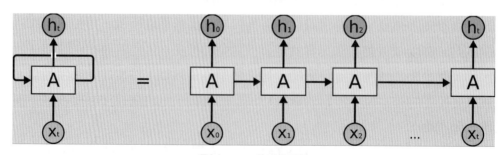

(B)An unrolled RNN

 9-1-1　RNN 迴圈

資料來源：Olah, C. (2015), "Understanding LSTM Networks," https://colah.github.io/ posts/2015-08-Understanding-LSTMs/.

其中矩形面積 **A** 爲一個神經網路連接著投入 $\mathbf{x}_t$ 和產出値 $\mathbf{h}_t$，迴圈使訊息從網路的某一步驟傳輸至下一步驟。

進一步探究便可發現，圖 9-1-1(A) 相較於一般神經網路並非如此不同，除了設計一個迴圈 loop，或者更精準地說，記憶迴圈 (memory)。符號下標籤最後止於 t，但是此 t 不是時間標籤，而是 time steps=1, 2, ..., τ；就是理論上所稱的 *batch size* τ.batch 値在 LSTM 實際操作時，非常重要；後面講解程式時，再解釋。

據此，圖 9-1-1(B)，一塊神經網路 **A** 檢視一些輸入値 $X_t(\tau)$ 並產出一個隱藏遞歸狀態 h_t(hidden recurrent state)。迴圈指出神經網路 **A** 具有資訊彼此傳遞的性質。RNN 可視爲相同網路的複本 (RNNs)，每個步驟將訊息傳遞至後續者。考量展開迴圈如圖 9-1-1(B) 近似通路的本質，顯示 RNN 各環節密切地序列相關。

RNN 每個時間狀態的網路拓撲結構相同，在任意時間 *t* 下，包含：輸入層、隱含層、產出層。RNN 隱含層的產出一分爲二，一份傳給產出層，一份與下一期輸入層的產出一起作爲隱含層的輸入。RNN 的啓動函數仍爲 sigmoid 函數或 tanh 函數。如果相關資訊落差 (info gap) 很小，則 RNN 可以學習使用過去的資訊，如圖 9-1-2(A)：RNNs 其中一個特性，在於能夠將前期與當前的訊息連接，但這視情況而定，因爲有時我們只需注視最近訊息執行當前任務。舉例來說，考量一個嘗試以之前文字預測下個文字的語言模型，如果我們試著從以下這句話 "There are many birds flying in the ___"，預測最後一個文字，其實我們不需要更多上下文，很明顯地那個字會是 "sky"。在此情況下，相關訊息和需要位置之間的差異很小，RNNs 可使用過去訊息學習，如 9-1-2(A)，x_0 和 x_1 可得 h_3。

圖 9-1-2(B)，RNN 缺點：跨時的反向傳播擴展會有梯度消失問題，即後面時間步的錯誤信號不能回到足夠早的時間步。這樣 RNN 就不能學習長時間度的問題。

LSTM 是一種特殊的 RNN，能夠學習長期依賴性 (long-range dependency)。它們是由 Hochreiter and Schmidhuber(1997) 提出，並且在許多的工作中被大量改善和推廣。LSTM 在各種各樣的問題上表現得非常好，目前應該使用相當廣泛。LSTM 明確旨在避免 RNN 的依賴問題。長時間記住

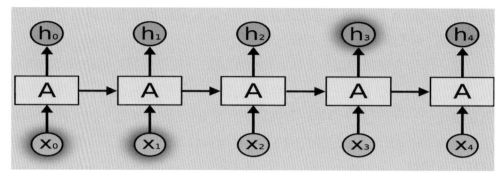

(A)RNNs 可以學習使用過去（歷史）資訊

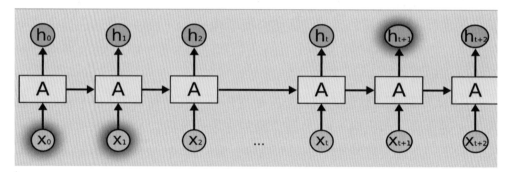

(B) 但是，當 *gap* 變大時，RNNs 就無能使用過去資訊

圖 9-1-2　RNN 的神經迴路

資訊實際上是它們的預設行為，而不是它們難以學習的東西！所有 RNN 的
神經網路 A 都具有鏈的形式，標準 RNN 的 A 具有非常簡單的結構，例如：
單個 tanh 層。LSTM 也具有這種類似的鏈結構，每個 **A** 具有不同的結構。
LSTM 有 4 個，而不是一個神經網路層，以一種非常特殊的方式進行交互。
如圖 9-1-3。

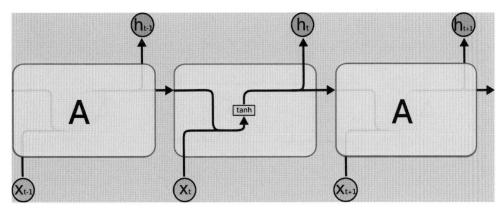

(A) 標準 RNN 的 A 具有單個 tanh 層

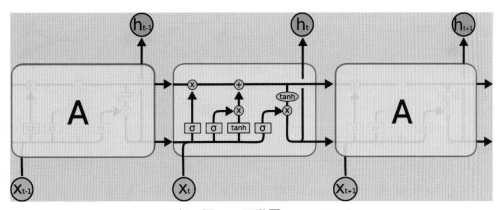

(B)LSTM 有 4 個 tanh 互動層 (interacting layers)

圖 9-1-3　RNN 和 LSTM 的鏈結構

　　LSTM 的重複性模組如圖 9-1-4(A)，每一行都攜帶一個整個向量，從一個節點的產出到其他節點的輸入。色塊解釋如圖 9-1-4(B)：**粉色圓圈**表示逐點運算，如向量加法，而**黃色框**表示神經網路層。concatenate 表示資訊匯流，是將兩個小向量組成一個大向量，而 copy（分叉）表示將複製內容轉移到不同的位置。

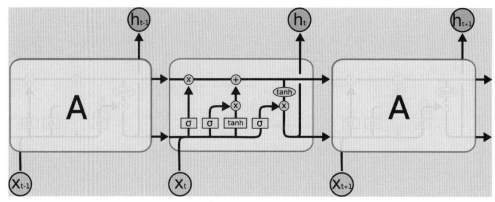

(A) LSTM 的重複性模組

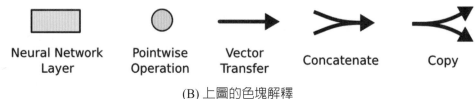

Neural Network Layer　　Pointwise Operation　　Vector Transfer　　Concatenate　　Copy

(B) 上圖的色塊解釋

圖 9-1-4　LSTM 的重複性模組

　　LSTM 的關鍵是 cell state，貫穿圖頂部的水平線，如圖 9-1-5(A)。cell state 有點像傳送帶 (convey belt)，它直接沿著整個鏈運行，只有一些次要的線性交互。資訊很容易沿著它不變地流動。C_{t-1} 到 C_t 的傳遞，透過稱為 **gate** 的設計，LSTM 能夠仔細移除或添加 cell state C_{t-1} 的資訊到 cell state C_t。**gate** 可選擇資訊通過的方式，由 sigmoid 神經網路層和 **pointwise** 運算組成，如圖 9-1-5(B)：Sigmoid 層產出 0 到 1 之間的數字，描述每個組件應該通過多少。0 = 不讓任何東西通過；1 = 讓一切都通過。LSTM 具有三個這樣的門，用於保護和控制單元狀態。

　　LSTM 的第一步是確定我們將從 cell state 中丟棄哪些資訊。該判定由稱為 forget gate 的 S 形層決定，如圖 9-1-5(C)。forget gate 查看 h_{t-1} 和 x_t，並為 cell state C_{t-1} 中的每個數字產出 0 到 1 之間的數字（意義同上）。在語言模型（如電腦輸入法），我們試圖根據以前的所有單字預測下一個單字，cell state 可能包括當前人物（姓名）的性別，因此可以使用正確的代名詞 (he/

his/she/her)。當出現新人物時,我們則忘記舊人物的性別。

最後,就是結果輸出,見圖 9-1-5(D) 的輸出閘 (output gate):我們需要決定我們要產出的內容。此產出將基於我們的 cell state,但將是過濾版本。首先,我們運行一個 sigmoid 層,它決定我們要產出 cell state 的哪些部分。然後,我們將 cell state 設置為 tanh(將值推到介於 ±1 之間),並將其乘以 sigmoid 層的產出,以便我們只產出我們決定的部分。對於語言模型,機器只要讀到一個人物,就會產生與動詞相關的資訊,為接下來會發生什麼事做準備。例如:它可能產生的名詞是單數還是複數,以便我們知道動詞接下來應該與什麼形式成為一個句子。

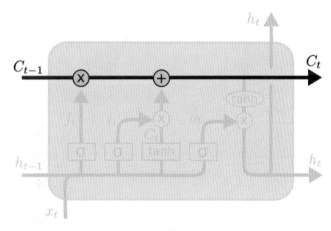

(A)LSTM 的 cell state

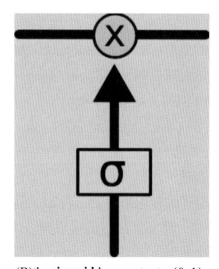

(B)the **sigmoid** layer outputs: {0, 1}

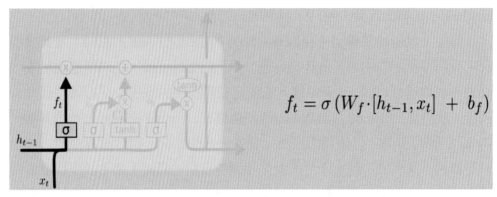

(C)forget gate ft

$$f_t = \sigma\left(W_f \cdot [h_{t-1}, x_t] + b_f\right)$$

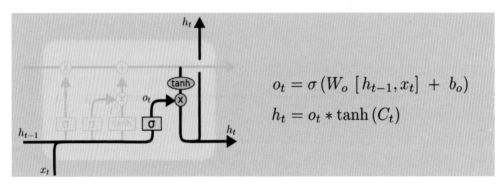

(D)output gate

$$o_t = \sigma\left(W_o\,[h_{t-1}, x_t] + b_o\right)$$
$$h_t = o_t * \tanh\left(C_t\right)$$

圖 9-1-5　LSTM 的控制結構

　　目前為止所描述的是一個正常的 LSTM，但並非所有 LSTM 都與上述相同。事實上，似乎幾乎所有涉及 LSTM 的論文都使用略有不同的版本。差異很小，但值得一提的是由 Gers & Schmidhuber(2000) 引入的 LSTM 變體：添加窺視孔 peephole。這意味我們可以從 gate layers 看到 cell state，為所有的 gate 增加 peephole 的 LSTM，如圖 9-1-6(A)。

　　另一種變化是使用 coupled forget and input gates。我們不是單獨決定忘記什麼以及應該添加新資訊，而是共同做出這些決定。當我們忘記舊事物時，我們只向狀態輸入新值，如圖 9-1-6(B)。

　　LSTM 稍微有點戲劇性的變化是由 Cho *et al.* (2014) 等人引入的 GRU。它將遺忘和輸入門組合成一個 update gate，它還合併了 cell state 和 hidden state 與一些其他更改；由此產生更簡單的 LSTM 模型，並且越來越受歡迎，如下圖 9-1-6(C)。

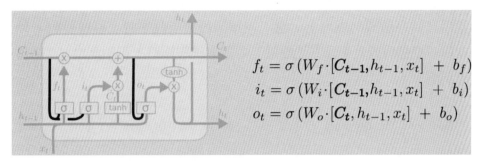

(A)peephole connections

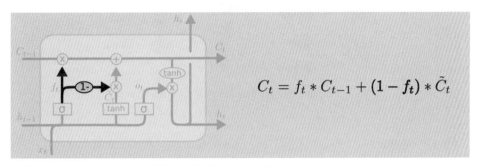

(B)coupled forget and input gates

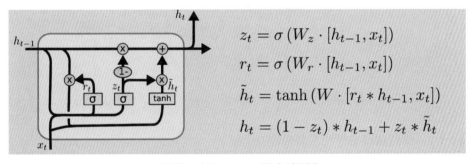

(C)Gated Recurrent Unit(GRU)

圖 9-1-6　改良後的 LSTM 架構

　　圖 9-1-7 比較傳統機器學習和深度學習，如同前述，RNN 其實是一種更複雜的神經網路。RNNs 近年在文獻中被大量使用，並應用於如語音辨識 (speech recognition)、語言模型 (language modeling)、翻譯、圖像描述 (image captioning) 等等，且各種應用仍持續有所進展，可參閱 Karpathy (2015) 的詳盡說明。[1] 遞迴神經網路 (RNN) 網路架構特性使其本身具有記憶性，故已成功應用在時序數據的處理上。應用在預測經濟成長率時，解釋變數 x_t 輸入（向前一期經濟成長率及其他變數）並透過神經網路，可預測出 Y_t（經濟成長率預測）。

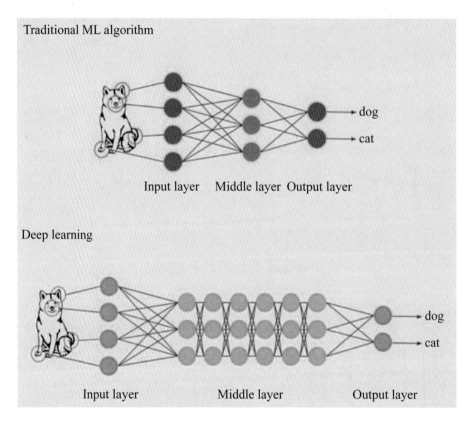

圖 9-1-7　傳統機器學習和深度學習的比較

然而大多數情況下我們需要更多前後文。例如：我們試著從以下這句話 "I was born in China... I speak fluent _____" 來預測最後一個文字，當前訊息建議下個文字可能是一個語言的名字。但如果我們欲縮小語言範圍，我們就需要更多前後文。有時相關訊息和需要位置之間的差異很大，而 RNNs 無法學

---

[1]　http://karpathy.github.io/2015/05/21/rnn-effectiveness/.

習將訊息結合，此稱之爲依賴長期記憶問題。

理論來說 RNNs 可以處理長期記憶依賴，人們謹慎選取參數，進而以這種形式解係數估計值。不過 RNNs 實際上似乎無法學習這個部分，稱之爲梯度消失問題 (vanishing gradient problem)，這在梯度變得相當大或相當小時出現，因而造成輸入資料庫結構長期全距依賴性 (long-range dependencies) 模型化的困難，此時最具效率性的方法，是使用 DL4J 支持下 RNN 的 LSTM 變異，也被稱爲 LSTM 神經細胞 cell (Hochreiter and Schmidhuber, 1997)。新增的 LSTM cells 是一種內迴圈，協助了 RNN 的外迴圈所面臨的問題。每個 LSTM cell 都具有和 RNN 一樣的輸入和輸出，但是有三個稱爲柵門 (gates) 的控制器管制，分別稱爲：forget gate、external input gate，與 output gate。更進一步的細節，可以參考 Pena and Tsay (2021, pp. 440-466)。

Pena and Tsay (2021, pp. 440-466) 有簡易的理論說明和 R 程式碼，但是以 RNN 爲主。接下來實做，我們先介紹原始程式碼，然後再採用 iForecast。

第 2 節　軟體環境設置

R 無法直接驅動 tensorflow 和 keras，必須透過相關軟體呼叫 Python 的元件。所以我們先解釋如何把 Python 的 tensorflow 和 keras 架構先裝好，然後在 R 內呼叫 LSTM。

1. tensorflow 元件安裝

(1) For Windows

深度學習元件 tensorflow 不需要 Java，但是需要 Python 當 Engine。

狀況一：如果您的電腦沒有 Python（如有，請跳至狀況二）

如果沒有裝 Python，請連上 https://www.python.org/ 並點選 Downloads，依照你的作業系統規格，選擇 Python 下載。筆者用的是 Python 3.7，3.10 乃至更新版本應該都會接續發布。

狀況二：如果您的電腦已經有 Python

第 1 步　請進入 Window Shell，如下圖。

第 2 步　鍵入指令 pip install tensorflow 以裝置 tensorflow，如下圖。

如果 pip 失敗，請跳至狀況三。

第 3 步　裝置完畢後，進入 R (RStudio)，執行以下 3 行。

install.packages(c(tensorflow², keras²)) # 裝置套件
tensorflow::install_tensorflow()　　# 裝置 R 呼叫 tensorflow 的套件
keras::install_keras()　　　# 裝置 R 呼叫 kera 的套件

第 4 步　啓動套件，並測試啓動能否成功。

library(tensorflow)

library(keras)

model = keras_model_sequential()

如果 model = keras_model_sequential() 出現一大堆紅字，但是沒有錯誤訊息，那代表裝置成功，可以執行下面程式 3_LSTM.R。

如果出現錯誤訊息，請執行：

Install.packages("reticulate")

reticulate::install_miniconda()

結束後再回到第 4 步。

狀況三：如果您的電腦已經有 Python，但是 pip 失敗

這是因爲您的環境路徑沒有自動設定，手動設定即可。

第 1 步　打開檔案總管，如下圖。進入使用者，選自己。

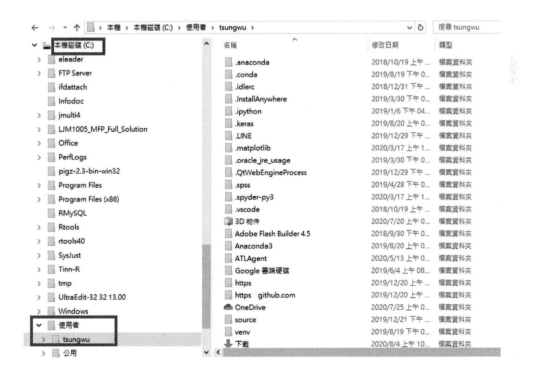

　　第 2 步　　如下圖。由上方選單，點選「隱藏項目」，讓隱藏項目顯示出來，這時看到一個 AppData 的目錄，點選進去。

　　第 3 步　　如下圖。依序進入 Python 資料夾，然後把滑鼠浮標在下拉箭頭處，點按後，就會出現 Python37 的路徑[2]。此時將之框起來，複製。

2　筆者用的是 Python 3.7，使用者要看自己的版本。

第4步　打開控制台，如下圖。 進入系統，再進入進階系統設定。

如下圖，點選 環境變數 。

如下圖，先選 Path，再點選 編輯 。

最後進入如下圖所示，點選 新增 ，就會出現空格，此時就把之前複製的 Python 路徑貼上去。建議在這個 Python 路徑，再新增一個資料夾…\Python37\ Scripts\ 。

按確定後，回到 Shell，pip 應該就可以正常使用了。

(2) For Mac

如果是 Mac 電腦，只要裝好 Python，pip 應該就可以用了。

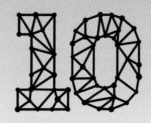

LSTM 預測實做
——美國失業率和通貨膨脹

難易指數：☺☺☺☺☺（非常簡單）

學習金鑰

1. LSTM 預測失業率實做
2. R 實做
3. iForcast 套件說明

第 1 節　LSTM 程式說明

　　此處案例以美國失業率為範例，解說完整 LSTM 程式的內容，若讀者覺得繁瑣，可以直接略過，參考第 2 節。

RLab：LSTM 的核心程式

```
library(tensorflow)
library(keras)
library(timeSeries)
#0. load the dataset
```

```
print(load("./data/UNRATE.RData"))
variable.label="US Unemployment rate, %"


plot(UNRATE,col="steelblue",main=variable.label);grid()


Y=window(UNRATE,start=start(UNRATE),end="2019-12-01")


plot(Y,col="steelblue",main=variable.label);grid()
```

#1. Choosing the dates of training and testing data

```
train.start=as.character(start(Y))
train.end="2008-12-01"
t0=which(as.character(time(Y))==train.end)
test.start=as.character(time(Y))[t0+1];test.start
test.end=as.character(end(Y));test.end


plot(Y,col="steelblue",main=variable.label);grid()
abline(h=0,v=as.POSIXct(test.start),col="red")
text(as.POSIXct(test.start), max(Y)*0.9, test.start,col="blue")
```

#2. 展開 Y 的落後結構 AR(p)，以 p=2 為例

```
p=2
datasetY=as.timeSeries(embed(Y,p+1),as.Date(time(Y)[-c(1:p)]))
y=datasetY[,1]
colnames(y)="y"
ar=datasetY[,-1]
colnames(ar)=paste0("LY",1:p)
```

**#3.其餘外生變數 X 的落後結構，moreData.csv；如果您有解釋變數，於
　　此載入**

```
temp2=read.csv("moreData.csv")
moreData=temp2[,-1,drop=FALSE]
rownames(moreData)=as.Date(temp2[,1])
moreData=as.timeSeries(moreData)

indVars=window(moreData[,1:3],start=start(Y),end=end(Y))
datasetX=as.timeSeries(embed(indVars,p+1),as.Date(time(indVars)[-c(1:p)]))
colNAMES=c(outer(paste0(names(indVars),"_L"),0:p,FUN=paste0))
colnames(datasetX)=colNAMES
IDx=grep(colNAMES,pattern="L1") #get X with lag 1

X=datasetX[,IDx]
```

#4. 定義時間特徵虛擬變數
```
trend=1:nrow(y)
seasonDummy = data.frame(forecast::seasonaldummy(as.ts(y)))
```

要執行 LSTM，只要在下面的 newData 放入想要添加的 input variables 即可。

#5. Input variables
```
newData= cbind(y, ar, seasonDummy)
tail(newData); head(newData)
```

#6. 宣告 LSTM 網路迴圈，越多越精細，但是不要超過觀察值的個數

memoryLoops=200

```
### LSTM 估計由以下開始，不需更動
```

```
#####################################
###=====LSTM modeling begins=====###
#####################################
```

```
trainData=window(newData, start=start(newData), end=train.end)
testData=window(newData, start=test.start, end=end(newData))
```

```
train0 = data.frame(value = as.numeric(trainData[,1]), trainData[,-1])
train = train0[complete.cases(train0), ]
```

```
test0 = data.frame(value = as.numeric(testData[,1]), testData[,-1])
test = test0[complete.cases(test0), ]
```

下面用 GCD 取最大公因數 (greated common divisor)，因爲 train 和 test 的長度要能被 batch.size 整除，這個數字用手動會調死人。但是，batch.size 這個數字的選擇卻是十分緊要。有興趣的可以改此處。以上在 iForecast 做了改善，請參考 CRAN 上的 iForecast 說明檔。

```
batch.size = DescTools::GCD(nrow(train),nrow(test))
nrow(train)/batch.size; nrow(test)/batch.size;batch.size
```

```
train.new=as.matrix(train) #remove date index
dimnames(train.new)=NULL
test.new=as.matrix(test)  #remove date index
dimnames(test.new)=NULL
```

LSTM 需要宣告 X 變數陣列維度，以 shape 爲代號；爲了不讓演算繁瑣，陣列第 3 維內建 2，如下。
```
SHAPE=5
x.train = array(data = train.new[,-1], dim = c(nrow(train.new), SHAPE, 2))
```

```r
y.train = array(data = train.new[,1], dim = c(nrow(train.new), 1))


x.test = array(data = test.new[,-1], dim = c(nrow(test.new), SHAPE, 2))
y.test = array(data = test.new[,1], dim = c(nrow(test.new), 1))


model <- keras_model_sequential()


model %>%
    layer_lstm(units = 100,
               input_shape = c(SHAPE, 2),
               batch_size = batch.size,
               return_sequences = TRUE,
               stateful = TRUE) %>%
    layer_dropout(rate = 0.5) %>%
    layer_lstm(units = 50,
               return_sequences = FALSE,
               stateful = TRUE) %>%
    layer_dropout(rate = 0.5) %>%
    layer_dense(units = 1)


model %>%
    compile(loss = 'mae', optimizer = 'adam')


model


system.time(for(i in 1:memoryLoops){
    model %>% fit(x = x.train,
                  y = y.train,
                  batch_size = batch.size,
```

財經時間序列預測
使用 R 的計量與機器學習方法

```
                    epochs = 1,
                    verbose = 0,
                    shuffle = FALSE)
    model %>% reset_states()}})


################################
###=== Multisteps Forecasts ===###
################################
```

 # Predict the train data

```
Pred1_dm <- predict(model,x.train, batch_size = batch.size) %>% .[,1]
```

 # Predict test data: Direct Forecasts 直接預測

```
Pred2.dm <- predict(model, x.test, batch_size = batch.size) %>% .[,1]
```

 # Calculate Accuracy

```
LSTM_dm=as.matrix(forecast::accuracy(as.ts(Pred2.dm),x=as.ts(y.test)))
LSTM_dm[,c(4,5,7)]=LSTM_dm[,c(4,5,7)]/100
MAIN.dm=paste0("LSTM_dm: AR(",p,")")
rownames(LSTM_dm)=MAIN.dm;LSTM_dm
```

 # 繪圖

```
sample1=cbind(pred=Pred1_dm,actual=y.train)
sample2=cbind(pred=Pred2.dm,actual=y.test)
year=as.integer(substr(as.character(end(Y)),1,4))
month=as.integer(substr(as.character(end(Y)),6,7))
newDataX=ts(rbind(sample1, sample2),end=c(2019,12),freq = frequency(as.
ts(newData)))
newDataX=as.timeSeries(newDataX)
```

```
MAIN1=paste0(MAIN.dm," with memory loops=",memoryLoops)


dev.new()
plot(newDataX[,2],ylim=range(newDataX),main=MAIN1,ylab=variable.
label,xlab="Direct Forecasts", type="o")
lines(newDataX[,1],ylim=range(newDataX), col="red", type="o")
abline(h=0,v=as.POSIXct(test.start),col="blue");grid()
text(as.POSIXct(rownames(newDataX)[t0-3]), max(Y)*0.9, test.
start,col="blue")
########################################
###=== Recursive Multisteps Forecasts ===###
########################################


# Predict test data: Iterative Forecasts 動態預測
test0=as.matrix(cbind(test$value, test[,-c(1:2)]))
ar.names=colnames(test0)[grep(colnames(test0),pattern="^ar+")]
rownames(test0)=NULL


ARX=as.matrix(cbind(test[,-c(1:2)]))
ahead=nrow(ARX)
ar.names=colnames(ARX)[grep(colnames(ARX),pattern="^ar+")]
rownames(ARX)=NULL


dynPred=NULL
for (i in 1:ahead) {

  x.test0 = array(data = ARX[i,], dim = c(nrow(ARX),SHAPE, 2))
  y0=(model %>% predict(x.test0, batch_size = batch.size) %>% .[,1])[1]
```

```
if (i < ahead) {if (length(ar.names)==1) { ARX[i+1,ar.names]=y0
} else {
    updates=as.numeric(c(y0,ARX[i,ar.names][1:(p-1)]))
    ARX[i+1,ar.names]=updates }} else {stop}


dynPred=c(dynPred,y0)


}


x.test.new = array(data = ARX, dim = c(nrow(ARX), SHAPE, 2))


Pred2.rm=model %>% predict(x.test.new, batch_size = batch.size) %>% .[,1]
```

計算預測正確度 Accuracy
```
LSTM_rm=as.matrix(forecast::accuracy(as.ts(Pred2.rm),x=as.ts(y.test)))
LSTM_rm[,c(4,5,7)]=LSTM_rm[,c(4,5,7)]/100
MAIN.rm=paste0("LSTM_rm: AR(",p,")")
rownames(LSTM_rm)=MAIN.rm;LSTM_rm
```

繪圖
```
sample1=cbind(pred=Pred1_dm,actual=y.train)
sample2=cbind(pred=Pred2.rm,actual=y.test)
year=as.integer(substr(as.character(end(Y)),1,4))
month=as.integer(substr(as.character(end(Y)),6,7))
newDataX=ts(rbind(sample1, sample2),end=c(year,month),freq = frequency(as.
ts(Y)))
newDataX=as.timeSeries(newDataX)
MAIN2=paste0(MAIN.rm," with memory loops=", memoryLoops)
```

```
dev.new()
plot(newDataX[,2],ylim=range(newDataX),main=MAIN2,ylab=variable.
label,xlab="Iterative forecasts", type="o")
lines(newDataX[,1],ylim=range(newDataX), col="red", type="o")
abline(h=0,v=as.POSIXct(test.start),col="blue");grid()
text(as.POSIXct(rownames(newDataX)[t0-10]), max(Y)*0.9, test.
start,col="blue")


LSTM=round(rbind(LSTM_dm, LSTM_rm),4);LSTM
save(LSTM,file="./output/data/LSTM.RData")
```

第 2 節　iForecast 內的 ttsLSTM()

　　因爲同樣採用 iForecast，故實做案例循前章使用美國月通貨膨脹，以下的 dep 是美國月通貨膨脹率。

RLab：iForecast 的 ttsLSTM 函數

```
1. library(iForecast)
2. type=c("none","trend","season","both")[1]
3. train.end="2019-12-01"
4. test.start="2020-01-01"
5. LSTM=ttsLSTM(y=dep, x=NULL, train.end,arOrder=c(1:12),
   xregOrder=c(0), memoryLoops=25, type=type)
6. testData=window(LSTM$data,start=test.start,end=end(LSTM$data))
7. P1=iForecast(Model=LSTM, newdata=testData, type="staticfit")
8. P2=iForecast(Model=LSTM, newdata=testData, type="recursive")
9. cbind(testData[,1],P1,P2)
```

　　以上關鍵是第 5 行的估計，估計完，產生預測，第 9 行比較兩個預測方

法的計算結果，如圖 10-2-1。由原始資料比較看不出來哪個預測比較好，我
們留做 R 練習。

```
> cbind(testData[,1],P1,P2)
GMT
                    y staticfit recursive
2020-01-01 2.4441279  1.484988 1.3553144
2020-02-01 2.2881342  1.522731 1.0499887
2020-03-01 1.5004109  1.527051 1.0937757
2020-04-01 0.3386003  1.444004 1.1289783
2020-05-01 0.2233467  1.308715 1.0956429
2020-06-01 0.7251765  1.187387 1.0431458
2020-07-01 1.0413501  1.121110 0.8483324
2020-08-01 1.3160815  1.157436 0.8280689
2020-09-01 1.4001131  1.237804 0.5687211
2020-10-01 1.1876188  1.295614 0.6345832
2020-11-01 1.1323726  1.307131 0.5264996
2020-12-01 1.2917605  1.290824 0.7270330
2021-01-01 1.3606958  1.330205 1.0485716
2021-02-01 1.6617718  1.361671 0.8207726
```

圖 10-2-1　預測資料 cbind(testData[,1],P1,P2)

接下來我們展示繪製時間序列預測圖，以靜態為例。整體架構和第 7 章
最後的範例一樣，如下：

```
trainData=window(LSTM$dataused,start=start(LSTM$dataused),end=train.end)
P0=iForecast(Model=LSTM, newdata=trainData, type="staticfit")
sample0=cbind(actual=trainData[,1],pred=P0)
sample1=cbind(actual=testData[,1],pred=P1)
newDataX=rbind(sample0, sample1)
rownames(newDataX)=c(rownames(P0),rownames(testData))
newDataX=as.timeSeries(newDataX)
t0=which(as.character(time(newDataX))==train.end)
dev.new()
plot(newDataX[,1],ylim=range(newDataX), ylab="", xlab="Static Forecasts", lty
```

```
= 1)
lines(newDataX[,2], ylim=range(newDataX), col="red", pch=1,type="o",lty = 2)
legend("topleft", legend=c("Actual Data", "Static forecast"), text.
col=c("black","red"), pch=c(NA,1), lty=c(1,2))
abline(h=0,v=as.POSIXct(test.start),col="blue");grid()
text(as.POSIXct(rownames(newDataX)[t0-20]), max(dep)*0.9, test.
start,col="blue")
```

　　以上程式結果如圖 10-2-2，和圖 7-7-8 相比，可以知道 LSTM 的訓練結果不如理想。其實，這問題和 LSTM 的訓練參數有關，深度學習的訓練需要宣告第 5 步的 memoryLoops，RLab 設定是 25 次，其實是不夠的。一般會將之設定為資料列數，以此例：852。RLab 是為了節省時間，要讓深度學習發揮人工智慧的學習特徵，就需要讓它有充分的學習空間。關於這一點，請讀者自行練習。

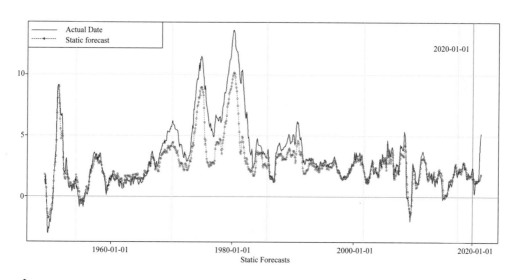

圖 10-2-2　通貨膨脹預測的時間序列圖

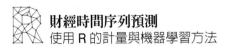

R 練習問題

1. 承上預測結果，請使用 forecast::accuracy() 比較動態與靜態兩個預測方式的表現。

2. 請將第 2 行 type 選為季節和趨勢皆有的 "both"，然後看看預測是否有所改善？

3. 將本節範例，加上 rollingWindows() 執行 Rolling Validation 訓練，將資料蒐集起來，進行相關分析。需注意，如果執行動態預測的 recursive 方法，要適當處理 rollingWindows 內的時間（參考第 6 章第 3 節動態預測的作法），以及 testData 的取得必須符合估計期的資料結構（參考第 8 章第 2 節的作法）。

Part V
類別資料

當研究的被解釋變數 Y 是用 {0, 1} 這樣的二元選擇型態所測量，所以一般也稱爲選擇問題 (choice problem)。這是決策科學常遇到的數據，{0, 1} 分別代表決策者二分的行爲。研究人員會想知道什麼因素決定了特定行爲的發生。也因爲 {0, 1} 區間的特性，期望值可以解讀爲機率。更多的行爲測量，還有 {0, 1, 2, 3, 4} 這樣的排序整數，例如：滿意度測量；以及計數 (counts)，例如：餐廳在一定時間的用餐人數。統計上，處理二元選擇資料的方法稱爲廣義線性模式 (GLM, Generalized Linear Model)，在機器學習的方法群中，如第 7 章介紹的方法（決策樹、隨機森林、SVM 等等），皆可以配入類別資料的計算，而且比 GLM 更爲便捷。GLM 只限二元，如果是多元類別，就必須採用別的函數來處理 (multinominal)，但是，第 7 章的方法群，都可以直接使用，沒有機率分布和漸進理論的困擾。

第 5 部分第 11 章會介紹 GLM 和決策樹的使用，第 12 章，則介紹二元時間序列。二元時間序列的應用很多，例如：匯率變動（升值／貶值）、景氣階段（擴張／收縮）、金融危機（危機／正常）等等。

分類模式

難易指數：☺☺☺☺☺（非常簡單）

學習金鑰

1. 類別資料的時間序列
2. R 設定

第 1 節　二元廣義線性模式

範例資料如圖 11-1-1，這是 2,000 位美國公民投票行為的資料。資料分析人員，想要知道哪些因素影響了選民決定去或不去投票。

	A	B	C	D	E
1	vote	race	age	educate	income
2	1	white	60	14	3.3458
3	0	white	51	10	1.8561
4	0	white	24	12	0.6304
5	1	white	38	8	3.4183
6	1	white	25	12	2.7852
7	1	white	67	12	2.3866
8	0	white	40	12	4.2857
9	1	white	56	10	9.3205
10	1	white	32	12	3.8797
11	1	white	75	16	2.7031
12	1	white	46	15	11.2307
13	1	white	52	12	8.6696
14	0	white	22	12	1.7443
15	0	white	60	12	0.2253

圖 11-1-1　投票與否的資料格式

vote =1，有去投票；＝ 0，沒有去投票

race = 種族別：white= 白人；others= 其他

age= 年齡

educate= 受教育年數

income= 年所得（萬美元）

　　稱為線性模式的被解釋變數（或 Y），數據是連續資料，也就是實數：
正、負和小數都可以。本講次要研究的 Y 是 {0, 1}，不適宜配適線性模式。
因為線性配適線是一條直線，直線的延長會超過 {0, 1} 這個界，如圖 11-1-
2：向右方看，要預測高所得的行為機率，就會大於 1；往左方看，低所得的
機率就會是負的。雖然，線性機率模型預測大體上還可以，但是對於雙尾極
端狀況，就會出現預測問題。

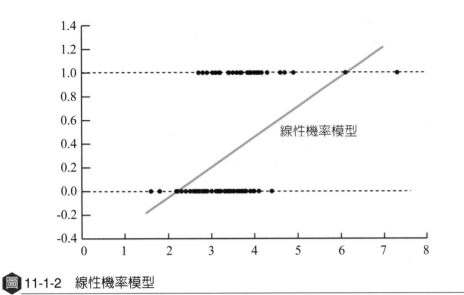

圖 11-1-2　線性機率模型

　　鑒於這種問題，用機率分布的累積機率密度去配適這樣的資料，應該比較好。也就是圖 11-1-3。

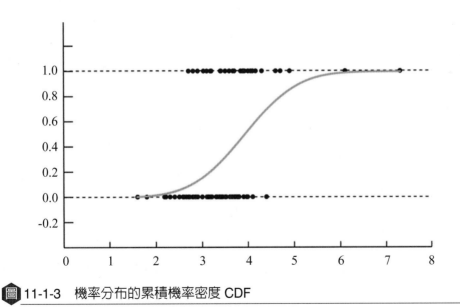

圖 11-1-3　機率分布的累積機率密度 CDF

　　統計學家開發了 Logistic 函數來處理這問題，定義如下：

$$\frac{1}{1+e^{-value}}$$

圖 11-1-4 繪製 Value 從 -6 到 6 的 Logistic 曲線，由 Y 軸可見是介於 (0, 1) 之間的 S 型，因此，這就是一個機率測度。

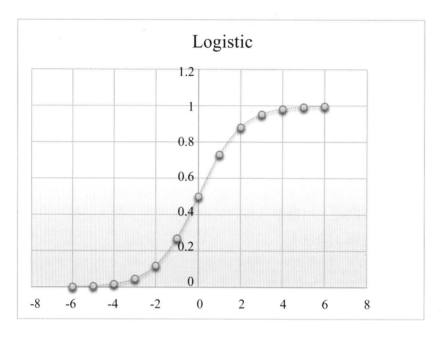

Logistic

圖 11-1-4　Logistic 曲線

如圖 11-1-1 的資料，一個單一解釋變數 X 的 logistic 模型可以表示如下：

$$Y = \frac{e^{a+bX}}{1+e^{a+bX}} \tag{11-1-1}$$

以年齡為例，也就是說：我們用「年齡 (X)」預測「投票與否 (Y)」。Y = 1 是既定類別 (default class)，因此這個機率預測函數可以寫成如下條件機率：

$$P(\text{Vote}=1|\text{Age})$$

換句話說，上式描述了「在特定年齡下，有去投票者」此分類的機率，如下：

$$P(X) = P(\text{Vote}=1|\text{Age})$$

故這個機率轉換意味：

$$p(X) = \frac{e^{a+bX}}{1+e^{a+bX}}$$

可寫成：

$$1 - p(X) = 1 - \frac{e^{a+bX}}{1+e^{a+bX}}$$

$$\Rightarrow \frac{p(X)}{1-p(X)} = \frac{\dfrac{e^{a+bX}}{1+e^{a+bX}}}{1-\dfrac{e^{a+bX}}{1+e^{a+bX}}} = \frac{\dfrac{e^{a+bX}}{1+e^{a+bX}}}{\dfrac{1+e^{a+bX}-e^{a+bX}}{1+e^{a+bX}}} = e^{a+bX}$$

$$\Rightarrow \ln(\frac{p(X)}{1-p(X)}) = \ln(e^{a+bX})$$

故，$\ln(\dfrac{p(X)}{1-p(X)}) = a + bX$

左式一般也稱為優勢比 (Odds)，因為取了對數，也稱為 log Odds。

$$\ln(Odds) = a + bX \qquad\qquad (11\text{-}1\text{-}2)$$

(11-1-2) 式可以用最大概似 MLE 或梯度下降法求解。因此，只要解出 a, b，就可以用 (11-1-1) 式解出預測機率。例如：a = –3, b = 0.03，則一個 40 歲的選民投票機率為：

$$P(Age = 40) = \frac{e^{-3+0.03\times40}}{1+e^{-3+0.03\times40}} \approx 14\%$$

這個預測，就是一個分類演算，一般常用的準則是：

預測 = 1，如果 P(Age) > 0.5

預測 = 0，如果 P(Age) ≤ 0.5

　　因此，Logistic 的模式就是分類預測。除了二元，實際上有更多的形式。當 Y 測量程度，例如：{ 不滿意，普通，滿意，很滿意 } 這樣的行為時，就不是二元選擇 (binary choice)，而是多元排序 (ordered choice)，就要編成 {0, 1, 2, 3}，我們就需要用 ordered probit/logit；如果 Y 是「計數」型，好比某時某地的旅遊人數。廣義線性的估計需要一個連結函數 (linking function) 來和機率函數連結。要連結哪一個機率密度函數，就要看 Y 的型態是如何，連結函數就是將這種「隨機變數的條件期望值」和「機率密度函數」連結的函數，一般「計數」型是布阿松函數，所以就是和布阿松函數連結。

　　因為機率函數是非線性，所以，這一部分也稱為非線性模型。然而，廣義線性的線性，指的是線性連結函數。綜合來說，GLM 有三個重要特徵：殘差結構、線性關係、連接函數。

　　首先，殘差結構，在線性模式往往用常態去處理。但是，這一章的資料則不是常態，被解釋變數的特徵，會出現高度的偏態，峰態，上下界被限制住一定的區間，以及期望值不可為負。所以，殘差結構往往用隨機變數的家族 (family) 一詞表示。例如：二項式、布阿松、Gamma 等等。其次，解釋變數和被解釋變數之間是一個線性關係。

　　最後，連結函數就是將線性關係產生 Y 的期望值，與真正的 Y 觀察值連結起來的函數。基本上，就是一個轉換。線性期望值可能是一個負的值，但是，真正的觀察值卻必須在 0 和 1 之間，因此，就需要再轉換一次，讓它更接近 Y 所描述的現象。這就是連結函數的功能。

　　廣義線性模型的分析，估計完的診斷有三項：(1) 配適度，(2) 優勢比，(3)over-dispersion 和參數變異數修正。分項解釋如下：

　　線性模型的配適度，有一個 R^2；廣義線性模型的配適度，其中一個則是 McFadden R^2，定義如下：

$$McFadden\ R^2 = 1 - (residual.deviance/null.deviance)$$

　　在 R 的 output 會直接輸出 residual.deviance 和 null.deviance 的值，依照公式輸入就可以計算 McFadden R^2。

另外，R 的 output 也回傳一個 AIC，這個指標越小越好。例如：−200 比 −150 好。

其次，廣義線性模型的分往往需要計算優勢比 (odds ratio)。在二元模式的機率模型中，每一個期望值都是一個 y = 1 時的機率測量，也就是「事件發生」的機率 p。這樣的特徵，同時也有「事件沒發生」的機率 $1 − p$，兩者相除，就是所謂的優勢比率：

$$\text{odds ratio} = \frac{p}{1 - p}$$

利用程式計算的機率期望值，就可以計算了。

最後一項稱為 over-dispersion 和參數變異數修正。在 GLM 的架構下，理論上殘差的最適表現就是卡方分布。但是，實際上會出現較大的殘差變異，這就稱為 over-dispersion。如果我們模型的解釋變數都是正確的，但是出現這種狀況時，可能的原因是數值刻度沒有適當轉換，或者函數的結構形式不正確。處理這種問題的方法，就是先計算 over-dispersion 數值，即殘差平方和除以自由度，也就是模型的變異數。再用這個數值去修正原來的估計結果。故作為分子的殘差平方和是 sum(residuals^2)，分母是自由度，故我們定義 over-dispersion 參數如下：

OD ＝殘差平方和 / 自由度

其實這個數字在輸出表中已經有了，計算 glm 完成之後，我們用以下指令就可以用上面計算的 over-dispersion(OD)，重新修正變異數，如下：

summary(glm 物件, dispersion=OD)

如一般迴歸中的異質性修正，修正後的標準差多半變得比較保守，這也就是線性模式中所稱的穩健共變異數矩陣 (robust covariance)。

第 2 節　GLM 的 R 程式

我們用一筆抽菸的數據來介紹 R 程式碼。

	A	B	C	D	E	F	G	H	I	J
1	smoker	smkban	age	hsdrop	hsgrad	colsome	colgrad	black	hispanic	female
2	1	1	41	0	1	0	0	0	0	1
3	1	1	44	0	0	1	0	0	0	1
4	0	0	19	0	0	1	0	0	0	1
5	1	0	29	0	1	0	0	0	0	1
6	0	1	28	0	0	1	0	0	0	1
7	0	0	40	0	0	1	0	0	0	0
8	1	1	47	0	0	1	0	0	0	1
9	1	0	36	0	0	1	0	0	0	0
10	0	1	49	0	0	1	0	0	0	1
11	0	0	44	0	0	1	0	0	0	0
12	0	0	33	0	0	1	0	0	0	1
13	0	0	49	0	1	0	0	0	0	1
14	0	1	28	0	0	1	0	0	0	0
15	0	1	32	0	0	1	0	0	0	0
16	0	1	29	0	0	1	0	0	0	1
17	0	0	47	0	1	0	0	0	0	0
18	0	1	36	0	0	1	0	0	0	1
19	0	1	48	0	0	1	0	0	0	1
20	1	1	28	0	0	1	0	0	0	1
21	1	1	24	0	0	1	0	0	0	0
22	1	1	39	0	1	0	0	0	0	0
23	0	0	32	0	1	0	0	0	0	1
24	1	0	60	0	1	0	0	0	0	1
25	0	1	37	0	0	0	0	0	0	1
26	1	1	31	0	0	1	0	0	0	0
27	1	0	33	1	0	0	0	0	0	1
28	0	0	49	0	0	0	1	1	0	0
29	0	1	28	0	1	0	0	0	0	1
30	1	0	24	0	1	0	0	0	0	0
31	0	0	27	0	0	0	1	0	0	0
32	0	1	31	0	0	0	0	0	0	0

圖 11-2-1　smoking.csv

欄位說明如下：

> smoker：抽菸與否，0=no, 1=yes
>
> smkban：工作場所是否禁止抽菸，0=no, 1=yes
>
> age：年齡
>
> hsdrop：高中退學與否，0=no, 1=yes
>
> hsgrad：高中畢業與否，0=no, 1=yes
>
> colsome：唸過大學與否，0=no, 1=yes

colgrad：大學畢業與否，0=no, 1=yes

black：是否是黑人，0=no, 1=yes

hispanic：是否是西裔，0=no, 1=yes

female：是否是女性，0=no, 1=yes

R 的範例程式：

第 1 步

```
> myData=read.csv("smoking.csv")
> summary(myData)
```

上面第 1 行載入資料表，第 2 行快速瀏覽欄位摘要。

```
> fit=glm(smoker~., data=myData, family=binomial)
```

glm() 完成估計，二元數據，所以裡面的 **family= binomial**。「**smoker ~.**」代表除了 smoker 之外所有的欄位，通通要當作右邊的解釋變數。

```
> summary(fit)
```

Call:

glm(formula = smoker ~ ., family = binomial, data = myData)

Deviance Residuals:

Min	1Q	Median	3Q	Max
-1.2202	-0.8144	-0.5972	-0.3849	2.3944

Coefficients:

	Estimate Std.	Error z	value	Pr(>|z|)
(Intercept)	-1.696765	0.138696	-12.234	< 2e-16 ***
smkban	-0.250735	0.049164	-5.100	3.40e-07 ***
age	-0.007452	0.001987	-3.751	0.000176 ***
hsdrop	1.931075	0.131261	14.712	< 2e-16 ***
hsgrad	1.523305	0.114308	13.326	< 2e-16 ***
colsome	1.180080	0.116518	10.128	< 2e-16 ***
colgrad	0.424753	0.125801	3.376	0.000734 ***

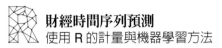

black	-0.149472	0.089994	-1.661	0.096732 .
hispanic	-0.584845	0.083085	-7.039	1.93e-12 ***
female	-0.188720	0.049105	-3.843	0.000121 ***

Signif. codes:

0 '***' 0.001 '**' 0.01 '*' 0.05 ' 0.1 ' ' 1

(Dispersion parameter for binomial family taken to be 1)

   Null deviance: 11074 on 9999 degrees of freedom

Residual deviance: 10502 on 9990 degrees of freedom

AIC: 10522

Number of Fisher Scoring iterations: 4

估計結果顯示除了 black 之外，其餘的統計上都相當顯著。

R 練習問題

請參考前述解說，計算 McFadden R^2 和穩健修正 over-dispersion 後的估計表。

接下來我們預測機率：

```
> probs=predict(fit, type="response")
> probs[1:8]
    1       2      3      4      5      6      7      8
0.285   0.217  0.300  0.359  0.238  0.307  0.213  0.313
```

這樣還不夠，必須把預測機率轉成原始資料的 "No" 和 "Yes"，才能知道我們的模型預測能力如何。函數 contrasts() 可以顯示 smoker 的啞變數 "No" 和 "Yes"，如何被 glm() 編碼成 0, 1，如下：

```
> contrasts(myData$smoker)
    Yes
No   0
Yes  1
```

轉數字為文字，以下兩行，原資料有 1 萬個人，先產生 100,000 個 No。

```
> glm.pred=rep("No",10000)
```

然後把滿足條件 **probs > 0.5** 的資料單位，覆寫為 "Yes"。

```
> glm.pred[probs > 0.5]="Yes"
```

接下來使用 table() 函數呈現結果，並計算預測正確的比率。

```
> Result=table(glm.pred,myData$smoker)
> (7562+40)/10000
> sum(diag(Result))/10000
> mean(glm.pred==myData$smoker)
```

上面最後三行是一樣的，(7,562+40)/10,000 是人工輸入數字，這樣寫只是確認下面兩個計算方法的正確。正確預測的比率為 7 成，至於這個勝率適不適合決策參考，可以依照前講次的後續分析，要求更多分類配適以蒐集更多的決策資訊。

第 3 節　混淆矩陣

二元結果是否產生一個好的預測，可以由混淆矩陣來看，說明如下：

真實值		
預測值	YES (Positive)	NO (Negative)
YES	recall TP sensitivity	FP(Type I)
NO	FN (Type II)	specifity TN
Model 是評估預測表現，所以，從預測 (prediction) 方向（左右）看 Positive/Negative		

真實值　　　　　　　　　總數 312+1+40+4=**357**

預測值	YES	NO
YES	312	40
NO	1	4
Error(%)	0.3	90.9

真實值（比率，%）

預測值	YES	NO
YES	87.39(312/357)	11.2 (40/357)
NO	0.28(1/357)	1.12 (4/357)
Error(%)	0.3	90.9

1. 正確率（Accuracy，主對角線，以總樣本看，預測 YES/NO 的正確率）：

$$\frac{312+4}{357} = 88.52\%$$

2. 精確率 (Precision)：$\dfrac{312}{312+40}$（從預測 Positive 角度 (i.e. YES) 看，與真實 YES 相符的比重）

3. 召回率（Recall rate：真實的 YES，被預測 YES 命中的比重）：$\dfrac{312}{312+1}$

4. $Kappa(\kappa) = \dfrac{\text{觀察符合率} - \text{機率符合率}}{1 - \text{機率符合率}}$

觀察符合率 $= 0.874 + 0.0112 = 0.8852$（只計算主對角線，就是 Accuracy）

機率符合率 $= \dfrac{\dfrac{312+40}{357} \cdot (312+1) + (\dfrac{1+4}{357}) \cdot (4+40)}{357} = \dfrac{308.616+0.652}{357} = 0.866$

$Kappa = \dfrac{0.8852 - 0.866}{1 - 0.866} = 0.1417$

一般來說，$-1 \leq \text{Kappa} \leq 1$。如果 Kappa < 0，說明機率符合率大於觀察符合率；Kappa=0，說明診斷試驗的結果完全由機率因素導致；Kappa > 0，說明觀察符合率大於因為機率符合的程度。既往研究總結得出，如果 0 < Kappa ≤ 0.40，則說明診斷試驗的可重複性差；如果 0.40 < Kappa < 0.75，則說明具有中、高度可重複性；如果 Kappa ≥ 0.75，那麼該診斷試驗就具有極好的可重複性。臨床醫生和研究者們可以根據這一指標綜合評估診斷試驗的可重複性，排除機遇因素干擾。

5. Youden's J index

真實值

預測值	YES	NO	
YES	312	40	PPV=312/(312+40)
NO	1	4	NPV=4/(1+4)
Error	0.3%	90.9%	
	Sensitivity=312/(312+1)	*Specificity*=4/(40+4)	

敏感度：Sensitivity = **真實 YES** 正確被預測的比率 = Recall

特異度：Specificity = **真實 NO** 正確被預測的比率

Youden's J index = **Sensitivity** + **Specificity** – 1

　　Youden's J index 衡量了 **S** + **S** 聯手預測的總貢獻，**J** 越接近 1 越好。

6. F Measure $= (1 + \beta^2) \cdot \dfrac{1}{\dfrac{1}{Precision} + \dfrac{\beta^2}{Recall}}$

F Measure 是一個統合 Precision 和 Recall 的一個測量：

(1) 如果希望重視 Precision 多一點，那 β 就可以選擇小一點；當 b=0 時，F Measure 就是 Precision。

(2) 如果希望多重視 Recall，那 β 就可以選擇大一點；當 b 無限大時，F Measure=Recall。

(3) 當 b=1 時，就是 Precision 和 Recall 同等重要，

簡稱 F1 Measure $= \dfrac{2}{\dfrac{1}{Precision} + \dfrac{1}{Recall}}$。

　　我們當然希望我們的模型 True Positive/ True Negative 可以多多出現，而 False Positive/ Negative 這種 Error 可以不要出現；這兩種錯誤，錯得很不一樣，又各自被命名為 Type I Error 和 Type II Error。

　　混淆矩陣必須考慮犯錯的成本！例如：如果你家門禁系統有指紋辨識，那你最不希望發生哪類辨識錯誤？當然是 FP=Type I Error（開了不該開的門）越小越好且 **Precision 越大越好**。也就是我寧可被關在門外進不去 (FN)，也不要有陌生人可以進我家 (FP)。但如果今天這個辨別系統是用在推薦系統，推薦系統會預測一個產品的潛在客戶，並做廣告投放，這個時候反而是較不希望 FN=Type II Error（拒絕潛在客戶，失之交臂）發生且 **Recall 越大越好**。

　　最後，模型評估還有一種稱為接收者操作特徵曲線，或者叫 ROC (Receiver Operating Characteristic) 曲線的方法。如圖 11-3-1 所示，這是一種座標圖式的分析工具，用於捨棄次佳的模型，選擇最佳的預測模型；或者在同一模型中設定最佳門檻值 (threshold)。在做決策時，ROC 分析能不受成本／效益的影響，給出相對較為客觀中立的建議。

　　令 Positive=YES 已知，ROC 的 X 軸是 FP，也就是真實的 Positive 值被預測錯誤的比率，Y 軸就是 TP，亦即 Positive 值被正確預測的比率，就是混淆矩陣的最左欄。預測標籤 YES 增加，代表預測標籤 NO 減少，故這個曲線可以檢視一種魚與熊掌的抵換 (trade-off) 問題：增加 FP 能否換來更多的 TP？FP 的增加，代表預測出更多的 Positive，例如：再增加 10 個 YES 預測值，這 10 個預測值，有一部分會對到真實的 YES（增加 TP, Actual YES = YES），有一部分會對到真實的 NO（增加 FP, Actual NO=YES）。也就是說，如果在 45° 線上，就是 50-50。所以，一個陡峭的 ROC，意味這樣的槓桿是值得的。ROC 要看的就是曲線上轉折的某一點，可以做出和 45° 線平行的切線。也就是說，過了這一點，TP 的增加，犧牲另一方就太多了。一個好的模型，會越陡峭，也就是犧牲打的效率是最大的。這完全類似經濟學上的需求彈性大於 1 的觀念，或財務上面的報酬／風險比率（夏普值）。

　　統計上所謂的虛無假設，就是混淆矩陣的 Positive，對立假設就是 Negative。談到這裡，就更了解為什麼 FP 稱為型一誤差，FN 稱為型二誤差。和統計學上的假設檢定，是一模一樣的概念。

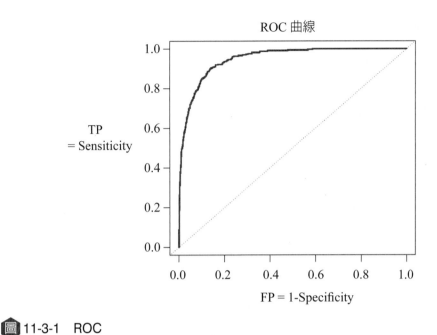

ROC 曲線

圖 11-3-1　ROC

第 4 節　決策樹分類案例研究

第 5 章我們已經介紹過決策樹概念，這裡我們用一個案例配合混淆矩陣說明。CCS 是 Canadian Charitable Society 簡稱（見圖 11-4-1），是加拿大全國性的慈善社團。每月捐款變數 MonthGive 是我們的目標變數：1 代表了自動每月扣款，0 則非。那些非自動扣款的教徒商，教會每月都會寄發通知，因此成本較高。所以，希望能找出目前是 MonthGive=0 的教徒，哪些轉成自動扣款的傾向比較高，可以對其寄發相關資訊。已知 MonthGive 內，No 有 567，Yes 有 553。依照字母順序，No 是 0，Yes 是 1。

因研究需要，這筆 CCS 資料是不具名單位的捐款數據，主要由 Britsh Columbia 和 Yukon 兩個區域的 CCS 提供。這筆數據，是由一筆資料的 50% 抽樣出來的。50% 的抽樣是 over-sampling，也是資料探勘很常見的問題，這就是基準。

1. 目標變數

MonthGive：捐款是否每月自動扣款？0=No，1=Yes。此是目標變數。

2. 其餘欄位變數說明

Region：捐款者居住之行政區

'R1' (Vancouver Island)

'R2' (Greater Vancouver)

'R3' (The Fraser Valley)

'R4' (The North Coast of BC)

'R5' (The Central and Southern Interior of BC)

'R6' (The Northern Interior of BC and the Yukon)

YearsGive：捐款者捐款累計年數

AveDonAmt：平均一次捐款金額

LastDonAmt：最近一次均款額

DonPerYear：平均一年均款次數

NewDonor：是否為新捐款者？0=No，1=Yes

Age20t29：捐款者居住之地理區 (Enumeration Area[1])，年齡 20-29 歲的人口
比率

Age20t39：捐款者居住之地理區，年齡 20-39 歲的人口比率

Age60pls：捐款者居住之地理區，年齡 60 歲以上的人口比率

Age70pls：捐款者居住之地理區，年齡 70 歲以上的人口比率

Age80pls：捐款者居住之地理區，年齡 80 歲以上的人口比率

AdultAge：捐款者居住之地理區，成年人的平均年齡

SomeUnivP：捐款者居住區的郵遞區號，居民有上過相當於大學的人數比率

FinUnivP：捐款者居住區的郵遞區號，居民有相當於大學文憑的人數比率

hh1t2mem：捐款者居住之地理區，家庭成員 1-2 人

hh1mem：捐款者居住之地理區，家庭成員僅 1 人

---

[1] Enumeration Area 類似臺灣的里，是加拿大居住區的最小單位。

AveIncEA：捐款者居住之地理區，平均稅前所得

DwelValEA：捐款者居住之地理區，平均住宅價值。0 代表缺值

EngPrmLang：捐款者居住之地理區，以英文為主要語言的人數比率

	MonthGive	Region	YearsGive	AveDonAmt	LastDonAmt	DonPerYear	NewDonor
7761	No	R1	10	9.000000	9.00	0.10000000	No
7771	No	R4	9	56.666667	40.00	0.66666667	No
7781	No	R5	9	23.000000	20.00	0.55555556	No
7791	No	R3	12	32.500000	5.00	0.33333333	No
7801	No	R3	1	20.000000	20.00	1.00000000	No
7811	No	R4	3	20.000000	20.00	0.33333333	No
7821	No	R5	4	25.000000	25.00	0.25000000	No
7831	No	R4	1	10.000000	10.00	1.00000000	No
7841	No	R4	8	15.000000	10.00	0.25000000	No
7851	No	R1	3	10.000000	10.00	0.66666667	No
7861	No	R5	3	16.666667	20.00	1.00000000	No
7871	No	R3	2	10.000000	10.00	0.50000000	No
7881	No	R1	1	10.000000	10.00	1.00000000	No
7891	No	R1	2	50.000000	50.00	0.50000000	No
7901	No	R1	9	20.833333	20.00	0.66666667	No
7911	No	R3	1	5.000000	5.00	1.00000000	No
7921	No	R3	2	10.000000	10.00	1.00000000	No
7931	No	R1	9	21.666667	25.00	0.33333333	No
7941	No	R6	8	10.000000	10.00	0.25000000	No
7951	No	R4	1	20.000000	20.00	1.00000000	No
7961	No	R3	2	11.000000	11.00	0.50000000	No
7971	No	R5	1	10.000000	10.00	1.00000000	No
7981	No	R5	9	10.000000	10.00	0.11111111	No
7991	No	R1	2	8.500000	7.00	1.00000000	No
8001	No	R2	3	35.000000	35.00	0.33333333	No

 11-4-1　資料檔 CCS.csv

決策樹模式分類的樹形結構如圖 11-4-2：

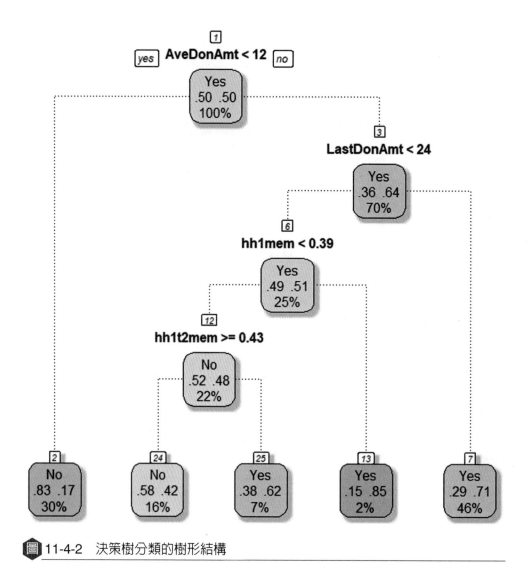

圖 11-4-2　決策樹分類的樹形結構

　　如前例，我們將二元狀態 {No, Yes} 的預測值和真實值並列檢視，如下圖 11-4-3。

思考問題　下圖 11-4-3 顯示的預測錯誤 {No, Yes} 有什麼意涵？

		A	B	
	1	Actual	Predicted	
	266	Yes	Yes	
	267	Yes	Yes	
	268	Yes	Yes	
	269	Yes	No	
	270	Yes	Yes	
	271	No	Yes	
	272	No	No	
	273	No	No	
	274	No	Yes	
	275	No	No	
	276	No	No	
	277	No	Yes	
	278	No	Yes	
	279	No	No	
	280	No	Yes	
	281	No	No	

圖 11-4-3　決策樹的預測

表 11-4-1　混淆矩陣

		真實值	
		No	Yes
預測值	No	377	130
	Yes	178	435

計算練習　根據表 11-4-1 的混淆矩陣，令 Positive=No，計算此模型的正確率、精確率、召回率以及 Kappa。

答案：正確率 = 0.725；精確率 = 0.6793；召回率 = 0.7436；Kappa = 0.4495

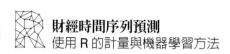

　　像這類二元資料處理，統計迴歸有稱爲羅吉斯迴歸 (logistic regression) 的機率模型，基於決策樹的強化模式有隨機森林 (random forest) 和支援向量機 (support vector machine)。殊不論演算法的複雜，最後都是產生如圖 11-4-3 的並列預測，對於資料敘事，就在於好好善用與活用上述圖 11-4-3 和表 11-4-1 的混淆矩陣。

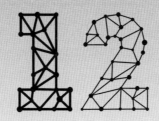

類別時間序列資料的預測
──景氣循環

難易指數：☺☺☺☺（簡單）

學習金鑰

1. 二元景氣資料的預測
2. R 實做

第 1 節　資料與問題說明

　　二元預測的時間序列資料也不少，例如：景氣循環可用 {0, 1} 代表收縮或擴張，股市可用 {0, 1} 代表熊市或牛市，金融危機可用 {0, 1} 代表沒危機或有危機等等。本章案例用國發會發布的景氣判斷，我國國發會對於景氣基準日期之認定，係採成長循環概念。除選取一組代表性經濟指標，綜合為一基準循環數列，並參酌個別代表性指標表現，以判斷景氣基準日期。景氣峰谷認定工作，亦由生產、消費、就業、貿易、交易等代表性數列編製擴散指數，以輔佐景氣基準日期之判斷。最後邀集各界專家學者討論，完成峰谷日期之認定。值得注意的是，不論是美國的 NBER、日本的 ESRI 或是我國的國發會，對於景氣循環的階段皆採「事後認定」，且宣告的時點大多在峰谷發生後近一年。然而一國政策制定需具備前瞻性，若能建立一套有效預測景氣循環變動的模式應有所助益。

所有數據皆是月頻率。我們把國發會公布的景氣循環日期資料編碼，針對二元分類 Y：{0= 衰退, 1= 擴張 }，並應用機器學習演算法訓練對 {0= 衰退, 1= 擴張 } 的預測表現，如果 {0, 1} 的預測精確度夠高，則兩者交換處就是轉折點。資料編碼如下圖 12-1-1：

	Date	照會會	transition	IPI_TWN	LD_OECD	LD_G7	LD_NAFI	LD_US	COIND_US	LACID_US	NTDUSD	TWN_Unem	TWN_labo	CPI	Export_NT	Export_US	Import_NT	Import_US	LD_TWN	LD_TWN	LACID_TWN	MS_TWN
251	1981/10/1	收縮	0	21.09	99.2477	98.8902	98.4	57.2	60.7	58.7	37.865	1.73	0.16	58.12	73776	1952.3	62685	1654.4				
252	1981/11/1	收縮	0	20.28	99.1124	98.7437	98.1	57.1	60.5	58.6	37.78	1.55	-0.5	57.73	69407	1836.1	63421	1673.4				
253	1981/12/1	收縮	0	24.14	98.9731	98.6034	97.8	56.9	60.2	58.4	37.84	1.32	0.85	57.65	72199	1913.1	60800	1605.8				
254	1982/1/1	收縮	0	18.62	98.8189	98.4615	97.4	56.3	59.9	58.5	37.712	1.36	-0.56	58.02	65561	1734.9	55785	1472.3	17.27	100	18.03	466246
255	1982/2/1	收縮	0	19.77	98.6322	98.308	97.1	56.6	60.2	58.2	37.912	1.62	-0.56	57.84	57990	1538.2	58836	1556.5	17.35	99.58	18.44	451067
256	1982/3/1	收縮	0	21.97	98.4313	98.15	96.7	56.3	60.1	57.9	37.907	1.32	0.73	57.99	70614	1863.7	61808	1627	17.41	98.98	18.79	437405
257	1982/4/1	收縮	0	21.13	98.2381	98.0072	96.4	56.3	60	58.1	38.337	1.49	0.01	58.14	71813	1890.8	69314	1820.2	17.42	98.3	19.04	431695
258	1982/5/1	收縮	0	21.55	98.0717	97.8961	96.2	56.1	60	58	38.756	1.98	-0.87	58.14	76035	1986.8	68585	1787.5	17.39	97.33	19.17	435767
259	1982/6/1	收縮	0	21.09	97.943	97.8284	96.1	55.6	59.8	58.1	39.092	1.95	0.02	58.61	72635	1880.3	56784	1466.1	17.35	96.28	19.18	445140
260	1982/7/1	收縮	0	21.55	97.87	97.8116	96.1	55.7	59.5	58	39.429	2.21	0.67	58.58	78692	2012.6	63966	1631.8	17.31	95.05	19.05	461848
261	1982/8/1	收縮	0	20.77	97.8722	97.8531	96.2	55.4	59.4	57.8	39.799	2.65	-0.14	60.35	78724	1997.6	66667	1687.3	17.29	94.32	18.84	466361
262	1982/9/1	收縮	0	21.22	97.959	97.9625	96.5	55.8	59.3	57.7	39.85	2.68	-0.43	59.79	72260	1819.7	54195	1361.3	17.33	93.73	18.57	466268
263	1982/10/1	收縮	0	20.86	98.1243	98.1364	96.8	56.1	59	57.4	39.963	2.77	-0.7	59.31	69283	1742.5	59286	1487.4	17.46	93.59	18.32	475246
264	1982/11/1	收縮	0	20.56	98.3517	98.3713	97.2	56.2	59	56.9	40.04	2.71	-0.02	58.83	71172	1784.2	53871	1347.1	17.71	94.1	18.11	477222
265	1982/12/1	收縮	0	23.33	98.6287	98.6602	97.7	56.6	59	56.4	40.062	2.79	0.28	59.05	83070	2045.6	68313	1678	18.09	95.29	17.96	482837
266	1983/1/1	收縮	0	22.45	98.9357	98.9854	98.3	57.7	59.3	56.1	40.167	2.73	1.12	59.07	66634	1670.9	58884	1472.8	18.58	97.06	17.84	501701
267	1983/2/1	收縮	0	17.99	99.2431	99.3182	98.8	58.3	59.1	56.1	39.877	3.45	-0.45	59.66	62684	1574.2	48050	1203.7	19.13	99.04	17.78	544781
268	1983/3/1	擴張	1	22.99	99.5504	99.6571	99.4	59.1	59.4	56	39.955	2.91	-0.11	59.91	71376	1791.1	74211	1857.6	19.68	101	17.79	519458
269	1983/4/1	擴張	1	22.83	99.8436	99.989	99.9	59.6	59.6	56	39.992	2.61	0.08	60.17	83607	2091.7	57781	1442	20.23	102.91	17.9	518576
270	1983/5/1	擴張	1	23.87	100.115	100.301	100.5	60.9	59.9	55.8	39.975	2.42	0.99	59.76	85963	2152.8	70614	1764	20.68	104.33	18.12	528494
271	1983/6/1	擴張	1	24.38	100.359	100.579	100.7	61.2	60.3	56	40.131	2.51	1.1	60.2	88820	2222.2	56321	1405.6	20.98	104.92	18.43	538489
272	1983/7/1	擴張	1	25	100.568	100.813	101.1	61.8	60.8	56.1	40.04	2.88	6.81	59.53	93151	2323	72449	1802.2	21.11	104.66	18.78	558064
273	1983/8/1	擴張	1	25.07	100.746	101.005	101.4	62.1	60.6	56.5	40.186	2.91	-3.17	59.5	96422	2406.9	76339	1900.9	21.08	103.63	19.11	553147
274	1983/9/1	擴張	1	24.48	100.898	101.156	101.6	62.9	61.4	56.5	40.167	2.7	-0.88	59.68	86841	2164.5	60126	1494.9	21.14	103.03	19.44	561411
275	1983/10/1	擴張	1	24.46	101.027	101.268	101.8	63.7	61.9	56.5	40.147	2.79	0.65	59.66	85896	2141	76503	1902.1	21.3	102.96	19.79	562344
276	1983/11/1	擴張	1	24.68	101.128	101.341	101.9	64	62.2	56.8	40.208	2.34	1.05	59.16	94734	2361.3	80317	1996.9	21.51	103.13	20.18	563345
277	1983/12/1	擴張	1	26.19	101.195	101.366	102	64.7	62.5	57.1	40.224	2.27	1.33	58.35	92662	2307.3	83455	2072.9	21.75	103.45	20.61	575086
278	1984/1/1	擴張	1	27.24	101.217	101.337	102	65.6	63	57.2	40.203	2.34	0.25	58.34	94912	2361.6	64863	1609.9	22.03	104.33	21.06	614553
279	1984/2/1	擴張	1	21.51	101.186	101.258	102	66.2	63.4	57.8	40.184	2.75	-0.43	58.98	76518	1906.7	67406	1675.5	22.35	104.66	21.51	627656
280	1984/3/1	擴張	1	26.84	101.107	101.136	101.8	66.3	63.5	58.1	40.224	2.09	0.54	59.14	99197	2475.6	71338	1775.9	22.63	105.18	21.9	601495
281	1984/4/1	擴張	1	26.12	101	100.98	101.6	66.6	63.9	58.6	39.735	2.01	0.83	59.25	103590	2603.4	72571	1819.3	22.81	105.24	22.21	596948
282	1984/5/1	擴張	1	27.95	100.877	100.809	101.4	67.1	64.1	59.1	39.669	2.11	1.13	59.07	114161	2885.8	80329	2025.5	22.85	104.66	22.47	603302
283	1984/6/1	收縮	0	27.11	100.74	100.63	101.2	67.3	64.5	59.4	39.784	2.23	0.7	59.92	107750	2710.7	71184	1786.3	22.76	103.5	22.75	616527
284	1984/7/1	收縮	0	28.21	100.612	100.47	101	67.5	64.6	59.9	39.424	2.52	2.45	59.76	115712	2926.5	81595	2058.4	22.6	102.04	23.05	625033
285	1984/8/1	收縮	0	27.94	100.497	100.329	100.7	67.5	65	60.3	39.043	3.02	0.06	59.98	108612	2778.5	80274	2048.3	22.42	100.53	23.37	625584
286	1984/9/1	收縮	0	25.53	100.392	100.208	100.5	67.5	65.2	60.6	39.1	3.03	-0.78	60.18	94584	2425.2	62340	1594.4	22.28	99.2	23.72	632139
287	1984/10/1	收縮	0	25.87	100.302	100.111	100.4	67.7	65.2	60.9	39.173	2.77	-0.04	59.94	103966	2659.7	74304	1896	22.21	98.23	24.07	627613

圖 12-1-1　資料編碼

被解釋變數如圖 12-1-1 左欄所編碼的景氣狀態，依照國發會公布的擴張與收縮狀態期間，編製的二元變數。重疊月分歸類為前一狀態，資料期間為 1961/1-2016/2（第 14 次循環）。

解釋變數

資料來源方面，臺灣數據來自主計總處和國發會網站，國外景氣指標資料則由開放數據網站 (www.stock-ai.com) 取得，解釋變數遷就資料，共 68 個變數，細節整理如下。

1. IPI_TWN：臺灣工業生產指數。1961/1-2019/12

2. LD_OECD：OECD 領先指數。1961/1-2019/12

3. LD_G7：G7 領先指數。1961/1-2019/12

4. LD_NAFTA：NAFTA 領先指數。1961/1-2019/12

5. LD_US：美國領先指數。1961/1-2019/12

6. COIND_US：美國同時指數。1961/1-2019/12

7. LAGD_US：美國落後指數。1961/1-2019/12

8. NTDUSD：臺幣兌美元匯率。1961/1-2019/12

9. M1A：臺灣貨幣供給額（百萬新臺幣）。1961/7-2019/12

10. M1B：臺灣貨幣供給額（百萬新臺幣）。1961/7-2019/12

11. M2：臺灣貨幣供給額（百萬新臺幣）。1961/7-2019/12

12. quasiM_NTD：準貨幣（百萬新臺幣）。1961/7-2019/12

13. quasiM_USD：準貨幣，外幣（百萬新臺幣）。1961/7-2019/12

14. quasiM_postal：準貨幣，郵政儲蓄系統（百萬新臺幣）。1961/7-2019/12

15. Deposit_money：存款貨幣（百萬新臺幣）。1961/7-2019/12

16. reserve_money：儲備貨幣（百萬新臺幣）。1961/7-2019/12

17. deposit_FI：存款（貨幣金融機構）（百萬新臺幣）。1961/7-2019/12

18. deposit_demand_MF1：存款（貨幣金融機構），企業和個人：活期存款（百萬新臺幣）。1961/7-2019/12

19. deposit_time_MF1：存款（貨幣金融機構），企業和個人：定期儲蓄存款（百萬新臺幣）。1961/7-2019/12

20. deposit_FX_MF1：存款（貨幣金融機構），企業和個人：外幣存款（百萬新臺幣）。1961/7-2019/12

21. deposit_postal_MF：存款（貨幣金融機構），郵政儲蓄存款（百萬新臺幣）。1961/7-2019/12

22. deposit_government_MF：存款，政府存款（百萬新臺幣）。1961/7-2019/12

23. ACRS：有擔保的融通利率 %。1961/7-2019/12

24. Loan_INV_1：貸款和投資，貨幣金融機構（百萬新臺幣）。1961/7-2019/12

25. Loan_INV_2：貸款和投資，貸款（百萬新臺幣）。1961/7-2019/12

26. Loan_INV_3：貸款和投資，組合投資（百萬新臺幣）。1961/7-2019/12

27. Loan_INV_4：貸款和投資，政府（百萬新臺幣）。1961/7-2019/12

28. Loan_INV_5：貸款和投資，國有企業（百萬新臺幣）。1961/7-2019/12

29. Loan_INV_6：貸款和投資，私營領域（百萬新臺幣）。1961/7-2019/12

30. TWII：臺灣加權股價指數。1968/1-2019/12

31. TWII_trans：股票成交金額（上市，百萬）。1968/1-2019/12

32. ForeignReserves：外匯準備（百萬美元）。1969/3-2019/12

33. credit1：借項總金額：支票帳戶。1972/1-2019/12

34. credit2：借項總金額：活期存款。1972/1-2019/12

35. credit3：年周轉率：支票帳戶。1972/1-2019/12

36. credit4：年周轉率：活期存款。1972/1-2019/12

37. credit5：金融機構：貸款及貼現。1972/1-2019/12

38. credit6：金融機構：貸款及貼現：政府機關。1972/1-2019/12

39. credit7：金融機構：貸款及貼現：政府企業。1972/1-2019/12

40. credit8：金融機構：貸款及貼現：私營領域。1972/1-2019/12

41. credit9：貨幣金融機構：貸款與貼現 (LD)。1972/1-2019/12

42. credit10：貨幣金融機構：企業與個人存款 (EI)。1972/1-2019/12

43. credit11：信用合作社：貸款及貼現。1972/1-2019/12

44. credit12：中華郵政股份有限公司：貸款。1972/1-2019/12

45. credit13：人壽保險公司：貸款。1972/1-2019/12

46. credit14：同業銀行短期貸款業務。1973/10-2019/12

47. credit15：銀行承兌：發行量。1975/3-2019/12

48. credit16：銀行承兌：未償。1975/3-2019/12

49. credit17：銀行承兌：贖回物。1975/7-2019/12

50. credit18：商業票據：發行量。1976/5-2019/12

51. credit19：商業票據：未償。1976/5-2019/12

52. credit20：商業票據：贖回物。1977/3-2019/12

53. TWN_Unemp：臺灣失業率。1978/1-2019/12

54. credit21：借項總金額：活期儲蓄存款。1980/1-2019/12

55. credit22：年周轉率（次），活期儲蓄存款。1980/1-2019/12

56. TWN_labourNetTurnover：臺灣淨勞動周轉率。1980/1-2019/12

57. CPI：臺灣消費者物價指數。1981/1-2019/12

58. Export_NTD_million：臺灣出口（以臺幣計價）。1981/1-2019/12

59. Export_USD_million：臺灣出口（以美元計價）。1981/1-2019/12

60. Import_NTD_million：臺灣進口（以臺幣計價）。1981/1-2019/12

61. Import_USD_million：臺灣進口（以美元計價）。1981/1-2019/12

62. LD_TWN：臺灣領先指數。1982/1-2019/12

63. LD_TWN_detrend：臺灣領先指數（去除趨勢）。1982/1-2019/12

64. LAGD_TWN：臺灣落後指數。1982/1-2019/12

65. Tax98：營業稅，12 個月移動平均 (NDC_data_SW.xlsx, tax)。1982/1-2019/12

66. Tax98：娛樂稅稅收 (NDC_data_SW.xlsx, tax)。1982/1-2019/12

67. Tax99：貨物稅 (NDC_data_SW.xlsx, tax)。1982/1-2019/12

68. C112：製造業營業氣候測驗點 (NDC_data_SW.xlsx, confidence)。1982/1-2019/12

　　以上資料都存於 mainData.Rdata，資料排序和 mainData.Rdata 一致，讀者若需要增加變數，可以自行調整。除了基本的確定趨勢和季節虛擬變數，因為變數眾多，所以投入的解釋變數 (input variables) 可以有兩種：第一種是 68 筆原始數據，第二種是用因子分析法萃取的少量因子。降維方法有三個方式，將 68 個解釋變數降維成 10 個以內：獨立因子法 (Independent Component Analysis, ICA)、以相關係數矩陣計算的主成分方法 (Principal Component Analysis, PCA)，和以共變異數矩陣計算的主成分方法。採用相關係數矩陣的主成分，資料必須沒有常數或接近常數的變數。因子萃取的陡坡圖如圖 12-1-2 (A) 與 (B)，依照對整體變異大於 93.7% 的解釋程度，採用相關係數矩陣計算的主成分取 10 個因子；至於採用共變異數矩陣計算的主成分取 4 個因子，ICA 則以二元相關係數檢定的 p-value 小於 0.02 為準，取 20 個獨立因子，圖 12-1-2(C) 繪出 6 個範例。

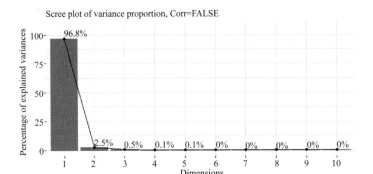

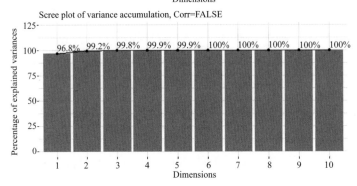

(A) 以共變異數矩陣計算的主成分

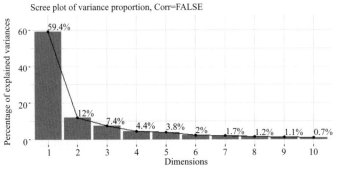

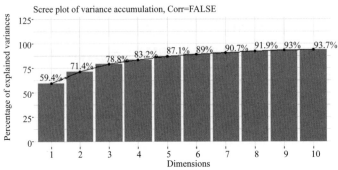

(B) 以相關矩陣計算的主成分

ICA for P-value < 0.05

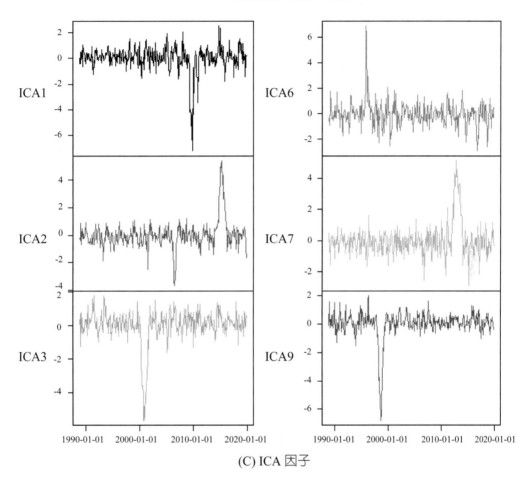

(C) ICA 因子

圖 12-1-2　因子數量

上圖的程式範例如下：前 5 行是資料清理。

RLab：降維度萃取因子

---

1. print(load("mainData.Rdata"))

2. names(dataset)

進出口採用美元計價，去除第 16 和 18 個以 NTD 計價的變數欄位

3. usedData0=dataset[,c(1:23)][,-c(16,18)]

---

4. usedData1=na.omit(cbind(usedData0[-c(1:12),1:4],diff(log(usedData0[,
    -c(1:4,14)]),12)*100, usedData0[,14]))

5. Y=usedData1[,1:4]

6. usedData=usedData1[,-c(1:4)]

7. head(usedData)

8. N=ncol(usedData)

9. data0=as.data.frame(usedData)

執行主成分分析函數 princomp()，以相關係數爲基礎 cor = TRUE

10. .PC_corr = princomp(as.matrix(data0), cor = TRUE, scores = T)

11. sigma_corr=(summary(.PC_corr, loadings=TRUE)$sdev)^2

12. varianceRatio_corr=t(round(sigma_corr/sum(sigma_corr),4))

13. cumsum(varianceRatio_corr)

14. summary(.PC_corr, loadings=TRUE)

15. summary(.PC_corr, loadings=TRUE)$scores

16. PCA.corr=.PC_corr$scores[,c(1:N)]

17. colnames(PCA.corr)=paste0("PCA",1:N)

18. PCA.corr=timeSeries::as.timeSeries(PCA.corr,time(usedData))

19. library(FactoMineR)

20. library(factoextra)

eigenvalues 越大，對變異數解釋的貢獻越大

21. eig.val <- get_eigenvalue(.PC_corr)

22. eig.val

23. MAX2=as.integer(max(eig.val[,2])*1.1)

24. MAX3=as.integer(max(eig.val[,3])*1.1)

25. A=fviz_eig(.PC_corr, addlabels = TRUE, ylim = c(0, MAX2),ncp =
    10,main="Scree plot of variance proportion, Corr=TRUE")

26. B=fviz_eigAccumulated(.PC_corr, addlabels = TRUE, ylim = c(0, MAX3*1.1),ncp = 10, main="Scree plot of variance accumulation, Corr=TRUE")

27. ggpubr::ggarrange(A, B,#labels = c("Proportion", "Cummulated"),
            ncol = 1, nrow = 2)

28. screeplot(.PC_corr, type = "barplot") # 繪製陡坡圖

執行主成分分析函數 princomp()，不以相關係數為基礎 cor = FALSE

29. .PC.noCorr = princomp(as.matrix(data0), cor = **FALSE**, scores = T)

30. summary(.PC.noCorr, loadings=TRUE)

31. sigma=(summary(.PC.noCorr, loadings=TRUE)$sdev)^2

32. varianceRatio=t(round(sigma/sum(sigma),4))

33. cumsum(varianceRatio)

34. n=as.integer(sqrt(N))

35. PCA.noCorr=.PC$scores[,c(1:n)]

36. colnames(PCA.noCorr)=paste0("PCA",1:n)

37. PCA.noCorr=timeSeries::as.timeSeries(PCA.noCorr,time(usedData))

eigenvalues 越大，對變異數解釋的貢獻越大

38. eig.val.noCorr <- get_eigenvalue(.PC.noCorr)

39. eig.val.noCorr

40. MAX2.noCorr=as.integer(max(eig.val.noCorr[,2])*1.1)

41. MAX3.noCorr=as.integer(max(eig.val.noCorr[,3])*1.1)

42. noCorr=fviz_eig(.PC.noCorr, addlabels = TRUE, ylim = c(0, MAX2.noCorr),ncp = 10,main="Scree plot of variance proportion, Corr=FALSE")

必須先讀取第 58 行的函數，才能繪製本圖形

43. noCorr=fviz_eigAccumulated(.PC.noCorr, addlabels = TRUE, ylim = c(0, MAX3.noCorr*1.1), ncp = 10, main="Scree plot of variance accumulation, Corr=FALSE")

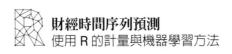

```
44. ggpubr::ggarrange(A.noCorr, B.noCorr,#labels = c("Proportion",
    "Cummulated"), ncol = 1, nrow = 2)
```

以下萃取 ICA(independent component analysis) 因子

```
45. require(fastICA)
46. seed(12345)
47. ICA_result = fastICA(data0, n.comp = 12) # 資料雖有多筆，但是 ICA 只
    取 12
```

```
48. ICA = ICA_result$S
49. n.ICA=ncol(ICA)
50. colnames(ICA)=paste0("ICA",1:n.ICA)
51. ICA=timeSeries::as.timeSeries(ICA,time(usedData))
52. plot(ICA[,1:6],main="")
53. plot(ICA[,7:n.ICA],main="")
54. ICA=cbind(Y, ICA)
55. PCA.noCorr=cbind(Y, PCA.noCorr)
56. PCA.corr=cbind(Y, PCA.corr)
57. save(ICA,PCA.corr, PCA.noCorr, file="./data/Components.RData")
```

**以下 58-67 行檢視和被解釋變數相關性較高的 ICA 因子，我們執行相關
係數檢定和 glm 迴歸，p-value 取小於 0.05，讀者可以視需要採用顯著的
因子或全用**

```
58. ica.name=colnames(ICA)
59. pValue=NULL
60. for (i in ica.name) {
    pValue=c(pValue, cor.test(Y[,1],ICA[,i])$p.value)
61. }
62. which(pValue<=0.05)
```

63. icaData=data.frame(y=as.factor(Y[,1]),ICA)

64. rownames(icaData)=NULL

65. Eq=as.formula(paste("y", paste(ica.name,collapse = "+"),sep="~"))

66. ID=which(round(coef(summary(glm(Eq,data=icaData,family = binomial(link="logit"))))[-1,4],4)<0.02)

67. plot(ICA[,ID[1:6]],main="ICA for P-value < 0.02",xlab="")

以下函數是繪製特徵值的累積圖，必須先讀取才能繪製以上第 43 行的圖形

68. **fviz_eigAccumulated <- function (X, choice = c("variance", "eigenvalue"),**

　　　geom = c("bar", "line"), barfill = "steelblue", barcolor = "steelblue",

　　　linecolor = "black", ncp = 10, addlabels = FALSE, hjust = 0,

　　　main = NULL, xlab = NULL, ylab = NULL, ggtheme = theme_ minimal(), ...

　　　) {

　　eig <- get_eigenvalue(X)

　　eig <- eig[1:min(ncp, nrow(eig)), drop = FALSE]

　　choice <- choice[1]

　　if (choice == "eigenvalue") {

　　　eig <- eig[, 1]

　　　text_labels <- round(eig, 1)

　　　if (is.null(ylab))

　　　　ylab <- "Eigenvalue"

　　}

　　else if (choice == "variance") {

　　　eig <- eig[, 3]

　　　text_labels <- paste0(round(eig, 1), "%")

```r
  }
  else stop("Allowed values for the argument choice are: 'variance' or
'eigenvalue'")
    if (length(intersect(geom, c("bar", "line"))) == 0)
        stop("The specified value(s) for the argument geom are not
allowed ")
    df.eig <- data.frame(dim = factor(1:length(eig)), eig = eig)
    extra_args <- list(...)
    bar_width <- extra_args$bar_width
    linetype <- extra_args$linetype
    if (is.null(linetype))
      linetype <- "solid"
    p <- ggplot(df.eig, aes(dim, eig, group = 1))
     if ("bar" %in% geom)
       p <- p + geom_bar(stat = "identity", fill = barfill,
                              color = barcolor, width = bar_width)
    if ("line" %in% geom)
       p <- p + geom_line(color = linecolor, linetype = linetype) +
       geom_point(shape = 19, color = linecolor)
    if (addlabels)
       p <- p + geom_text(label = text_labels, vjust = -0.4, hjust = hjust)
    if (is.null(main))
       main <- "Scree plot"
    if (is.null(xlab))
       xlab <- "Dimensions"
    if (is.null(ylab))
       ylab <- "Percentage of explained variances"
    p <- p + labs(title = main, x = xlab, y = ylab)
    ggpubr::ggpar(p, ggtheme = ggtheme, ...)
  }
```

第 2 節　機器學習 R 程式

　　R 程式很多行，我們將之分為區塊說明如下。因為原始數據有的要用變動率，有的保持原值，以下程式前 17 行皆屬於資料清理。如果原本數據不需要清理，直接把資料命名為第 18 行的 **usedData** 就可以：只要第 1 欄是二元被解釋變數即可，其餘皆是解釋變數。

RLab：機器學習的景氣循環預測

第 5-8 行是被解釋變數編碼，我們此例採取第 5 行的 y0。

1. outputPath="./output/data/"

2. **source("./src/rollingWindows.R") 移動視窗的函數在內**

3. library(caret)

4. library(timeSeries)

5. y0=paste0("transition",c(0,2:4))[1]

6. y2=paste0("transition",c(0,2:4))[2]

7. y3=paste0("transition",c(0,2:4))[3]

8. y4=paste0("transition",c(0,2:4))[4]

9. print(load("./data/mainData.Rdata"))

10. howmany=which(names(dataset)=="C112")

11. removal=grep(colnames(dataset), pattern="NTD_million")

12. dataset=na.omit(dataset[,1:howmany])[,-c(removal)]

13. dim(dataset)

14. head(dataset)

不取變動率的變數代號 keepLevelID1

15. keepLevelID1=c(grep("risk",colnames(dataset)),grep("Unemp",colnames(dataset)),grep("Turnover",colnames(dataset)))

16. usedData0=dataset[,-keepLevelID1]

17. names(usedData0)

---

usedData 是這個程式使用的資料集，如果讀者要載入自己的資料，以上 4-17 行都可以省略，載入自己的資料，命名爲 usedData，第一欄是二元被解釋變數，名稱爲 y 即可。如果是多元類別，則後面的演算法不用 glm 即可

18. usedData=na.omit(cbind(usedData0[-c(1:12),y0],diff(log(usedData0[,-c(1:4)]),12)*100,dataset[-c(1:12),keepLevelID1]))

19. dim(usedData)

以下是處理解釋變數的落後期數，p=6 是取落後 6 期。函數 embed() 可以將資料取落後結構，輸出是矩陣

20. p=6

21. timeID=time(usedData)[-c(1:p)]

22. embedY=as.timeSeries(embed(usedData[,1,drop=F],p+1),timeID)

23. embedX=as.timeSeries(embed(usedData[,-1],p+1),timeID)

24. LX.names=c(outer(paste0(colnames(usedData)[-1],"_L"),0:p,FUN=paste0))

25. colnames(embedX)=LX.names

26. dep=embedY[,1]

27. data.name="raw"

以下四行是控制條件：m 是選模型，Type 是選需不需要添增季節和趨勢的虛擬變數。如果您的 y 是多元類別，則 m 不要選 1=glm；glm 只限 {1,2}，多元則要呼叫 R 的套件 mlogit 內的多元函數 multinom。本例將季節和趨勢都視爲一起，如果需要分開，可以在下方修改程式即可

28. m=1

29. Type=2

30. dir=c("glm","svmRadial","rpart","rf")[m]

31. TYPE=c("none","season_trend")[Type]

給定模型 **m=1** 和設定 **Type=2**，**32-33** 行是最外層的 **L** 迴圈宣告，所謂的 **L** 迴圈就是落後期期數，也就是 **6**，**L=1**，也就是 **X** 的落後期為 **1(y=f(Xt-1))**，第二次 **L=2**，就是 **X** 的落後期為 **2(y=f(Xt-2))**，類推；不是 **AR** 的連續落後，變數並不會增加一倍

34 行以上產生一個新資料集 **newData**，是根據條件 **Type** 產生的資料結構。**34-35** 行根據 **newData** 定義了訓練樣本 **(trainingSample)** 的長度，和最後未來 **testData**。**testData** 是固定的，所以只出現在程式最後。驗證資料 **validationData** 是從訓練樣本中切出來，後面的滾動會產生

32. `Future.all=PM.train.all=PM.test.all=NULL`
33. `for (L in 1:p) {`

```
    LX.ID=grep(LX.names, pattern=paste0("L",L))
    LX.simpleID=paste0("LX",L)
    LX=embedX[,LX.ID] #Extract X variables

    trend=seq(nrow(LX))
    y1=as.numeric(substr(as.character(start(LX[,1])),1,4))
    m1=as.numeric(substr(as.character(start(LX[,1])),6,7))
    seasonD=forecast::seasonaldummy(ts(LX[,1],start=c(y1,m1),frequency=12))

    trend=seq(nrow(LX))
    y1=as.numeric(substr(as.character(start(LX[,1])),1,4))
    m1=as.numeric(substr(as.character(start(LX[,1])),6,7))
    seasonD=forecast::seasonaldummy(ts(LX[,1],start=c(y1,m1),frequency=12))
    if (TYPE=="none") {
        newData=cbind(y=dep, LX)
    } else { newData=cbind(y=dep,LX,trend=trend, seasonD=seasonD)}
```

34. `trainingSample=window(newData, start=start(newData),end="2016-02-01")`

35. testData=window(newData, start="2016-03-01",end=end(newData))

   Formula=as.formula("y~ .")

   timeframe=rollingWindows(newData0, estimation="299m", by="25m")

   FROM=timeframe$from

   TO=timeframe$to

以下是滾動迴圈，時間段由上面的 timeframe 控制

36. **Future_byT=PM.train_byT=PM.test_byT=NULL**

37. **predData_byT=list()**

38. **Future_byT=PM.train_byT=PM.test_byT=NULL; predData_ byT=list()**

   for (t0 in 1:length(TO)) {

COLNAMES=paste0(LX.simpleID,"_t",t0)

trainData0 是此段用於估計的資料

   trainData0=window(trainingSample,start=FROM[1],end=TO[t0])

以下的條件產生 trainData0 下一期的驗證資料 validationData

   if(t0==length(TO)) {

   validationData0=window(trainingSample,

start=TO[t0],end=end(trainingSample))[-1,]

      } else {validationData0=window(trainingSample, start=TO[t0], end=TO[t0+1])}

   if (nrow(validationData0)<25) {next}

   trainData=as.data.frame(unclass(trainData0))

   validationData=as.data.frame(unclass(validationData0))

```
trainData$y=as.factor(trainData$y)
validationData$y=as.factor(validationData$y)
```

估計
```
output=train(Formula, data=trainData, method=dir, tuneLength = 20)
```

計算訓練樣本的預測值
```
Pred1 =as.integer(predict(output,trainData,type=c("raw","prob")[1]))-1
```
這個條件是避免預測值出現全 1 或全 0 時，導致混淆矩陣失敗。所以，萬一出現全 1 或全 0 的狀況，就將最後一筆預測改成另外一個數字
```
if (sum(Pred1)==0 || sum(Pred1)==length(Pred1)) {Pred1[length(Pred1)]=1-
Pred1[length(Pred1)]}
```

製作混淆矩陣需要的表格
```
CFMatrix1=table(actual = trainData[,"y"], predicted =as.factor(Pred1))
```

混淆矩陣
```
confusionMatrix(CFMatrix1)
```

計算驗證樣本的預測值
```
Pred2 =as.integer(predict(output,validationData,type=c("raw","prob")[1]))-1
  if (sum(Pred2)==0 || sum(Pred2)==length(Pred2)) {Pred2
[length(Pred2)]=1-Pred2[length(Pred2)]}
  actual=as.integer(validationData[,"y"])-1
  if (sum(actual)==0 || sum(actual)==length(actual))
{actual[length(actual)]=1-actual[length(actual)]}
  CFMatrix2=table(actual = actual, predicted =as.factor(Pred2))  #Confusion
matrix
  confusionMatrix(CFMatrix2)
```

```
PM.train0=round(rbind(as.matrix(confusionMatrix(CFMatrix1),what="overa
ll"),
as.matrix(confusionMatrix(CFMatrix1),what="classes")),3)
  colnames(PM.train0)=COLNAMES
  PM.train_byT=cbind(PM.train_byT,PM.train0)

   PM.test0=round(rbind(as.matrix(confusionMatrix(CFMatrix2),what="overa
ll"),
  as.matrix(confusionMatrix(CFMatrix2),what="classes")),3)
  colnames(PM.test0)=COLNAMES
  PM.test_byT=cbind(PM.test_byT,PM.test0)

  predData0=data.frame(actual = validationData[,"y"], predict =as.
factor(Pred2))
  rownames(predData0)=as.character(time(validationData0))
  predData_byT[[t0]]=predData0

  print(paste0(output$method," ",TYPE," ",COLNAMES))
```

計算最後一段 testData 的預測

```
  future =as.integer(predict(output, testData,type=c("raw","prob")[1]))-1
  future=as.timeSeries(future, time(testData))
 colnames(future)=COLNAMES
 Future_byT=cbind(Future_byT,future)

 } #End of t0 loop for rolling
```

以下是儲存資訊，如果讀者想制訂儲存資料位置，修改路徑即可。因為
資料和模型都很多，所以，這個案例使用原始資料 raw，然後一個模型和
設定建立一個子目錄，例如：rf 有季節趨勢，就會在工作目錄內建立資
料夾路徑如下

---

output/raw/rf/season_trend/

這樣把結果儲存於內，便於日後處理分析。如果使用因子資料，就建立 Components 資料夾

savedRData_byT=paste0(outputPath,data.name,"/",output$method,"/",TYPE,"/",LX.simpleID,".RData")

savedRData.all=paste0(outputPath,data.name,"/",output$method,"/",TYPE,"/","_PM_all.RData")

save(Future_byT,PM.train_byT,PM.test_byT,predData_byT,file=savedRData_byT)

PM.train.all=cbind(PM.train.all,PM.train_byT)
PM.test.all=cbind(PM.test.all,PM.test_byT)
Future.all=cbind(Future.all,Future_byT)

}#End of L loop

以上迴圈全結束，將所有的結果儲存。

save(PM.train.all,PM.test.all,Future.all,file=savedRData.all)

　　因為混淆矩陣回傳的東西很多，上面估計的結果，一般用熱力圖加上階層式集群呈現，如圖 12-2-1(A)-(D)。我們想檢視哪一段 (t0) 和落後結構 (L) 訓練的結果表現最好，看圖右框，四個資料探勘的方法表現如何，可以看 X 軸與上框對應的集群分類。以此圖例，glm 和 SVM 的表現散是一群，t3 的表現最好，並落後期 2-6。

　　圖 12-2-1 列出 4 個指標，每個熱力圖皆處理 24 個設定和 4 個模型的交叉結果，4 個模型代號說明分別如下：

　　glm：generalized linear model，廣義線性模型。

RF：random forest，隨機森林。

SVM：support vector machine，支援向量機。

rpart：decision tree，決策樹。

設定表示方式，以 Lag2_t3 為例，代表落後期 $p=2$，資料疊加至第 3 次。從 t1 到 t4，資料是疊加的，據此可以看看資料多少的預測績效變化。

圖 12-2-1(A) 為正確性，以此圖為例說明如何解讀。圖左上角的 Color Key 為正確性指標數值區間的色彩：越淺越大。右端白色接近 1，左端紅色接近 0。

主圖四軸皆有資訊：右邊為 input variables 的設定，X 軸為所採用的 4 個模式；上方和 Y 軸皆顯示階層式集群分類，上方集群將 4 個模式歸類，Y 軸集群將設定歸類。

以圖 12-2-1(A) 的正確性而言，我們發現：

1. SVM 和 glm 為一組、rpart 和 RF 為一組。

2. 紅色是預測不好的設定，各模型在不同預測區間內的預測表現差異大。
   對 SVM 及 glm 而言，疊加 1 次 (t1) 的表現最好，疊加 4 次 (t4) 的表現最差；
   但對 rpart 而言，反而疊加 1 次 (t1) 的表現最差，疊加 4 次 (t4) 的表現最好；
   RF 在 t1 及 t4 時，有機會出現良好的預測表現。

3. X 軸排靠右邊的模型，是 24 個設定中表現最好的。依此例，是隨機森林
   （或和決策樹共同）的正確性最好。

4. 24 個設定歸類過於繁瑣，我們不細說，應該把重點放在合理的預測設
   定。例如：Lag1 或 Lag2 在實務上不太可行，因為除了日資料，大多數的
   月資料都會落後當月 1~2 個月。因此，以一季 Lag3 為預測點是比較合理
   的。大致上，Lag3~Lag6 的預測績效都還不錯。

整體而言，四個模型表現出的正確性類似。接下來我們看圖 12-2-1(B) 的精確性，精確性是設定 Positive= 0，也就是擴張期的計算。我們發現：

1. rpart 的預測精確性最好，glm 其次，RF 第三，SVM 居末。

2. 與正確性的結果相似，當疊加至 1 次時，預測精確性最佳，RF、SVM 及
   glm 的預測表現可至 80%，僅 rpart 表現稍差。

3. rpart 是在疊加至 4 次的表現最好，可達到 100%。

4. 除了疊加 1 次時以 Lag 1 期表現最好外，在疊加次數 2~4 下，表現最好的

Lag 期數為 3~4 個月。

接下來我們看圖 12-2-1(C) 的 F1 指標，此為召回率 (recall) 和精確性 (precision) 的加權調和平均數。我們發現：

1. rpart 和 RF 為一組，表現最佳；glm 和 SVM 為一組，表現次之。

2. rpart 在疊加至 4 次時 F1 指標達 80%；glm 在疊加 1 次時的 F1 指標達 80%，均相當理想。

3. 紅色是預測不好的設定，在集中疊加至 2、3 次的情況下，F1 均表現不佳；同前，資料越多，預測不一定越好。

4. 除在疊加 1 次時以 Lag 1 期表現最好外，在疊加次數 2~4 次時，表現最好的 Lag 期數為 3 及 5 個月。

接下來我們看圖 12-2-1(D) 的 Kappa 指標，此一平衡類別之間正確性的指標，簡單說就是要把大者恆大的影響消除掉。Kappa 值介於 -1~1 之間，正值越大，代表模型越好。圖左上角的 Color Key 為 Kappa 數值區間的色彩，越淺正值越大。右端白色接近 1，左端紅色接近 -1。我們發現：

1. RF 和 SVM 為一組，此二模型與 glm 又可為一組。glm 和 SVM 的 Kappa 指標表現普遍而言最好。

2. rpart 在疊加至 4 次時，以及 glm 在疊加至 1 次時，Kappa 指標表現最佳，可達到 1。

3. rpart 的 Kappa 表現不穩定，雖在疊加至 4 次時 Kappa 值可達到 1，但在疊加 1 次時的預測表現反而最差。

綜上所述，rpart 及 glm 的正確性最好，RF 僅些微落後。但在精確性、F1 及 Kappa 上，glm 和 rpart 最佳，不相上下。

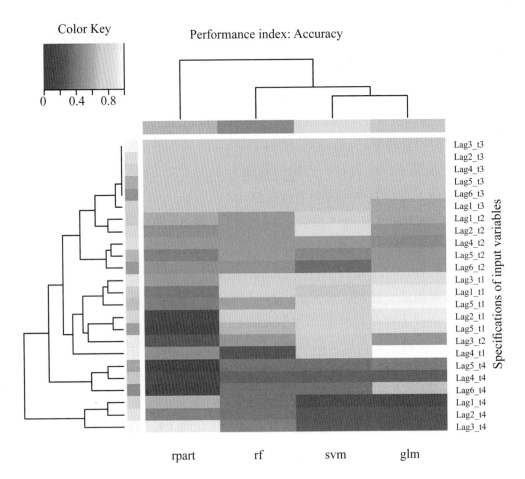

(A) 正確性指標 (Accuracy)

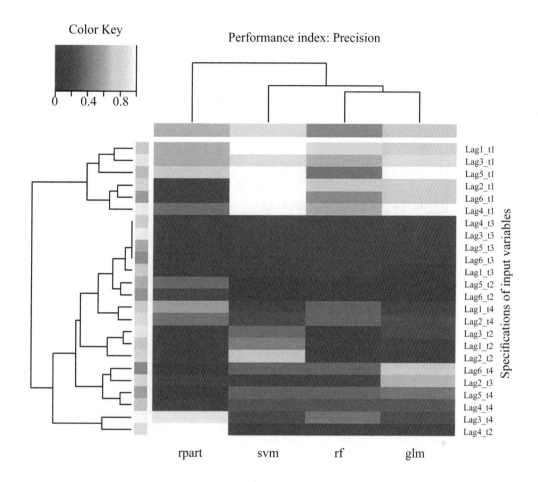

(B) 精確性指標 (Precision)

財經時間序列預測
使用 R 的計量與機器學習方法

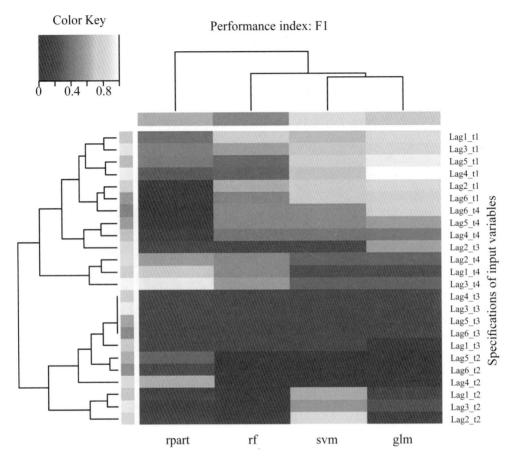

(C) F1 指標

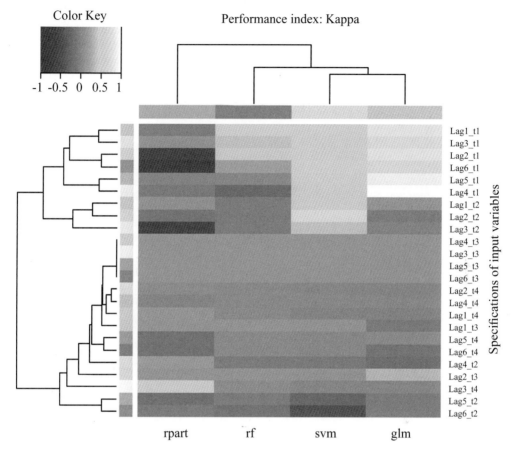

(D) Kappa 指標

▣ 12-2-1　$y_t = F(X_{t-p})$ 且 $X =$ 原始資料的預測表現

R 練習問題

1. 請修改以上程式，添加被解釋變數的 AR(1)，看看結果如何。

2. 本書附檔 Components.RData 存取了用主成分方法和 ICA 方法的因子，
   請修改以上程式，用 Components.RData 的結果製作類似圖 12-2-1 的熱
   力圖。

附錄 1

R 套件 iForecast 介紹

　　R 套件 iForecast 是本書作者開發的工具，用來訓練機器學習的方法。但是，Rolling Validation 必須另外設計，且使用函數 rollingWindows()。下面介紹分成幾類數據：「連續、間斷」以及「高頻、低頻」。以下說明用內建數據，有數種資料類型。連續或間斷程式會自動判斷，不需另外宣告。高低頻只是時間格式。目前除了 LSTM 的二元資料演算功能還不支援，其餘都可以。

　　以下請見附檔 sample4iForecast.R。

library(iForecast)
資料類型 1，macrodata 是內建總體經濟連續數據，月頻率。詳細說明請參考套件在 CRAN 上的說明檔

data(macrodata)
class(macrodata) 會呈現 zoo 物件，其實也可以用 timeSeries。
dep=macrodata[, 1, drop=FALSE] #unemployment rate of USA
ind=macrodata[, -1, drop=FALSE]

以下定義兩個日期，下例用資料的 80% 當訓練期，其餘為測試期
train.end=as.character(rownames(dep))[as.integer(nrow(dep)*0.8)]

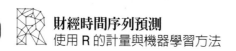

```
test.start=as.character(rownames(dep))[as.integer(nrow(dep)*0.8)+1]
```

接下來可以將要訓練的資料繪圖，並標出界線

```
dev.new();plot(timeSeries::as.timeSeries(dep), col="steelblue",main="",ylab="Value, %");grid()
abline(v=as.POSIXct(test.start),col="red")
text(as.POSIXct(test.start), max(dep)*0.95, test.start,col="blue")
```

資料類型 2，資料檔 bc 是二元資料景氣循環月資料

```
data(bc)
class(bc) #zoo object
dep=bc[,1,drop=FALSE] #Taiwan's business cycle phases
ind=bc[,-1]
```

以下定義兩個日期，同前例，用資料的 80% 當訓練期，其餘爲測試期

```
train.end=as.character(rownames(dep))[as.integer(nrow(dep)*0.8)]
test.start=as.character(rownames(dep))[as.integer(nrow(dep)*0.8)+1]
```

資料類型 3，資料檔 ES_15m 是高頻數據，15 分鐘 e-mini S&P 500 的 realized absolute variance (RAV)

```
dep=ES_15m[1:1000,1]
ind=NULL
```

以下定義兩個日期，同前例，用資料的 80% 當訓練期，其餘爲測試期

```
train.end=as.character(time(dep))[as.integer(nrow(dep)*0.9)]
test.start=as.character(time(dep))[as.integer(nrow(dep)*0.9)+1]
```

讀者可以任選一筆數據，然後執行以下三個函數。三個函數在本書內文都有詳細說明

```
#== ML Case 1. Machine Learning by library(caret)
```

```
type=c("none","trend","season","both")[1]
models=c("rf","rpart","svm","kknn","glm","nnet","ridge","blasso","enet")[4]
Caret = ttsCaret(y=dep, x=ind, arOrder=c(1), xregOrder=c(1,3,5), method=models,
                tuneLength =10, train.end, type=type)
testData1=window(Caret$data,start=test.start,end=end(Caret$data))
head(Caret$dataused)
P1=iForecast(Model=Caret,newdata=testData1,type="staticfit") # static forecasts
generated
P2=iForecast(Model=Caret,newdata=testData1,type="recursive") # dynamic
forecasts generated
tail(cbind(testData1[,1],P1),10)
tail(cbind(testData1[,1],P2),10)
```

#== **ML Case 2. autoML of H2O.ai**

```
autoML=ttsAutoML(y=dep, x=ind, train.end,arOrder=c(1,3,5),
xregOrder=c(0,2,4), maxSecs =30)


testData2=window(autoML$data, start=test.start,end=end(autoML$data))
P1=iForecast(Model=autoML,newdata=testData2,type="staticfit")
P2=iForecast(Model=autoML,newdata=testData2,type="recursive")


tail(cbind(testData2[,1],P1),10)
tail(cbind(testData2[,1],P2),10)
```

#== **ML Case 3. RNN-LSTM: binary dependent variable is NOT allowed so far**

```
LSTM=ttsLSTM(y=dep, x=ind, train.end,arOrder=c(1,5), xregOrder=c(2,4),
memoryLoops=25,type=type)
testData3=window(LSTM$data,start=test.start,end=end(LSTM$data))
P1=iForecast(Model=LSTM,newdata=testData3,type="staticfit")
```

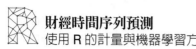
P2=iForecast(Model=LSTM,newdata=testData3,type="recursive")

tail(cbind(testData3[,1],P1),10)

tail(cbind(testData3[,1],P2),10)

附錄 2

矩陣進一步性質與應用

本附錄假設讀者已經熟習矩陣運算和矩陣種類，對於逆矩陣的求法也有認識。

第 1 節　方陣的特殊性質

1. 特徵向量 (eigenvector)，特徵值 (eigenvalue)

特徵向量（值）英文也做 characteristic vector(value)，是很常見於工程計算和多變量統計學，因為一旦知道矩陣的特徵值（向量），則這個矩陣的行列式、逆矩陣等等就可以更容易取得。Goolge 最著名的 PageRank 搜尋演算法，就是利用了特徵值和特徵向量去為查詢的網頁排序 (ranking)。解釋何謂特徵值和特徵向量，我們先看一個簡單範例：

範例 1.　令矩陣 $A = \begin{bmatrix} 4 & -2 \\ 1 & 1 \end{bmatrix}, u = \begin{bmatrix} 2 \\ 1 \end{bmatrix}$，計算 Au。

解　　$Au = \begin{bmatrix} 4 & -2 \\ 1 & 1 \end{bmatrix} \begin{bmatrix} 2 \\ 1 \end{bmatrix} = \begin{bmatrix} 6 \\ 3 \end{bmatrix} = 3 \begin{bmatrix} 2 \\ 1 \end{bmatrix}$

上例，我們發現：$Au = 3u$

上面這個關係中，λ 稱為特徵值，u 稱為特徵向量。特徵值是由德文 Eigenwert 而來，英文意思為恰當 (proper value)。就是說，如果一個矩陣和其特徵向量相乘，恰恰等於放大特徵向量一個倍數（特徵值）。法國數學家

Jean d'Alembert 發現特徵值在解微分方程式有極大用處。

上面關係一般化可以寫成：$\mathbf{Au} = \lambda\mathbf{u}$

$\mathbf{A}$ 是方陣，$\mathbf{u}$ 是向量，1 是純量

$\lambda\mathbf{u}$ 可以寫成 $\lambda\begin{bmatrix} 2 \\ 1 \end{bmatrix} = \begin{bmatrix} \lambda & 0 \\ 0 & \lambda \end{bmatrix}\begin{bmatrix} 2 \\ 1 \end{bmatrix} = \begin{bmatrix} 2\lambda \\ \lambda \end{bmatrix} = \lambda\begin{bmatrix} 2 \\ 1 \end{bmatrix}$

$\mathbf{Au} = \begin{bmatrix} \lambda & 0 \\ 0 & \lambda \end{bmatrix}\mathbf{u}$

$\Rightarrow (\mathbf{A} - \lambda\mathbf{I})\mathbf{u} = 0$

以 2×2 方陣為例，

$$\begin{bmatrix} a_{11} - \lambda & a_{12} \\ a_{21} & a_{22} - \lambda \end{bmatrix}\mathbf{u} = \mathbf{0}$$

對於非 0 向量 $\mathbf{u}$，上式成立的條件是前乘之矩陣 $\begin{bmatrix} a_{11} - \lambda & a_{12} \\ a_{21} & a_{22} - \lambda \end{bmatrix}$ 的行列式為 0，故：

$$\begin{bmatrix} a_{11} - \lambda & a_{12} \\ a_{21} & a_{22} - \lambda \end{bmatrix}\mathbf{u} = 0$$

$$\Leftrightarrow \det\begin{bmatrix} a_{11} - \lambda & a_{12} \\ a_{21} & a_{22} - \lambda \end{bmatrix} = 0$$

成為求特徵值的公式。上面是 2×2 方陣，但通用一般方陣：

$$\det[\mathbf{A} - \lambda\mathbf{I}] = 0$$

我們必須記得，特徵值和特徵向量如銅板的兩面，且：特徵值生成特徵向量。

範例 2. 已知 $\mathbf{A} = \begin{bmatrix} 5 & -2 \\ 4 & -1 \end{bmatrix}$，求特徵值和特徵向量。

解　　(1)　解特徵值

$$\det\begin{bmatrix} 5 - \lambda & -2 \\ 4 & -1 - \lambda \end{bmatrix} = 0$$

$$(5-\lambda)(-1-\lambda)+8=0$$
$$\Rightarrow \lambda_1 = 1, \lambda_2 = 3$$

(2) 解特徵向量

特徵值由行列式求得，特徵向量則帶入矩陣式

$$\begin{bmatrix} a_{11}-\lambda & a_{12} \\ a_{21} & a_{22}-\lambda \end{bmatrix} \mathbf{u} = 0$$

$$\lambda = 1 ,\ \begin{bmatrix} 5-1 & -2 \\ 4 & -1-1 \end{bmatrix}\begin{bmatrix} x \\ y \end{bmatrix} = \begin{bmatrix} 0 \\ 0 \end{bmatrix} \Rightarrow \begin{bmatrix} 4 & -2 \\ 4 & -2 \end{bmatrix}\begin{bmatrix} x \\ y \end{bmatrix} = \begin{bmatrix} 0 \\ 0 \end{bmatrix}$$

$$\Rightarrow \begin{cases} 2x - y = 0 \\ 2x - y = 0 \end{cases}$$

這兩條聯立方程式指出在座標軸上，y 是 x 的 2 倍的所有實數皆是特徵向量。故特徵值 $\lambda = 1$ 產生之特徵向量為 $s\begin{bmatrix} 1 \\ 2 \end{bmatrix}$，$s \in R$

$$\lambda = -3 ,\ \begin{bmatrix} 5-3 & -2 \\ 4 & -1-3 \end{bmatrix}\begin{bmatrix} x \\ y \end{bmatrix} = \begin{bmatrix} 0 \\ 0 \end{bmatrix} \Rightarrow \begin{bmatrix} 2 & -2 \\ 4 & -4 \end{bmatrix}\begin{bmatrix} x \\ y \end{bmatrix} = \begin{bmatrix} 0 \\ 0 \end{bmatrix}$$

$$\Rightarrow \begin{cases} x - y = 0 \\ x - y = 0 \end{cases}$$

這兩條聯立方程式指出在座標軸上，y 與 x 相等的所有實數皆是特徵向量。故特徵值 $\lambda = -3$ 產生之特徵向量為 $s\begin{bmatrix} 1 \\ 1 \end{bmatrix}$，$s \in R$

一個矩陣的特徵向量，彼此是線性獨立的 (linearly independent)，以上例，也就是 $\begin{bmatrix} 1 \\ 2 \end{bmatrix}$ 和 $\begin{bmatrix} 1 \\ 1 \end{bmatrix}$ 是矩陣 $\mathbf{A}$ 的特徵向量，它們彼此之間不能透過純量運算互相產生。向量空間中，最基本的線性獨立單位，就是單位向量（如後基底向量），以 3 維為例：就是 $\begin{bmatrix} 1 \\ 0 \\ 0 \end{bmatrix}, \begin{bmatrix} 0 \\ 1 \\ 0 \end{bmatrix}, \begin{bmatrix} 0 \\ 0 \\ 1 \end{bmatrix}$ 這三組基底向量。任一個都不能由另兩個的線性組合得出。

對於特徵值有幾個重要的性質，因為經過偉大數學家們證明，我們可以直接使用。

性質 1. 若一個方陣不可逆，則它的特徵值至少 1 個是 0。也就是說，如果 0 是一個特徵值，則此矩陣不可逆。

性質 2. 若一方陣為對角，上三角或下三角矩陣，其特徵值就是主對角線的數值。例如：

$$\begin{bmatrix} a_{11} & 0 & \cdots & 0 \\ 0 & a_{22} & \cdots & 0 \\ \vdots & 0 & \ddots & \vdots \\ 0 & 0 & \cdots & a_{nn} \end{bmatrix}, \begin{bmatrix} a_{11} & a_{12} & \cdots & a_{1n} \\ 0 & a_{22} & \cdots & a_{2n} \\ \vdots & 0 & \ddots & \vdots \\ 0 & 0 & \cdots & a_{nn} \end{bmatrix} 或 \begin{bmatrix} a_{11} & 0 & \cdots & 0 \\ a_{21} & a_{22} & \cdots & 0 \\ \vdots & 0 & \ddots & \vdots \\ a_{n1} & a_{n2} & \cdots & a_{nn} \end{bmatrix} 這三$$

種矩陣的特徵值皆是 $a_{11}, a_{12}, ..., a_{nn}$。

性質 3. 如下表：

矩陣	特徵向量	特徵值
A	**u**	λ
$\mathbf{A}^m$（m 次方）	**u**	λ^m（m 次方）
$\mathbf{A}^{-1}$（逆）	**u**	λ^{-1}（倒數）

可知在這三種運算之下，特徵向量是不動的。這些性質，對於求解一些模型很有幫助。

2. 對角化 (diagonalization)

把特定矩陣對角化會很有幫助，有一些重要的結果，對簡化運算也很有用。例如：關於 3×3 方陣 **A**，3 個相異 (distinct) 特徵值對應三個特徵向量所排成的矩陣為 **P**，則我們有這個性質：

$$\mathbf{P}^{-1}\mathbf{A}\mathbf{P} = \mathbf{D}$$

D 為由特徵值構成的對角矩陣。

這個性質也稱為對角化 (diagonalization)。

範例 3. 令 $\mathbf{A} = \begin{bmatrix} 1 & 2 \\ 4 & 3 \end{bmatrix}$，已知兩特徵值為 -1 和 5，對應的特徵向量為

$$\mathbf{u} = \begin{bmatrix} 1 \\ -1 \end{bmatrix}, \mathbf{v} = \begin{bmatrix} 1 \\ 2 \end{bmatrix}，請驗證特徵向量可以對角化矩陣 \mathbf{A}。$$

解　$$\mathbf{P} = (\mathbf{u}, \mathbf{v}) = \begin{bmatrix} 1 & 1 \\ -1 & 2 \end{bmatrix}$$

$$\mathbf{D} = \begin{bmatrix} -1 & 0 \\ 0 & 5 \end{bmatrix}$$

因為：$\mathbf{P}^{-1}\mathbf{A}\mathbf{P} = \mathbf{D} \Leftrightarrow \mathbf{A}\mathbf{P} = \mathbf{P}\mathbf{D}$

$$\mathbf{A}\mathbf{P} = \begin{bmatrix} 1 & 2 \\ 4 & 3 \end{bmatrix}\begin{bmatrix} 1 & 1 \\ -1 & 2 \end{bmatrix} = \begin{bmatrix} -1 & 5 \\ 1 & 10 \end{bmatrix}$$

$$\mathbf{P}\mathbf{D} = \begin{bmatrix} 1 & 1 \\ -1 & 2 \end{bmatrix}\begin{bmatrix} -1 & 0 \\ 0 & 5 \end{bmatrix} = \begin{bmatrix} -1 & 5 \\ 1 & 10 \end{bmatrix}$$

驗證成功。

　　對角化的關鍵在於特徵值沒有重複的，**完全相異 (distinct)**，這樣才可以產生完全獨立的 **P** 矩陣是可逆。

　　對角化的重要，在於一個很重要的應用，設想，如果我們要對一個方陣連乘 100 次，$\mathbf{P}^{-1}\mathbf{A}\mathbf{P} = \mathbf{D}$ 這個性質，確認了 $\mathbf{A} = \mathbf{P}\mathbf{D}\mathbf{P}^{-1}$，且：

$$\mathbf{A}^m = \mathbf{P}\mathbf{D}^m\mathbf{P}^{-1}$$

　　D 是特徵值構成的對角矩陣，$\mathbf{D}^m$ 就是每個數值的 m 次方。這樣求取連乘方陣就簡單很多。這個性質在多變量統計用得很多，只要學到主成分，因子模型，這個線性獨立性質有助於化檢繁瑣的計算。

範例 4.　請說明矩陣 $\mathbf{A} = \begin{bmatrix} 1 & -3 & 4 \\ 0 & 2 & 5 \\ 0 & 0 & 2 \end{bmatrix}$ 不能對角化。

解　矩陣 **A** 是上三角，所以，特徵值為主對角線的 1, 2, 2，因為 2 重複，故這三個數字非相異 (distinct)，也就是解出兩個一樣的特徵向量。因此 $\mathbf{P}^{-1}\mathbf{A}\mathbf{P} = \mathbf{D}$ 的 **P** 不存在，故不可對角化。

　　最後，一個重要的觀念：向量間的線性獨立，和正交並不一樣。正交是向量間彼此垂直，所以，向量內積為 0。然而線性獨立不需要向量間彼此垂直。正交向量，必定獨立，反之不然。所以，正交條件是一個嚴格的條件，在很多地方都會放寬要求線性獨立即可。

例如：$\begin{bmatrix} a \\ b \end{bmatrix}$ 和 $\begin{bmatrix} c \\ d \end{bmatrix}$ 彼此正交，則：內積 $ac+bd=0$。基底向量 $\begin{bmatrix} 1 \\ 0 \end{bmatrix}$ 和 $\begin{bmatrix} 0 \\ 1 \end{bmatrix}$ 就是一例，分別是兩個垂直軸上的座標，明顯地它們也彼此獨立。上面的特徵向量，讀者可以驗證一下它們的內積是否為 0。

正交矩陣有什麼好的性質可以用？

若矩陣 **A** 為正交，則：

$$\mathbf{A}^{-1} = \mathbf{A}^{T}$$

如果正交矩陣，逆矩陣只要轉置就可以，這個性質真的太棒了。但是，正交很容易嗎？數學家有幫助找出一些本質上就是正交的矩陣，那麼是什麼樣的？就是第 10 章介紹過的對稱矩陣，對稱矩陣有一個重要的性質：

若矩陣 **A** 是對稱的，則其特徵向量不但獨立，且為正交。所以，求 $\mathbf{A}^{m} = \mathbf{PD}^{m}\mathbf{P}^{-1}$ 就更簡單了。

範例 5. 令 $\mathbf{A} = \begin{bmatrix} -3 & 4 \\ 4 & 3 \end{bmatrix}$，請將 **A** 對角化並驗證正交矩陣的性質。

解　依 $\det\left(\begin{bmatrix} -3-\lambda & 4 \\ 4 & 3-\lambda \end{bmatrix}\right) = 0$，解出特徵值為 -5 和 5，對應的特徵向量分別為：

$\mathbf{u} = \begin{bmatrix} 2 \\ -1 \end{bmatrix}$，$\mathbf{v} = \begin{bmatrix} 1 \\ 2 \end{bmatrix}$，故 $\mathbf{P} = \begin{bmatrix} 2 & 1 \\ -1 & 2 \end{bmatrix}$ 且 $\mathbf{P}^{-1} = \begin{bmatrix} 0.4 & -0.2 \\ 0.2 & 0.4 \end{bmatrix}$

因此，對角化矩陣為 $\mathbf{D} = \mathbf{P}^{-1}\mathbf{AP} = \begin{bmatrix} -5 & 0 \\ 0 & 5 \end{bmatrix}$

因為內積 $\mathbf{u} \cdot \mathbf{v} = \begin{bmatrix} 2 \\ -1 \end{bmatrix} \cdot \begin{bmatrix} 1 \\ 2 \end{bmatrix} = 2-2 = 0$，所以 **P** 是正交，那為何此例中，$\mathbf{P}^{-1}$ 和 $\mathbf{P}^{T}$ 不一樣？差 5 倍，那這個數 5，是不是在何處？當特徵值絕對值相同時，那個公倍數就是原因所在。

習題

1. 請求取以下矩陣的特徵值和特徵向量矩陣 $\mathbf{P}$ 與 $\mathbf{P}^{-1}$。

(a) $\mathbf{A} = \begin{bmatrix} 1 & -6 & 2 \\ 0 & 4 & 25 \\ 0 & 0 & 9 \end{bmatrix}$

(b) $\mathbf{A} = \begin{bmatrix} 1 & -2 & 3 \\ 0 & 2 & 5 \\ 0 & 0 & 3 \end{bmatrix}$

2. 計算上題的 $\mathbf{A}^3$。請利用 $\mathbf{A}^m = \mathbf{P}\mathbf{D}^m\mathbf{P}^{-1}$ 結果，驗證直接算 3 次，和 $\mathbf{P}\mathbf{D}^3\mathbf{P}^{-1}$ 結果一樣。

3. 請驗證 $\mathbf{A} = \begin{bmatrix} 1 & 2 & 1 \\ 2 & 1 & 1 \\ 1 & 1 & 2 \end{bmatrix}$ 的特徵向量彼此正交。

解答

1. (a) 特徵值：1, 4, 9；$\mathbf{P} = \begin{bmatrix} 1 & -2 & -7 \\ 0 & 1 & 10 \\ 0 & 0 & 2 \end{bmatrix}$, $\mathbf{P}^{-1} = \dfrac{1}{2}\begin{bmatrix} 2 & 4 & -13 \\ 0 & 2 & -10 \\ 0 & 0 & 1 \end{bmatrix}$

(b) 特徵值：1, 2, 3；$\mathbf{P} = \begin{bmatrix} 1 & -2 & -7 \\ 0 & 1 & 10 \\ 0 & 0 & 2 \end{bmatrix}$, $\mathbf{P}^{-1} = \dfrac{1}{2}\begin{bmatrix} 2 & 4 & -13 \\ 0 & 2 & -10 \\ 0 & 0 & 1 \end{bmatrix}$

2. 驗證略。

3. 矩陣 $\mathbf{A}$ 的 3 個特徵向量為 $\begin{bmatrix} 1 \\ -1 \\ 0 \end{bmatrix}, \begin{bmatrix} 1 \\ 1 \\ -2 \end{bmatrix}, \begin{bmatrix} 1 \\ 1 \\ 1 \end{bmatrix}$，驗證略。

第 2 節　應用

最後我們簡介一些應用。

1. 最小平方法

統計上的複迴歸如下：

$$y_i = b_0 + b_1 x_{1i} + b_2 x_{2i} + \ldots + b_k x_{ki} + u_i$$

y 為被解釋變數，b 是係數，x 是資料，u 是殘差項。估計這個線性迴歸的通用方法是最小平方法，也就是求：令殘差平方和 ($\sum_{i=1}^{m} u_i^2$) 最小的係數。寫成如下式子：

$$\min_{b_0, \cdots b_k} \sum_{i=1}^{m} u_i^2 = \sum_{i=1}^{m} (y_i - b_0 - b_1 x_{1i} - b_2 x_{2i} - \ldots - b_k x_{ki})^2$$

用偏微分處理繁瑣許多，利用矩陣處理就很簡單，先成一個矩陣：

$$\mathbf{y} = \mathbf{X}\boldsymbol{\beta} + \mathbf{u}$$

對應的矩陣內容如下：

$$\begin{bmatrix} y_1 \\ y_2 \\ \vdots \\ y_m \end{bmatrix} = \begin{bmatrix} 1 & x_{21} & \cdots & x_{k1} \\ 1 & x_{22} & \cdots & x_{k1} \\ \cdots & \cdots & \cdots & \cdots \\ 1 & x_{2m} & \cdots & x_{km} \end{bmatrix} \begin{bmatrix} b_0 \\ b_1 \\ \vdots \\ b_k \end{bmatrix} + \begin{bmatrix} u_1 \\ u_2 \\ \vdots \\ u_m \end{bmatrix}$$

$$\mathbf{y} \quad = \quad\quad \mathbf{X} \quad\quad\quad \boldsymbol{\beta} \; + \; \mathbf{u}$$

$$\min_{\mathbf{b}} \mathbf{u}^{\mathrm{T}}\mathbf{u}$$

轉置矩陣符號上標 T，也常常寫成：$\mathbf{u}^{\mathrm{T}} = \mathbf{u}'$，故：

$$\mathbf{u}'\mathbf{u} = (\mathbf{y} - \mathbf{X}\boldsymbol{\beta})'(\mathbf{y} - \mathbf{X}\boldsymbol{\beta}) = \mathbf{y}'\mathbf{y} - 2\boldsymbol{\beta}'\mathbf{X}'\mathbf{y}' + \boldsymbol{\beta}'\mathbf{X}'\mathbf{X}\boldsymbol{\beta}$$

2. 利用兩個轉置性質

(1) $(\mathbf{X}\boldsymbol{\beta})' = \boldsymbol{\beta}'\mathbf{X}'$

(2) $\boldsymbol{\beta}'\mathbf{X}'\mathbf{y} = \mathbf{y}'\mathbf{X}\boldsymbol{\beta}'$，因為是純量。

然後我們對 $\mathbf{y}'\mathbf{y} - 2\boldsymbol{\beta}'\mathbf{X}'\mathbf{y} + \boldsymbol{\beta}'\mathbf{X}'\mathbf{X}\boldsymbol{\beta}$ 的 β 做偏微分，令一階為 0。如下：

$$\frac{\partial(\mathbf{y}'\mathbf{y} - 2\boldsymbol{\beta}'\mathbf{X}'\mathbf{y} + \boldsymbol{\beta}'\mathbf{X}'\mathbf{X}\boldsymbol{\beta})}{\partial\boldsymbol{\beta}}$$

$$-2\mathbf{X}'\mathbf{y} + 2\mathbf{X}'\mathbf{X}\boldsymbol{\beta} = 0 \Leftrightarrow \mathbf{X}'\mathbf{X}\boldsymbol{\beta} = \mathbf{X}'\mathbf{y}$$

$$\Leftrightarrow \boldsymbol{\beta} = (\mathbf{X}'\mathbf{X})^{-1}\mathbf{X}'\mathbf{y}$$

矩陣運算就可以很簡單明瞭，在多變量複迴歸、計量經濟學等領域，這個式子會很常出現。包括用來證明 Gauss-Markov 定理和最小平方法的不偏性質等等。

3. 有限馬可夫鏈 (Finite Markov chain)

前面介紹的性質 $\mathbf{A}^m = \mathbf{P}\mathbf{D}^m\mathbf{P}^{-1}$，應用到解馬可夫過程 (Markov processes) 時相當有幫助。馬可夫過程測量一個狀態變化的時間過程，利用一個馬可夫鏈 (Markov chain) 的狀態移轉方陣，元素是機率。例如：一個在兩都市 A、B 之間遷移的人數：

$$\mathbf{T} = \begin{bmatrix} P_{AA} & P_{AB} \\ P_{BA} & P_{BB} \end{bmatrix}$$

P_{AA}：T_0 時是居住在都市 A，T_1 時依然是居住在都市 A 的機率

P_{AB}：T_0 時居住在都市 A，T_1 時居住在都市 B 的機率

P_{BA}：T_0 時居住在都市 B，T_1 時居住在都市 A 的機率

P_{BB}：T_0 時居住在都市 B，T_1 時依然居住在都市 B 的機率

列相加：$P_{AA} + P_{AB} = 1$

列相加：$P_{BA} + P_{BB} = 1$

$\mathbf{X}_0 = \begin{bmatrix} A_0 \\ B_0 \end{bmatrix}$ 測量了在 T_0 時兩個都市的居住人數。

有限馬可夫鏈，可以測量未來 n 期時兩個都市的居住人數 $\mathbf{X}_n$。

$$\mathbf{X}_n = \mathbf{X}_0'\mathbf{T} = \begin{bmatrix} A_0 & B_0 \end{bmatrix} \begin{bmatrix} P_{AA} & P_{AB} \\ P_{BA} & P_{BB} \end{bmatrix}$$

$$\begin{bmatrix} A_t & B_t \end{bmatrix} \begin{bmatrix} P_{AA} & P_{AB} \\ P_{BA} & P_{BB} \end{bmatrix}$$

$$= \begin{bmatrix} A_t P_{AA} + B_t P_{BA}, A_t P_{AB} + B_t P_{BB} \end{bmatrix}$$

$$= \begin{bmatrix} A_{t+1} & B_{t+1} \end{bmatrix}$$

這可以知道，馬可夫鏈的跨期計算，是計算期望值。

有些計算會使用轉置：$\mathbf{T}'\mathbf{X}_0 = \begin{bmatrix} P_{AA} & P_{BA} \\ P_{AB} & P_{BB} \end{bmatrix} \begin{bmatrix} A_0 \\ B_0 \end{bmatrix}$

再一個應用例使用轉置，以下是某餐廳的到店消費滿意度矩陣 $\mathbf{T}$：右緣
Y = 滿意，N = 不滿意，代表服務滿意度。

$$\begin{array}{cc} & \text{Yer} \quad \text{No} \\ \mathbf{M} = \mathbf{T}' = \begin{bmatrix} 0.6 & 0.5 \\ 0.4 & 0.5 \end{bmatrix} & \begin{array}{l} \text{Yes} \\ \text{No} \end{array} \end{array}$$

$$\mathbf{X}_0 = \begin{bmatrix} 90 \\ 10 \end{bmatrix}$$

和前例略異，行向量元素加總 = 1。$\mathbf{X}$ 向量則代表現每 100 位顧客之中，
期初的滿意度組合：滿意 90，不滿意 10。

一個馬可夫鏈要解的問題是：

$\mathbf{X}_n = \mathbf{M}^n\mathbf{X}_0$：$n$ 天之後，100 名到店消費的顧客中，滿意度變化。也就
是，消費 n 餐後，這 100 名顧客口味的變化。

以 $\mathbf{X}_{10}$ 為例，我們要解 $\begin{bmatrix} 0.6 & 0.5 \\ 0.4 & 0.5 \end{bmatrix}^{10} \begin{bmatrix} 90 \\ 10 \end{bmatrix}$

第 1 步，解 $\begin{bmatrix} 0.6 & 0.5 \\ 0.4 & 0.5 \end{bmatrix}$ 的特徵值：

$$\det\left(\begin{bmatrix} 0.6-\lambda & 0.5 \\ 0.4 & 0.5\lambda \end{bmatrix}\right) = 0 \quad \Rightarrow \begin{cases} \lambda_1 = 1 \\ \lambda_2 = 0.1 \end{cases}$$

對應的特徵向量：

$$\lambda_1 = 1 \Rightarrow \begin{bmatrix} 5 \\ 4 \end{bmatrix} 和 \lambda_2 = 0.1 \Rightarrow \begin{bmatrix} -1 \\ 1 \end{bmatrix}$$

$$故 \mathbf{P} = \begin{bmatrix} 5 & -1 \\ 4 & 1 \end{bmatrix} 且 \mathbf{D} = \begin{bmatrix} 1 & 0 \\ 0 & 0.1 \end{bmatrix}$$

解 $\mathbf{P}$ 的逆矩陣，得 $\mathbf{P}^{-1} = \dfrac{1}{9}\begin{bmatrix} 1 & 1 \\ -4 & 5 \end{bmatrix}$

第 2 步，計算 $\mathbf{M}^{10}$：

$$\begin{aligned}
\mathbf{M}^{10} &= \frac{1}{9}\begin{bmatrix} 5 & -1 \\ 4 & 1 \end{bmatrix}\begin{bmatrix} 1 & 0 \\ 0 & 0.1 \end{bmatrix}^{10}\begin{bmatrix} 1 & 1 \\ -4 & 5 \end{bmatrix} \\
&= \frac{1}{9}\begin{bmatrix} 5 & -1 \\ 4 & 1 \end{bmatrix}\begin{bmatrix} 1^{10} & 0 \\ 0 & 0.1^{10} \end{bmatrix}\begin{bmatrix} 1 & 1 \\ -4 & 5 \end{bmatrix} \\
&= \frac{1}{9}\begin{bmatrix} 5 & -1 \\ 4 & 1 \end{bmatrix}\begin{bmatrix} 1 & 0 \\ 0 & 0 \end{bmatrix}\begin{bmatrix} 1 & 1 \\ -4 & 5 \end{bmatrix} \quad (0.1^{10} \approx 0) \\
&= \frac{1}{9}\begin{bmatrix} 5 & 5 \\ 4 & 4 \end{bmatrix}
\end{aligned}$$

最後，$\mathbf{X}_{10} = \mathbf{M}^{10}\mathbf{X} = \dfrac{1}{9}\begin{bmatrix} 5 & 5 \\ 4 & 4 \end{bmatrix}\begin{bmatrix} 90 \\ 10 \end{bmatrix} = \dfrac{10}{9}\begin{bmatrix} 50 \\ 40 \end{bmatrix}\begin{bmatrix} 55.5 \\ 44.4 \end{bmatrix}$

所以，10 次消費之後，到店消費這 100 人中，表達滿意的共有 56 人，不滿意的共有 44 人。在馬可夫鏈的運算中，我們往往關注真正的收斂狀態，也就是：

$$\lim_{n \to \infty} \mathbf{X}_n$$

此例，因為 1 個特徵值小，10 期就差不多歸 0 了，不然我們依然要計算極限。馬可夫鏈中，$\mathbf{T}$ 矩陣稱為遞移矩陣 (transition matrix)，描述一個有限狀態變化的鏈，應用極廣。例如：失業與就業狀態、習慣感染、傳染病擴張的狀態等等。從資料中估計出遞移矩陣，就可以推算未來收斂值。

4. 演算法 (algorithm)

演算法是一個解出特定參數的計算流程，可以分成兩類：

第 1 類是有公式可以帶入，例如：

二元一次方程式的解：

$$ax^2 + bx + c = 0 \Rightarrow x = \frac{-b \pm \sqrt{b^2 - 4ac}}{2a}$$

線性迴歸的係數，如上的最小平方法的公式：

$$\mathbf{y} = \mathbf{X}\boldsymbol{\beta} + \mathbf{uy}$$
$$\boldsymbol{\beta} = (\mathbf{X}'\mathbf{X})^{-1}\mathbf{X}'\mathbf{y}$$

這類的演算，求得的代數公式，等號兩端都沒有相同的變數，一翻兩瞪眼，也稱為封閉解 (closed-form solution)。這樣的世界真美好。

第 2 類則是沒有一個明顯的代數公式可以用。好比要解聯立方程式，會用數值求解方法。一個例子是常用的 Gauss-Seidel 疊代運算過程 (iterative procedure)。已知聯立方程式的矩陣型態 $\mathbf{Ax} = \mathbf{b}$，如下：

$$\mathbf{A} = \begin{bmatrix} a_{11} & a_{12} & \cdots & a_{1n} \\ a_{21} & a_{22} & \cdots & a_{2n} \\ \vdots & \vdots & \ddots & \vdots \\ a_{n1} & a_{n2} & \cdots & a_{nn} \end{bmatrix}, \quad \mathbf{x} = \begin{bmatrix} x_1 \\ x_2 \\ \vdots \\ x_n \end{bmatrix}, \quad \mathbf{b} = \begin{bmatrix} b_1 \\ b_2 \\ \vdots \\ b_n \end{bmatrix}$$

第 1 步，將矩陣 **A** 寫成下三角矩陣 (**L**) 和上三角 (**U**) 矩陣相加：$\mathbf{A} = \mathbf{L} + \mathbf{U}$

$$\mathbf{L} = \begin{bmatrix} a_{11} & 0 & \cdots & 0 \\ a_{21} & a_{22} & \cdots & 0 \\ \vdots & \vdots & \ddots & \vdots \\ a_{n1} & a_{n2} & \cdots & a_{nn} \end{bmatrix}, \quad \mathbf{U} = \begin{bmatrix} 0 & a_{12} & \cdots & a_{1n} \\ 0 & 0 & \cdots & a_{2n} \\ \vdots & \vdots & \ddots & \vdots \\ 0 & 0 & \cdots & 0 \end{bmatrix}$$

帶入原式：$\mathbf{Lx} + \mathbf{Ux} = \mathbf{b} \Leftrightarrow \mathbf{Lx} = \mathbf{by} - \mathbf{Ux}$

因此，未知數 **x** 的解是 $\mathbf{x} = \mathbf{L}^{-1} \cdot (\mathbf{b} - \mathbf{Ux})$

但是，此式等號左右都有 **x**，故不是一個封閉解，此時求解就可以用

k-step 的演算法求解，如：$\mathbf{x}^{k+1} = \mathbf{L}^{-1} \cdot (\mathbf{b} - \mathbf{U}\mathbf{x}^k)$，如下：

$$\mathbf{x}^{k+1} = \mathbf{L}^{-1} \cdot (\mathbf{b} - \mathbf{U}\mathbf{x}^k)$$
$$= \mathbf{L}^{-1} \cdot \mathbf{b} - \mathbf{L}^{-1} \cdot \mathbf{U}\mathbf{x}^k$$
$$\boxed{= \mathbf{T}\mathbf{x}^k + \mathbf{C}}$$

故：
$$\mathbf{T} = -\mathbf{L}^{-1} \cdot \mathbf{U}$$
$$\mathbf{C} = \mathbf{L}^{-1} \cdot \mathbf{b}$$

演算到 $\mathbf{x}^{k+1} \equiv \mathbf{x}^k$ 就停止

第 1 個數值範例如下：

$$\mathbf{A} = \begin{bmatrix} 16 & 3 \\ 7 & -11 \end{bmatrix}, \quad \mathbf{b} = \begin{bmatrix} 11 \\ 13 \end{bmatrix}$$

$$\mathbf{L} = \begin{bmatrix} 16 & 0 \\ 7 & -11 \end{bmatrix} \rightarrow \mathbf{L}^{-1} = \begin{bmatrix} 0.0625 & 0 \\ 0.0398 & -0.0909 \end{bmatrix}$$

$$\boxed{\mathbf{T} = \begin{bmatrix} 0 & -0.1875 \\ 0 & -0.1193 \end{bmatrix}, \mathbf{C} = \begin{bmatrix} 0.6875 \\ -0.7443 \end{bmatrix}}$$

接下來給定起始值 $\mathbf{x}^0$，就可以開始疊代運算

$$\mathbf{x}^0 = \begin{bmatrix} 1 \\ 1 \end{bmatrix}$$

$$\mathbf{x}^1 = \begin{bmatrix} 0 & -0.1875 \\ 0 & -0.1193 \end{bmatrix}\begin{bmatrix} 1 \\ 1 \end{bmatrix} + \begin{bmatrix} 0.6875 \\ -0.7443 \end{bmatrix} = \begin{bmatrix} 0.5000 \\ -0.8639 \end{bmatrix}$$

$$\mathbf{x}^2 = \begin{bmatrix} 0 & -0.1875 \\ 0 & -0.1193 \end{bmatrix}\begin{bmatrix} 0.5000 \\ -0.8639 \end{bmatrix} + \begin{bmatrix} 0.6875 \\ -0.7443 \end{bmatrix} = \begin{bmatrix} 0.8494 \\ -0.6413 \end{bmatrix}$$

$$\vdots$$

$$\mathbf{x}^7 = \begin{bmatrix} 0 & -0.1875 \\ 0 & -0.1193 \end{bmatrix}\begin{bmatrix} 0.8122 \\ -0.6650 \end{bmatrix} + \begin{bmatrix} 0.6875 \\ -0.7443 \end{bmatrix} = \begin{bmatrix} 0.8122 \\ -0.6650 \end{bmatrix}$$

上例在第 7 步停止，因為 $\mathbf{x}^7 = \mathbf{x}^6$

第 2 個實際範例如下，左邊 4 條方程式是聯立方程式，要解出 4 個未知數，逐條寫成右邊的模式：

$$10x_1 - x_2 + 2x_3 = 6 \qquad \Rightarrow x_1 = \frac{1}{10}x_2 - \frac{1}{5}x_3 + \frac{3}{5}$$

$$-x_1 + 11x_2 - x_3 + 3x_4 = 25 \qquad \Rightarrow x_2 = \frac{1}{11}x_1 + \frac{1}{11}x_2 - \frac{3}{11}x_3 + \frac{25}{11}$$

$$2x_1 - x_2 + 10x_3 - x_4 = -11 \qquad \Rightarrow x_3 = -\frac{1}{5}x_1 + \frac{1}{10}x_2 + \frac{1}{10}x_4 - \frac{11}{10}$$

$$3x_2 - x_3 + 8x_4 = 15 \qquad \Rightarrow x_4 = -\frac{3}{8}x_2 + \frac{1}{8}x_3 + \frac{15}{8}$$

以 $(x_1^0, x_2^0, x_3^0, x_4^0) = (0,0,0,0)$ 為起始值 (initial values) 可計算出第 1 步的 4 個未知數，帶入右式解出第 2 步的 4 個未知數，再帶入右式解出第 2 步的 4 個未知數：

$$x_1 = 0.6 \qquad x_2 = 2.3272 \qquad x_3 = -0.9873 \qquad x_4 = 0.8789$$
$$\vdots$$
$$(x_1, x_2, x_3, x_4) = (1, 2, -1, 1)$$

最後，收斂解就會出現。演算法使用了大量矩陣來簡化運算，有些演算法是要解決資料本身的特殊問題，例如：不完全資料 (incomplete data) 時，學者提出 EM (Expectation-Maximization) 演算法，可以在一個優化架構下，在期望值 (Expectation) 和極大化 (Maximization) 之間切換以計算模型的最佳參數。這方法時常用於估計隱藏馬可夫鏈和空間狀態變化。

參考文獻

Abadi, M., et al. (2016). TensorFlow: A system for large-scale machine learning. USENIX Association. *12th USENIX Symposium on Operating Systems Design and Implementation*, pp. 265-283. https://www.usenix.org/system/files/conference/osdi16/osdi16-abadi.pdf.

Aiolfi M., Carlos C., and Timmermann A. (2011). Forecast combinations. In *The Oxford Handbook of Economic Forecasting*, edited by Clements and Hendry, pp. 355-388. Oxford: Oxford university Press.

Barnichon, Regis and Christopher J. Nekarda (2012). The Ins and Outs of Forecasting Unemployment: Using Labor Force Flows to Forecast the Labor Market. *Brookings Papers on Economic Activity*, Fall, pp. 83:117.

Bates J.M. and C.W.J. Granger (1969). The combination of forecasts. *Operational Research Quarterly*, 26, pp. 325-329.

Bergmeir, C., Hyndman, R. J., and Benítez, J. M. (2016). Bagging exponential smoothing methods using STL decomposition and Box-Cox transformation. *International Journal of Forecasting*, 32(2), pp. 303-312.

Bishop, C. M. (2006). *Pattern Recognition and Machine Learning*. springer.

Bontempi, G., Birattari, M., and Bersini, H. (1999). Local learning for iterated time-series prediction. In: Bratko, I., Dzeroski, S. (eds.) *Machine Learning: Proceedings of the Sixteenth International Conference*, pp. 32-38. Morgan

Kaufmann Publishers, San Francisco.

Bontempi Gianluca, Souhaib Ben Taieb, and Yann-Äel Le Borgne (2013). Machine Learning Strategies for Time Series Forecasting. In Marie-Aude Aufaure and Esteban Zimányi (eds.). *Business Intelligence*, pp. 62-77. Spring-Verlag.

Box, G. and Cox, D. (1964). An Analysis of Transformations. *Journal of the Royal Statistical Society*. Series B (Methodological), 26(2), pp. 211-252.

Chen, Nai-Fu, Roll, Richard, and Ross, Stephen A. (1986). Economic forces and the stock market. *Journal of Business*, 59(3), pp. 383-403.

Chevillon, G (2007). Direct multi-step estimation and forecasting. *Journal of Economic Surveys*, 21(4), pp. 746-785.

Clements, M and D Hendry (1998). *Forecasting Economic Time Series*. UK: Cambridge University Press.

Clements, M and D Hendry eds. (2002). *A Companion to Economic Forecasting*. Cambridge University Press. UK: Blackwell Publisher.

Clements, M and D Hendry eds. (2011). *The Oxford Handbook of Economic Forecasting*. Cambridge University Press. UK: Oxford University Press.

De Livera, A. M., Hyndman, R. J., and Snyder, R. D. (2011). Forecasting time series with complex seasonal patterns using exponential smoothing. *Journal of the American Statistical Association*, 106(496), pp. 1513-1527.

DeMiguel, V., Garlappi, L., Uppal, R. (2009). Optimal versus naive diversification: how inefficient is the 1/N portfolio strategy? *Review of Financial Studies*, 22, pp. 1915-1953.

Edlund Per-Olov and Karlsson S. (1993). Forecasting the Swedish Unemployment Rate: VAR us. Transfer Function Modelling. *International Journal of Forecasting*, 9(1), pp. 61-76.

Fama, Eugene F. (1970). Efficient capital markets: A review of theory and empirical work. *The Journal of Finance*, 25(2), pp. 383-417.

Feng, H. and Liu, J. (2003). A SETAR model for Canadian GDP: Non-linearities and forecast comparisons. *Applied Economics*, 35(18), pp. 1957-1964.

Franses, P. H. and Van Dijk, D. (2000). *Non-linear Time Series Models in Empirical Finance*, Cambridge University Press.

Friedman J. H. (2001). Greedy function approximation: a gradient boosting machine. *Annals of Statistics*, pp. 1189-1232.

Hall Aaron Smalter (2018). Machine Learning Approaches to Macroeconomic Forecasting. Economic Review, Federal Reserve Bank of Kansas. Available at: https://www.kansascityfed.org/~/media/files/publicat/econrev/econrevarchive/2018/4q18smalterhall.pdf.

Hamzaçebi, C., Akay, D., and Kutay, F. (2009). Comparison of direct and iterative artificial neural network forecast approaches in multi-periodic time series forecasting. *Expert Systems with Applications*, 36(2), pp. 3839-3844.

Hansen, B. E. (2007). Least squares model averaging. *Econometrica*, 75(4), pp. 1175-1189.

Hansen, B. E. and Racine, J. S. (2012). Jackknife model averaging. *Journal of Econometrics*, 167(1), pp. 38-46.

Hastie, T. and Tibshirani R. (1990). *Generalized Additive Models*. Chapman and Hall.

Hastie, T., Tibshirani, R., and Friedman, J. (2017). *The Elements of Statistical Learning: Data Mining, Inference, and Prediction*. Springer Science & Business Media.

Hochreiter, S. and Schmidhuber, J. (1997). Long short-term memory. *Neural Computation*, 9, pp. 1735-1780.

Hyndman, R. J. and Athanasopoulos, G. (2018). *Forecasting: Principles and Practice*. 2nd edition. Available at: https://otexts.com/fpp2/.

Hyndman, R. J. and Koehler, A. B. (2006). Another look at measures of forecast accuracy. *International Journal of Forecasting*, 22(4), pp. 679-688.

Hyndman, R. J., Athanasopoulos, G., Bergmeir, C., Caceres, G., Chhay, L., O'Hara-Wild, M., and Yasmeen, F. (2018). Forecast: Forecasting functions for time series and linear models. Available at: https://rdrr.io/cran/forecast/.

Kuhn, Max and Kjell Johnson (2013). *Applied Predictive Modeling*. Springer.

Liao Jen-Che and Wen-Jen Tsay (2020). Optimal multi-step VAR forecasting averaging. *Econometric Theory*, 36(6), pp. 1099-1126.

Makridakis, S. (1993). Accuracy measures: theoretical and practical concerns. *International Journal of Forecasting*, 9(4), pp. 527-529.

Mayer Brent and Tasci Murat (2015). Lessons for Forecasting Unemployment in the United States: use Flow rates, Mind the Trend. Working Paper #2015-1, Federal Reserve Bank of Atlanta.

McNames, J. (1998). A nearest trajectory strategy for time series prediction. In: *Proceedings of the International Workshop on Advanced Black-Box Techniques for Nonlinear Modeling*, pp. 112-128. K.U. Leuven, Belgium.

Meese, Richard A. and Rogoff, Kenneth (1983). Empirical exchange rate models of the seventies: Do they fit out of sample? *Journal of International Economics*, 14(1-2), pp. 3-24.

Montgomery, Alan L, Victo Zarnowitz, Ruey S. Tsay, and George C. Tiao (1998). Forecasting the U.S. Unemployment Rate. *Journal of the American Statistical Association*, 93(442), pp. 478-493.

Peña Daniel and Tsay Ruey S. (2021). *Statistical Learning for Big Dependent Data*. Wiley.

Pesaran M.H. and Pick, A. (2011). Forecast combination across estimation windows. *Journal of Business and Economic Statistics*, 29(2), pp. 307-318.

Pflug Georg Ch., Alois Pichler, and David Wozabal (2012). The 1/N investment strategy is optimal under high model ambiguity. *Journal of Banking and Finance*, 36, pp. 410-417.

Rabinowicz Assaf and Rosset Saharon (2020). Cross-Validation for Correlated Data. Forthcoming in *Journal of the American Statistical Association*, DOI: 10.1080/01621459.2020.1801451.

Rothman Philip (1998). Forecasting Asymmetric Unemployment rates. *Review of Economics and Statistics*, 80(1), pp. 164-168.

Saad, E., Prokhorov, D., and Wunsch, D. (1998). Comparative study of stock trend prediction using time delay, recurrent and probabilistic neural networks.

IEEE Transactions on Neural Networks, 9(6), pp. 1456-1470.

Sorjamaa, A, J Hao, N Reyhani, Y Ji, and A Lendasse (2007). Methodology for long-term prediction of time series. *Neurocomputing*, 70(16), pp. 2861-2869.

Stock, J. H. and Watson, M. W. (1998). *A Comparison of Linear and Nonlinear Univariate Models for Forecasting Macroeconomic Time Series* (No. w6607). National Bureau of Economic Research.

Tasci, Murat (2012). Ins and Outs of Unemployment in the Long-Run: Unemployment Flows and the Natural Rate. *Working Paper #12-24*, Federal Reserve Bank of Cleveland.

Taylor, J. W. (2003). Short-term electricity demand forecasting using double seasonal exponential smoothing. *Journal of the Operational Research Society*, 54(8), pp. 799-805.

Tibshirani R (1996). Regression Shrinkage and Selection via the lasso. *Journal of the Royal Statistical Society Series B* (Methodological), 58(1), pp. 267-288.

Tu Jun and Guofu Zhou (2011). Markowitz meets Talmud: A combination of sophisticated and naive diversification strategies. *Journal of Financial Economics*, 99(1), pp. 204-215.

Vapnik V. (2000). *The Nature of Statistical Learning Theory*, 2nd. Springer-Verlag, New York.

Wackerly Dennis, Mendenhall William, and Richard L. Scheaffer (2008). *Mathematical Statistics with Applications*, 7th Edition. Thomson Brooks/ Cole.

Wood, S. N. and Augustin, N. H. (2002). GAMs with integrated model selection using penalized regression splines and applications to environmental modelling. *Ecological Modelling*, 157(2-3), pp. 157-177.

Zhao, Z., Chen, W., Wu, X., Chen, P. C., and Liu, J. (2017a). LSTM network: a deep learning approach for short-term traffic forecast. *IET Intelligent Transport Systems*, 11(2), pp. 68-75.

Zhao, Y., Li, J., and Yu, L. (2017b). A deep learning ensemble approach for crude oil price forecasting. *Energy Economics*, 66, pp. 9-16.

Zou H. and Hastie T. (2005). Regularization and variable selection via the elastic net. *Journal of Royal Statistical Society*. Series B. 67(2), pp. 301-320.

國家圖書館出版品預行編目資料

財經時間序列預測：使用R的計量與機器學習
方法／何宗武著. -- 初版. -- 臺北市：五
南圖書出版股份有限公司，2022.09
　　面；　公分
ISBN 978-626-343-149-2（平裝）

1.CST：統計套裝軟體　2.CST：統計分析

512.4　　　　　　　　　　　111012031

1HC2

財經時間序列預測——
使用R的計量與機器學習方法

作　　者 ― 何宗武

責任編輯 ― 唐　筠

文字校對 ― 許馨尹、黃志誠

封面設計 ― 王麗娟

發 行 人 ― 楊榮川

總 經 理 ― 楊士清

總 編 輯 ― 楊秀麗

副總編輯 ― 張毓芬

出 版 者 ― 五南圖書出版股份有限公司

地　　址：106臺北市大安區和平東路二段339號4樓

電　　話：(02)2705-5066　傳　　真：(02)2706-6100

網　　址：https://www.wunan.com.tw

電子郵件：wunan@wunan.com.tw

劃撥帳號：01068953

戶　　名：五南圖書出版股份有限公司

法律顧問　林勝安律師事務所　林勝安律師

出版日期　2022年9月初版一刷

定　　價　新臺幣600元

經典永恆・名著常在

五十週年的獻禮 —— 經典名著文庫

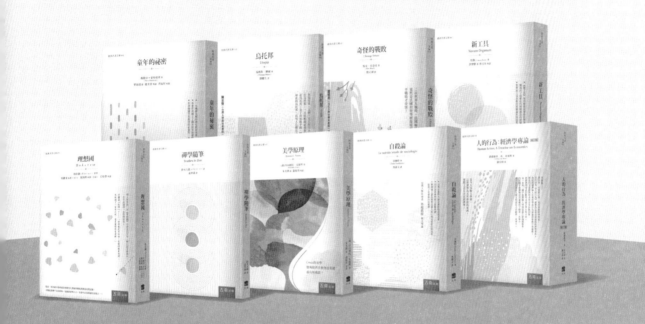

五南，五十年了，半個世紀，人生旅程的一大半，走過來了。

思索著，邁向百年的未來歷程，能為知識界、文化學術界作些什麼？

在速食文化的生態下，有什麼值得讓人雋永品味的？

歷代經典・當今名著，經過時間的洗禮，千錘百鍊，流傳至今，光芒耀人；

不僅使我們能領悟前人的智慧，同時也增深加廣我們思考的深度與視野。

我們決心投入巨資，有計畫的系統梳選，成立「經典名著文庫」，

希望收入古今中外思想性的、充滿睿智與獨見的經典、名著。

這是一項理想性的、永續性的巨大出版工程。

不在意讀者的眾寡，只考慮它的學術價值，力求完整展現先哲思想的軌跡；

為知識界開啟一片智慧之窗，營造一座百花綻放的世界文明公園，

任君遨遊、取菁吸蜜、嘉惠學子！